秘书系列

高职高专工作过程导向新理念规划教材

办公管理法律实务

伊 强 ◎编著

清华大学出版社
北 京

内容简介

本书以我国现行的法律、法规为依据，消化和吸收了我国当前最新的立法成果，对与企业实际工作密切相关的法律规范的基本理论及其在实践的运用筹划进行了较为系统、详细的介绍。书中除了较详尽地阐述企业组织法外，把笔墨更多地集中于阐述与企业实际工作密切相关的合同法、知识产权法、产品质量和消费者权益保护法、竞争法、保险法、票据法、税收法等法律制度的应用。

本书适合高职高专和成人教育文秘专业、经济管理类专业作为教材使用，同时适合社会企业在职人员阅读参考。

图书在版编目（CIP）数据

办公管理法律实务 / 伊强编著 . —北京：清华大学出版社，2011.3
（高职高专工作过程导向新理念规划教材 . 秘书系列）
ISBN 978-7-302-24687-9

Ⅰ . ①办… Ⅱ . ①伊… Ⅲ . ①企业法—中国—高等学校：技术学校—教材
Ⅳ . ① D922.291.91

中国版本图书馆 CIP 数据核字（2011）第 013772 号

责任编辑：刘士平
责任校对：刘　静
责任印制：杨　艳

出版发行：清华大学出版社		地　　址：北京清华大学学研大厦 A 座		
http://www.tup.com.cn		邮　　编：100084		
社　总　机：010-62770175		邮　　购：010-62786544		
投稿与读者服务：010-62776969，c-service@tup.tsinghua.edu.cn				
质　量　反　馈：010-62772015，zhiliang@tup.tsinghua.edu.cn				

印　装　者：北京密云胶印厂
经　　销：全国新华书店
开　　本：185×260　印　张：16.5　字　　数：383 千字
版　　次：2011 年 3 月第 1 版　　印　　次：2011 年 3 月第 1 次印刷
印　　数：1～3000
定　　价：32.00 元

产品编号：034994-01

前　言

　　办公室事务管理是企业管理的重要组成部分，它对于企业经营目标的实现具有重要意义。法治是人类文明进步的标志和必然要求，其基本表现就在于社会中每一个主体都严格做到依法办事。对办公室管理人员而言，了解和掌握与其工作相关的基本法律规则，对于做好自己的工作、推动企业健康发展都具有十分重要的意义。

　　本书以我国现行的法律、法规为依据，消化和吸收了我国当前最新的立法成果，对与企业实际工作密切相关的法律规范的基本理论及其在实践的运用筹划进行了较为系统、详细的论述。其中除了较详尽地阐述企业组织法外，把笔墨更多地集中于阐述与企业实际工作密切相关的合同法、知识产权法、产品质量和消费者权益保护法、竞争法、保险法、票据法、税收法等法律制度。全书资料使用追求翔实，注重实用价值；力求紧扣我国立法的最新内容和立法趋势；突出理论与案例的结合，尽量做到易读、易学、易懂。

　　本书体例与结构的安排尊重人们的学习习惯，先写企业组织法，后写企业行为法。同时，在每章中都穿插引导案例，便于深入理解教材的内容。针对职业教育的教学特点，作者在每一章都给出了实训路径和教学建议。

　　在写作本书的过程中，得到了国家秘书职业鉴定专家委员会副主任张玲莉老师的鼓励和支持，在此深表谢意。感谢清华大学出版社的编辑，对于本书的章节结构安排和大纲的修订，提出了宝贵的建议。

　　由于作者学识有限，本书会存在不妥之处，欢迎并感谢来自各方面的批评和建议，以便今后不断完善和修正。

作　者

2011年1月

目　录

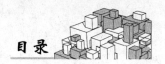

目录

第1章 公司法律制度

能力目标

（1）理解公司创立的法定程序并能独立设计公司创立流程，完成公司成立前各个环节工作。

（2）根据公司股东会、董事会和经理的不同职责与工作内容，独立或辅助处理相关工作。

（3）能够独立分析公司外部融资的不同方式及其特征，能根据公司实际状况设计、选择不同融资方案。

任务分析

（1）了解公司的概念、特征和类别，掌握公司法的基本制度，包括设立制度、财会制度、证券制度等。

（2）掌握有限责任公司的概念、特征，尤其要明确有限责任公司的设立条件和程序、组织机构组成及地位；了解一人有限公司和国有独资公司的相关制度。

（3）掌握股份有限公司的概念、特征，掌握股份有限公司的设立条件和程序，掌握股份有限公司的组织机构组成、地位及其机制；了解上市公司的设立条件和程序。

引导案例

张某是一个经营服装、百货的个体商人。2008年2月，他与两位朋友一起组建了明珠贸易有限责任公司。该公司注册资本为30万元，张某出资25万元，两位朋友分别出资2.5万元。股东出资验资合格后，经过工商登记，公司于2月20日取得《企业法人营业执照》，公司宣告正式成立。由于张某的出资占了公司资本的绝对多数，所以张某理所当然地成为公司的负责人。

公司开始经营后，买下了张某从事个体商业时进的一批货物，价值10万元。公司没有给张某货款，而是讲定赚钱后再还钱给他。由于缺乏经验，明珠公司在经营过程中一直步履维艰。为了改变被动局面，张某等又决定参与一项投资活动。没想到这是一个错误的决策，不仅公司血本无归，还欠下了很多债。最终，该公司因资不抵债而被债权人申请宣告破产。

2009年2月，当地人民法院召开第一次债权人会议，张某既作为债权人，又作为债务人的法人代表参加了会议。在会上，张某强调自己也是公司的债权人，有权要求

公司偿还欠他的货款。但公司的其他债权人不同意。他们认为，既然公司成立后的业务与以前完全一样，而且张某几乎拥有公司的全部股份，实际控制和负责经营明珠公司，那么明珠公司就是张某的私人企业。所以张某和公司之间不存在债权债务关系，张某无权要求公司偿还欠其债务，而只能由其他债权人共同分配破产财产。

在清算过程中，与张某共同组建公司的两位朋友也提出异议。他们认为，张某自始至终都在欺骗和利用他们，是张某决定由公司买下他原先卖不出去的货物，又是张某决定对外投资的，现在他们两人用来养老的钱都被张某坑骗了，张某应当赔偿他们的损失。

请你思考：上述当事人的主张该怎样处理？

1.1 公司法概述

1.1.1 认识公司

公司是依照公司法的规定设立的以营利为目的的企业法人。具体而言，公司是以资本联合为基础、以营利为目的、依照法律规定的条件和法律规定的程序设立，具有法人资格的企业组织。

1. 公司的特征

公司具有几个基本的法律特征。

（1）公司具有法人资格。法人是与自然人并列的一类民商事主体，具有独立的主体性资格，具有法律主体所要求的权利能力与行为能力，能够以自己的名义从事民商事活动，并以自己的财产独立承担民事责任。

（2）公司股东承担有限责任。公司一旦出现了债务，由公司这个拟人化的实体对债权人负责，而公司股东不直接对债权人负责。公司的股东对公司债务仅以其出资额为限，承担间接、有限的责任。

（3）公司以营利为目的，具有营利性。投资者投资于公司是有一定利益追求的，公司以营利为目的是指：设立公司的目的及公司的运作都是为了谋求经济利益。

（4）公司实行所有权与经营权分离。在通常情况下，特别是在有相当规模的公司中，投资者入股仅仅是为了投资的收益，而不是为了自己去经营；为了公司的发展，他们委托专业的经营者负责经营。所以公司中的基本关系是投资者出资，从公司获取股利，经营者受委托为股东从事经营，对股东负责。

2. 公司的种类

根据股东对公司所负责任的不同，可以把公司划分为五个类别。①无限公司，即所有股东无论出资数额多少，均需对公司债务承担无限连带责任的公司。②有限责任公司，所有股东均以其出资额为限对公司债务承担责任的公司。③两合公司，由无限责任股东和有限责任股东共同组成的公司。④股份有限公司，全部资本分为金额相等的股份，所有股东

均以其所持股份为限对公司的债务承担责任。⑤股份两合公司，由无限责任股东和有限公司股东共同组成的公司。

根据公司国籍的不同，可以划分为本国公司、外国公司和跨国公司。我国是以公司的设立地点来确定公司国籍的。

根据公司在控制与被控制关系中所处地位的不同，可以分为母公司和子公司。母公司是指拥有其他公司一定数额的股份或根据协议能够控制、支配其他公司的人事、财务、业务等事项的公司。子公司是指一定数额的股份被另一公司控制或依照协议被另一公司实际控制、支配的公司。子公司具有独立法人资格。

根据公司在管辖与被管辖关系中所处地位的不同，可以分为总公司和分公司。总公司是指依法设立并管辖公司全部组织的具有企业法人资格的总机构。总公司通常先于分公司而设立，在公司内部管辖系统中，处于领导、支配地位。分公司是指在业务、资金、人事等方面受本公司管辖而不具有法人资格的分支机构。分公司不具有法律上和经济上的独立地位。

根据公司信用基础的不同，可以分为人合公司与资合公司。公司的经营活动以股东个人的信用而非公司资本的多寡为基础的公司称为人合公司，如无限公司。公司的经营活动以公司的资本规模为基础的公司称为资合公司，如股份有限公司就是典型的资合公司。

1.1.2 公司设立

公司设立是指公司设立人依照法定的条件和程序，为组建公司并取得法人资格而必须采取和完成的法律行为。

1. 公司设立方式

公司设立的方式基本分为两种，即发起设立和募集设立。发起设立是指公司的全部股份或首期发行的股份由发起人自行认购而设立公司的方式。有限责任公司、股份有限公司均可采用此种方式设立公司。募集设立是指发起人只认购公司股份或首期发行股份的一部分，其余部分对外募集而设立公司的方式。这种方式只为股份有限公司设立的方式。由于募集设立的股份有限公司资本规模较大，涉及众多投资者的利益，故各国《公司法》均对其设立程序严格限制。

2. 公司名称

《企业名称登记管理实施办法》规定，企业名称应当由行政区划、字号、行业、组织形式依次组成，法律、法规另有规定的除外。企业名称中的行政区划是本企业所在地县级以上行政区划的名称或地名。企业名称中的字号应当由两个以上汉字组成，行政区划不得用作字号，但县以上行政区划地名具有其他含义的除外。企业名称可以使用自然人投资人的姓名作字号。使用外国（地区）出资企业字号的外商独资企业，可以在名称中间使用"（中国）"字样。企业名称中的行业表述应当是反映企业经济活动性质所属国民经济行业或者企业经营特点的用语。企业名称中行业用语表述的内容应当与企业经营范围一致。企业名称不应或者暗示有超越其经营范围的业务。依据《中华人民共和国公司法》（以下简称《公司法》）申请登记的企业名称，其组织形式为有限责任公司或者股份有限公司。

3. 公司住所

公司必须有自己的住所。住所是公司法律关系的中心地域，凡涉及公司债务的清偿、诉讼的管辖、书状的送达均以此为标准。依照我国《公司法》第10条规定，公司以其主要办事机构所在地为住所。

4. 公司章程

公司章程是指公司所必备的，规定其名称、宗旨、资本、组织机构等对内与对外事务的基本法律文件。公司章程中一般应记载下列事项：

（1）公司名称和住所；

（2）公司经营范围；

（3）公司设立方式；

（4）公司注册资本，包括公司股份总数和每股金额；

（5）公司股东的姓名或名称、出资方式，出资额和出资时间，或者发起人的姓名或名称、认购的股份数、出资方式和出资时间；

（6）股东的权利和义务；

（7）公司的机构及其产生办法、职权、议事规则，或者董事会、监事会的组成、职权、任期和议事规则；

（8）公司法定代表人；

（9）公司利润分配办法；

（10）公司解散事由与清算办法；

（11）公司的通知和公告办法；

（12）股东或股东大会认为需要规定的其他事项等。

公司章程对公司、股东、董事、监事和经理均有约束力。

5. 公司设立登记

公司设立登记是指公司设立人按法定程序向公司登记机关申请，经公司登记机关审核并记录在案，以供公众查阅的行为。

有限责任公司设立登记申请时，应提交下列文件：

（1）公司董事长签署的设立登记申请书；

（2）全体股东指定代表或者共同委托代理人的证明；

（3）公司章程；

（4）具有法定资格的验资机构出具的验资证明；

（5）股东的法人资格证明或者自然人身份证明；载明公司董事、监事、经理的姓名、住所的文件以及有关委派、选举或者聘用的证明；公司法定代表人任职文件和身份证明以及公司名称预先核准通知书；公司住所证明等。

股份有限公司设立登记申请时，应提交下列文件：

（1）公司董事长签署的设立登记申请书；

（2）国务院授权部门或者省、自治区、直辖市人民政府的批准文件，募集设立的股份有限公司还应提交国务院证券管理部门的批准文件；

（3）创立大会的会议记录；

（4）公司章程；

（5）筹办公司的财务审计报告；具有法定资格的验资机构出具的验资证明；发起人的法人资格证明或者自然人身份证明；载明公司董事、监事、经理的姓名、住所的文件以及有关委派、选举或者聘用的证明；公司法定代表人任职文件和身份证明；企业名称预先核准通知书；公司住所证明等。

公司经设立登记并取得法人资格后，才能取得从事经营活动的合法身份，取得公司名称专用权。

1.1.3 公司变更

1. 公司合并

公司合并是指两个或两个以上的公司，订立合并协议，依照《公司法》的规定，不经过清算程序，直接结合为一个公司的法律行为。公司合并有以下两种形式。一是吸收合并，是指一个公司吸收其他公司后存续，被吸收的公司解散。二是新设合并，是指两个或两个以上的公司合并设立一个新的公司，合并各方解散。依照《公司法》的规定，公司合并的程序包括以下内容。

（1）作出决定或决议。其中股份有限公司的合并，还必须经国务院授权的部门或者省级人民政府批准。

（2）签订合并协议。合并协议应当包括合并各方的名称、住所；合并后存续公司或新设公司的名称、住所；合并各方的资产状况及其处理办法；合并各方的债权债务处理办法（应当由合并存续的公司或者新设的公司承继）等内容。

（3）编制资产负债表和财产清单。

（4）通知债权人，即公司应当自作出合并决议之日起10日内通知债权人，并于30日内在报纸上至少公告3次。债权人自接到通知书之日起30日内，未接到通知书的自第一次公告之日起90日内有权要求公司清偿债务或者提供相应的担保。不清偿债务或者不提供相应担保的，公司不得合并。

（5）办理合并登记手续。公司合并，应当自合并决议或者决定作出之日起90日后申请登记。

2. 公司分立

公司分立是指一个公司通过依法签订分立协议，不经过清算程序，分为两个或两个以上公司的法律行为。公司分立有两种形式。一是派生分立，是指公司以其部分资产另设一个或数个新的公司，原公司存续。二是新设分立，是指公司全部资产分别划归两个或两个以上的新公司，原公司解散。

根据《合同法》的规定，法人分立后，除债权人和债务人另有约定的以外，由分立的法人对合同的权利和义务享有连带债权，承担连带债务。

1.1.4 公司财会报告制定

公司的财务会计报告是指公司业务执行机构在每一会计年度终了时制作的反映公司财

务会计状况和经营效果的书面文件。

1. 公司财务会计报告内容

公司财务会计报告包括资产负债表、损益表、财务状况变动表、财务情况说明书、利润分配表、财务会计报表附注等内容。

2. 公司财务会计报告的制作与审查验证

公司财务会计报告必须依法制作，即应当保证公司财务会计报表数字真实、计算准确、内容完整。公司财务会计报告应当在提交股东大会（股东会）前，交监事会检查。同时公司还要依照《公司法》的规定，将财务会计报告交验证机构进行审查验证，即由依法成立的注册会计师事务所对财务会计报告的真实性作出评断，出具证明并对其出具的证明负责。

3. 公司财务会计报告提供

公司财务会计报告制作的主要目的是向有关人员和部门提供财务会计信息，满足有关各方了解公司财务状况和经营成果的需要，因此公司的财务会计报告应及时报送有关人员和部门。依照《公司法》规定，有限责任公司应当按照公司章程规定的期限将财务会计报告送交各股东。股份有限公司的财务会计报告应当在召开股东大会年会的20日前置备于本公司，供股东查阅；公开发行股票的股份有限公司必须公告其财务会计报告。上市公司必须依照法律、行政法规的规定，公开其财务状况、经营情况及重大诉讼，在每会计年度内半年公布一次财务会计报告。

1.1.5　公司收益分配

公司收益分配是指由公司的董事会或执行董事依据《公司法》有关公司利润分配的规定，结合本公司的具体情况，制订当年公司税后利润分配方案，提交股东大会（股东会）审议、批准，并依法实施该方案的行为。

1. 公司收益分配顺序

一般来讲，公司收益分配顺序是缴纳所得税；弥补亏损即在公司已有的法定公积金不足以弥补上一年度公司亏损时，先用当年利润弥补亏损；提取法定公积金；经股东会决议，提取任意公积金；支付股利，在公司弥补亏损和提取公积金、法定公益金后，所余利润应分配给股东，即向股东支付股息。

2. 公积金

公积金是指公司为增强自身财产能力，扩大生产经营和预防意外亏损，依法从公司利润中提取的一种款项。公积金有三种，除上述法定公积金、任意公积金外，还有资本公积金，即从公司利润之外的财源中提取的公积金。公司的公积金用于弥补公司的亏损、扩大公司生产经营或者转为增加公司资本，但是资本公积金不得用于弥补公司的亏损。

《公司法》第167条规定，公司分配当年税后利润时，应当提取利润的10%列入公司法定公积金。公司法定公积金累计额为公司注册资本50%以上的，可以不再提取。公司的法定公积金不足以弥补以前年度亏损的，在依照规定提取法定公积金之前，应当先用当年利润弥补亏损。法定公积金转为资本时，所留存的该项公积金不得少于转增前公司注册资本的25%。

公司从税后利润中提取法定公积金后，经股东会或者股东大会决议，还可以从税后利润中提取任意公积金。

股份有限公司以超过股票票面金额的发行价格发行股份所得的溢价款以及国务院财政部门规定列入资本公积金的其他收入，应当列为公司资本公积金。

3. 股利的支付

股利的支付是指公司根据股东的出资或持有股份，按照确定的比例向股东支付公司的利润。公司应在弥补亏损和提取公积金、法定公积金后，将所余利润分配于股东。

公司向股东支付股利，应以股东的出资比例或持有股份的比例为标准，支付方式一般有现金支付和股份分派两种。若股东会或者董事会违反《公司法》的规定，在公司弥补亏损和提取法定公积金之前向股东分配利润的，必须将违反规定分配的利润退还公司。

1.1.6 债券发行

1. 公司债券发行条件

根据《公司法》的规定，公司发行债券必须具备以下条件。

（1）股份有限公司的净资产额不低于人民币3000万元；有限责任公司的净资产额不低于人民币6000万元。

（2）累计债券总额不超过公司净资产额的40%。已经发行过公司债券的，若前一次发行的公司债券尚未募足，或者对已发行的公司债券有违约或延迟支付本息的事实，且仍处于继续状态的，即使累计总额不超过公司净资产的40%，也不得再次发行公司债券。

（3）最近3年平均可分配利润足以支付公司债券一年的利息。

（4）筹集的资金投向符合国家产业政策，而且各项公司债券筹集的资金，必须用于审批机关批准的用途，不得用于弥补亏损和非生产性支出。

（5）债券的利率不得超过国务院限定的利率水平。

（6）国务院规定的其他条件。

2. 公司债券发行程序

关于公司债券发行的程序，概括起来包括以下几个环节。

（1）作出决议或决定。股份有限公司、有限责任公司发行公司债券，要由董事会制订发行公司债券的方案，提交股东会审议作出决议。

（2）提出申请。公司应当向国务院证券管理部门提出发行公司债券的申请，并提交下列文件：

① 公司登记证明；

② 公司章程；

③ 公司债券募集办法；

④ 资产评估报告和验资报告。

（3）经主管部门批准。国务院证券管理部门对公司提交的发行公司债券的申请进行审查，对符合《公司法》规定的，予以批准；对不符合规定的，不予批准。国务院证券管理部

门在审批公司债券的发行时，不得超过国务院确定的公司债券的发行规模。

国务院证券管理部门对已作出发行公司债券的批准，如发现不符合《公司法》规定的，应予以撤销。尚未发行公司债券的，停止发行；已经发行公司债券的，发行的公司应当向认购人退还所缴款项并加算银行同期存款利息。

（4）公司债券的募集方式。公司债券的募集方式可分为直接发行和间接发行两种。直接发行是由公司自己向社会公众募集和接受应募。间接发行是公司委托他人（通常为证券商）向社会公众募集和接受应募。间接发行又称承销发行，分为包销和代销两种。包销是指将公司债券的发行全部交于证券商承销，承销期结束时，无论公司债券是否发行完毕，证券承销商均应向公司付清全部价款。代销是指将公司债券的发行委托给证券商承销，代销人只收取代销手续费，并且对未被售出的公司债券不承担责任。

（5）公告公司债券募集方法。发行公司债券的申请批准后，应当公告公司债券募集办法。公司债券募集办法应当载明下列主要事项：

① 公司名称；

② 债券募集资金的用途；

③ 债券总额和债券的票面金额；

④ 债券利率的确定方式；

⑤ 还本付息的期限和方式；

⑥ 债券担保情况；

⑦ 债券的发行价格、发行的起止日期；

⑧ 公司净资产额；

⑨ 已发行的尚未到期的公司债券总额；

⑩ 公司债券的承销机构。发行公告上还应载明公司债券的发行价格和发行地点。

（6）认购公司债券。社会公众认购公司债券以应募行为表示。应募的方式，可以是先填写应募书，而后履行按期缴清价款的义务；也可以是当场以现金支付购买。当认购人缴足价款时，发行人负有在价款收讫时交付公司债券的义务。

（7）置备存根簿。公司发行公司债券应当置备公司债券存根簿，置备存根簿应当载明下列事项：

① 债券持有人的姓名或者名称及住所；

② 债券持有人取得债券的日期及债券的编号；

③ 债券总额、债券的票面金额、债券的利率、债券的还本付息的期限和方式；

④ 债券的发行日期。发行无记名公司债券的，应当在公司债券存根簿上载明债券总额、利率、偿还期限和方式、发行日期及债券的编号。

3. 公司债券转让

公司债券可以转让，其转让应当在依法设立的证券交易场所进行。公司债券的转让价格，由转让人与受让人约定。公司债券的转让，因记名公司债券与无记名公司债券而有所不同。记名公司债券由债券持有人以背书方式或者法律、行政法规规定的其他方式转让。记名公司债券的转让，要由公司将受让人的姓名或者名称及住所记载于公司债券存根簿。

无记名公司债券，由债券持有人在依法设立的证券交易场所，将该债券交付给受让人后，即发生转让的效力。

1.1.7 公司终止

1. 公司终止原因

公司终止是指已成立的公司基于一定的法律事由而使公司消灭的法律行为。根据《公司法》的规定，公司终止的原因有以下几种。

（1）公司章程规定的营业期限届满或者公司章程规定的其他解散事由出现；

（2）股东会或者股东大会决议解散；

（3）因公司合并或者分立需要解散；

（4）依法被吊销营业执照、责令关闭或者被撤销；

（5）公司经营管理发生严重困难，继续存续会使股东利益受到重大损失，通过其他途径不能解决的，持有公司全部股东表决权10%以上的股东，可以请求人民法院解散公司。

2. 公司终止清算

清算是终结已终止公司的一切法律关系，处理公司剩余财产的程序。依照我国《公司法》的规定，公司除因合并或分立解散无须清算以及因破产而解散的公司适用破产清算程序外，其他解散的公司都应当按照《公司法》的规定进行清算。清算程序如下：

（1）成立清算组。解散的公司应当在解散事由出现之日起15日内成立清算组，开始清算。有限责任公司的清算组由股东组成，股份有限公司的清算组由董事或者股东大会确定的人员组成。逾期不成立清算组进行清算的，债权人可以申请人民法院指定有关人员组成清算组进行清算。人民法院应当受理该申请，并及时组织清算组进行清算。清算组负责解散公司财产的保管、清理、处理和分配工作。按照我国《公司法》第185条的规定，清算组在清算期间行使下列职权：①清理公司财产，分别编制资产负债表和财产清单；②通知或者公告债权人；③处理与清算有关的公司未了的业务；④清缴所欠税款；⑤清理债权、债务；⑥处理公司清偿债务后的剩余财产；⑦代表公司参与民事诉讼活动。

（2）通知或者公告债权人申报债权。清算组应当自成立之日起10日内通知债权人，并于60日内在报纸上公告。债权人应当自接到通知书之日起30日内，未接到通知书的自公告之日起45日内，向清算组申报其债权。债权人申报债权，应当说明债权的有关事项，并提供证明材料。清算组应当对债权进行登记。在申报债权期间，清算组不得对债权人进行清偿。

（3）清理财产清偿债务。清算组对公司资产、债权、债务进行清理。在清算期间，公司不得开展新的经营活动。任何人未经清算组批准，不得处分公司财产。清算组在清理公司财产、编制资产负债表和财产清单后，应当制订清算方案，并报股东会、股东大会或者人民法院确认。

公司财产在分别支付清算费用、职工的工资、社会保险费用和法定补偿金，缴纳所欠税款、清偿公司债务后的剩余财产，有限责任公司按照股东的出资比例分配，股份有限公司按照股东持有的股份比例分配。

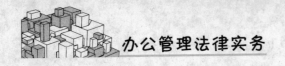
清算组在清理公司财产、编制资产负债表和财产清单后，发现公司财产不足以清偿债务的，应当立即向人民法院申请宣告破产。公司经人民法院裁定宣告破产后，清算组应当将清算事务移交给人民法院。

（4）清算终结。公司清算结束后，清算组应当制作清算报告，报股东会、股东大会或者人民法院确认，并报送公司登记机关，申请注销公司登记，公告公司终止。清算组还应当自公司清算结束之日起30日内，向原公司登记机关申请注销登记，同时提交下列文件：公司清算组负责人签署的注销登记申请书；公司依照《公司法》作出的决议或者决定，或行政机关责令关闭的文件；股东会或者有关机关确认的清算报告；《企业法人营业执照》；法律、行政法规规定应当提交的其他文件。

1.2 有限责任公司

1.2.1 认识有限责任公司

有限责任公司是指股东以其出资额为限对公司承担责任，公司以其全部资产对公司的债务承担责任的企业法人。有限责任公司的特征有以下几点。

1. 股东人数有最高数额限制

《公司法》第24条规定，有限责任公司由50个以下股东共同出资设立。

2. 股东以出资额为限对公司承担责任

股东以出资额为限对公司承担责任，这是有限责任公司区别于无限责任公司、两合公司的本质特征，也是有限责任公司兼有资合性的表现。有限责任是仅对股东而言的，不是指公司对外承担有限责任而言，公司是以其全部财产对公司债务承担责任的。

3. 设立手续和公司机关简易化

有限责任公司的设立手续与股份有限公司的设立手续相比，较为简单。一般由全体设立人制定公司章程，每人一次足额缴纳公司章程中规定的各自所认缴的出资额，即可在公司登记机关登记设立。有限责任公司的公司机关也较为简单，不一定都要设置股东会、董事会和监事会。如我国《公司法》规定，股东人数较少和规模较小的有限责任公司可以不设董事会或监事会。

4. 股东对外转让出资受到严格限制

由于有限责任公司是人合兼资合性质的公司，股东之间的相互信任关系非常重要，因此法律对股东转让出资往往作出较严格的限制。有限责任公司股东向股东以外的人转让出资时，必须经全体股东过半数同意；不同意转让的股东应当购买该股东转让的出资，如果不购买该股东转让的出资，则视为同意转让；经股东同意转让的出资，在同等条件下，其他股东对该出资有优先购买权。

5. 公司的封闭性

有限责任公司一般属于中小规模的公司，与股份有限公司相比，在组织与经营上具有封闭性或非公开性，即设立程序不公开；公司的经营状况不向社会公开。

1.2.2 有限责任公司设立

1. 有限责任公司设立条件

根据《公司法》第23条的规定，有限责任公司的设立条件包括以下几个方面。

（1）股东人数符合法律规定，即不超过50人。

（2）股东出资达到法定资本最低限额。有限责任公司的注册资本须是在公司登记机关登记的全部股东认缴或实缴的出资额。有限责任公司注册资本的最低限额为人民币3万元，法律、行政法规对有限责任公司注册资本的最低限额有较高规定的除外。公司全体股东的首次出资额不得低于注册资本的20%，也不得低于法定的注册资本最低限额，其余部分由股东自公司成立之日起2年内缴足；其中投资公司可以在5年内缴足。

（3）股东共同制定公司章程，股东应当在公司章程上签名、盖章。

（4）有公司名称，并建立符合有限责任公司要求的组织机构。

（5）有公司住所。

2. 有限责任公司设立程序

有限责任公司是一种封闭性的法人，其设立方式只能以发起设立为限，不得采用募集设立方式。相对于股份公司的设立而言，有限责任公司的设立程序比较简单，一般要经过以下步骤。

（1）订立公司章程。公司章程是公司设立的基本文件，只有严格按照法律要求订立公司章程，并报经主管机关批准后，章程才能生效，才能继续进行公司设立的其他程序。

（2）申请公司名称应预先核准。《公司登记管理条例》第17条规定："设立公司应当申请名称预先核准。法律、行政法规或者国务院决定规定设立公司必须报经批准，或者公司经营范围中属于法律、行政法规或者国务院决定规定在登记前须经批准的项目的，应当在报送批准前办理公司名称预先核准，并以公司登记机关核准的公司名称报送批准。"采用公司名称的预先核准制，可以使公司的名称在申请设立登记之前就具有合法性、确定性，从而有利于公司设立登记程序的顺利进行。设立有限责任公司，由全体股东指定的代表或者共同委托的代理人向公司登记机关申请公司名称预先核准。申请名称预先核准，应当提交下列文件：有限责任公司的全体股东或者股份有限公司的全体发起人签署的公司名称预先核准申请书、全体股东或者发起人指定代表或者共同委托代理人的证明、国家工商行政管理总局规定要求提交的其他文件。

（3）法律、行政法规规定需经有关部门审批的要进行报批，获得批准文件。一般来说，有限责任公司的设立只要不涉及法律、法规的特别要求，直接注册登记即可成立。但我国《公司法》第6条第2款的"但书"规定，法律、行政法规规定设立公司必须报经批准的，应当在公司登记前依法办理批准手续。

（4）股东缴纳出资并经法定的验资机构验资后出具证明。有限责任公司除具有人合因素外，还具有一定的资合性，股东必须按照章程的规定，缴纳所认缴的出资。股东的出资还应当按照法律的规定，采取法定的出资形式，并经法定的验资机构出具验资证明。

（5）向公司登记机关申请设立登记。为获得行政主管部门对其法律人格的认可，公司设立程序中一个必不可少的步骤，就是向公司登记机关申请设立登记。根据《公司登记管

理条例》的规定，设立有限责任公司，应当由全体股东指定的代表或者共同委托的代理人向公司登记机关申请设立登记。设立国有独资公司，应当由国务院或者地方人民政府授权的本级人民政府国有资产监督管理机构作为申请人，申请设立登记。

（6）登记与签发营业执照。对于设立申请，登记机关应当依法进行审查。对不符合《公司法》规定条件的，不予登记；对符合《公司法》规定条件的，依法核准登记，发给营业执照。营业执照的签发日期为有限责任公司的成立日期。公司可以凭登记机关颁发的营业执照申请开立银行账户、刻制公司印章、申请纳税登记等。只有获得了公司登记机关颁发的营业执照，公司设立的程序才宣告结束。设立有限责任公司的同时设立分公司的，应当自决定作出之日起30日内向分公司所在地的公司登记机关申请登记；法律、行政法规或者国务院决定规定必须报经有关部门批准的，应当自批准之日起30日内向公司登记机关申请登记。分公司的公司登记机关准予登记的，发给营业执照。公司应当自分公司登记之日起30日内，持分公司的营业执照到公司登记机关办理备案。

1.2.3 有限责任公司股权

1. 股东的出资

股东可以用货币出资，也可以用实物、知识产权、土地使用权等可以用货币估价并可以依法转让的非货币财产作价出资，但是法律、行政法规规定不得作为出资的财产除外。对作为出资的非货币财产应当评估作价，核实财产，不得高估或者低估作价。法律、行政法规对评估作价有规定的，从其规定。另外全体股东的货币出资金额不得低于有限责任公司注册资本的30%。

股东应当按期足额缴纳公司章程中规定的各自所认缴的出资额。股东以货币出资的，应当将货币出资足额存入有限责任公司在银行开设的账户；以非货币财产出资的，应当依法办理其财产权的转移手续。股东不按照规定缴纳出资的，除应当向公司足额缴纳外，还应当向已按期足额缴纳出资的股东承担违约责任。

股东缴纳出资后，必须经依法设立的验资机构验资并出具证明。有限责任公司成立后，发现作为设立公司出资的非货币财产的实际价额显著低于公司章程所定价额的，应当由交付该出资的股东补足其差额；公司设立时的其他股东承担连带责任。

2. 出资证明书

有限责任公司成立后，应当向股东签发出资证明书。出资证明书由公司盖章，且应当载明下列事项：

（1）公司名称；

（2）公司成立日期；

（3）公司注册资本；

（4）股东的姓名或者名称、缴纳的出资额和出资日期；

（5）出资证明书的编号和核发日期。

3. 股东名册

有限责任公司应当置备股东名册，记载下列事项：股东的姓名或者名称及住所、股东的出资额、出资证明书编号。记载于股东名册的股东，可以依股东名册主张行使股东权利。

公司应当将股东的姓名或者名称及其出资额向公司登记机关登记；登记事项发生变更的，应当办理变更登记。未经登记或者变更登记的，不得对抗第三人。

4. 有限责任公司股东的权利与义务

（1）股东有权查阅、复制公司章程、股东会会议记录、董事会会议决议、监事会会议决议和财务会计报告。

（2）股东可以要求查阅公司会计账簿。股东要求查阅公司会计账簿的，应当向公司提出书面请求，说明目的。公司有合理根据认为，股东查阅会计账簿有不正当目的，并可能损害公司合法利益的，可以拒绝提供查阅，并应当自股东提出书面请求之日起15日内书面答复股东并说明理由。公司拒绝提供查阅的，股东可以请求人民法院要求公司提供查阅。

（3）股东有按照实缴的出资比例分取红利。公司新增资本时，股东有权优先按照实缴的出资比例认缴出资。但是全体股东约定不按照出资比例分取红利或者不按照出资比例优先认缴出资的除外。

（4）公司成立后，股东不得抽逃出资。

1.2.4 有限责任公司组织机构

1. 股东会

（1）有限责任公司股东会的地位与职权。有限责任公司股东会由全体股东组成，股东会是公司的权力机构。根据《公司法》第38条的规定，股东会行使下列职权：①决定公司的经营方针和投资计划；②选举和更换非由职工代表担任的董事、监事，决定有关董事、监事的报酬事项；③审议批准董事会的报告；④审议批准监事会或者监事的报告；⑤审议批准公司的年度财务预算方案、决算方案；⑥审议批准公司的利润分配方案和弥补亏损方案；⑦对公司增加或者减少注册资本作出决议；⑧对发行公司债券作出决议；⑨对公司合并、分立、解散、清算或者变更公司形式作出决议；⑩修改公司章程以及公司章程规定的其他职权。对上述所列事项股东以书面形式一致表示同意的，可以不召开股东会会议，直接作出决定，并由全体股东在决定文件上签名、盖章。

（2）股东会会议的召集。根据《公司法》第39条的规定，首次股东会会议由出资最多的股东召集和主持。有限责任公司设立董事会的，股东会会议由董事会召集、董事长主持；董事长不能履行职务或者不履行职务的，由副董事长主持；副董事长不能履行职务或者不履行职务的，由半数以上董事共同推举1名董事主持。有限责任公司不设董事会的，股东会会议由执行董事召集和主持。董事会或者执行董事不能履行或者不履行召集股东会会议职责的，由监事会或者不设监事会的公司的监事召集和主持；监事会或者监事不召集和主持的，代表1/10以上表决权的股东可以自行召集和主持。

股东会会议分为定期会议和临时会议。定期会议应当依照公司章程的规定按时召开。代表1/10以上表决权的股东及1/3以上的董事、监事会或者不设监事会的公司的监事提议召开临时会议的，应当召开临时会议。召开股东会会议，应当于会议召开15日前通知全体股东。然而，公司章程另有规定或者全体股东另有约定的除外。

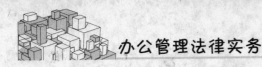

股东会应当对所议事项的决定作成会议记录，出席会议的股东应当在会议记录上签名。

（3）股东会会议的决议。股东会的议事方式和表决程序，除《公司法》有规定的外，由公司章程规定。股东会会议由股东按照出资比例行使表决权；但是公司章程另有规定的除外。股东会会议作出修改公司章程、增加或者减少注册资本的决议，以及公司合并、分立、解散或者变更公司形式的决议，必须经代表2/3以上表决权的股东通过。

2. 董事会

（1）董事会组成。有限责任公司设董事会，其成员为3~13人；但是股东人数较少或者规模较小的有限责任公司，可以设1名执行董事，不设董事会。两个以上的国有企业或者两个以上的其他国有投资主体投资设立的有限责任公司，其董事会成员中应当有公司职工代表；其他有限责任公司董事会成员中可以有公司职工代表。董事会中的职工代表由公司职工通过职工代表大会、职工大会或者其他形式民主选举产生。

董事会设董事长1人，可以设副董事长。董事长、副董事长的产生办法由公司章程规定。董事任期由公司章程规定，但每届任期不得超过3年。董事任期届满，可以连选连任。董事任期届满未及时改选，或者董事在任期内辞职导致董事会成员低于法定人数的，在改选出的董事就任前，原董事仍应当依照法律、行政法规和公司章程的规定，履行董事职务。

（2）董事会职权。《公司法》第47条规定，董事会对股东会负责，行使下列职权：①召集股东会会议，并向股东会报告工作；②执行股东会的决议；③决定公司的经营计划和投资方案；④制订公司的年度财务预算方案、决算方案；⑤制订公司的利润分配方案和弥补亏损方案；⑥制订公司增加或者减少注册资本以及发行公司债券的方案；⑦制订公司合并、分立、解散或者变更公司形式的方案；⑧决定公司内部管理机构的设置；⑨决定聘任或者解聘公司经理及其报酬事项，并根据经理的提名决定聘任或者解聘公司副经理、财务负责人及其报酬事项；⑩制定公司的基本管理制度以及公司章程规定的其他职权。

（3）董事会会议的召集与表决方式。董事会会议由董事长召集和主持；董事长不能履行职务或者不履行职务的，由副董事长召集和主持；副董事长不能履行职务或者不履行职务的，由半数以上董事共同推举一名董事召集和主持。

董事会的议事方式和表决程序，除《公司法》另有规定的外，由公司章程规定。董事会应当对所议事项的决定作成会议记录，出席会议的董事应当在会议记录上签名。董事会决议的表决，实行一人一票。

3. 经理

（1）经理的地位。有限责任公司可以设经理，由董事会决定聘任或者解聘，对董事会负责。经理列席董事会会议。董事、执行董事可以兼任公司经理。

（2）经理的职权。根据《公司法》的规定，经理行使下列职权：①主持公司的生产经营管理工作，组织实施董事会决议；②组织实施公司年度经营计划和投资方案；③拟订公司内部管理机构设置方案；④拟订公司的基本管理制度；⑤制定公司的具体规章；⑥提请聘任或者解聘公司副经理、财务负责人；⑦决定聘任或者解聘除应由董事会决定聘任或者解聘以外的负责管理人员；⑧董事会授予的其他职权。公司章程对经理职权另有规定的，从其规定。

4. 监事会

（1）监事会组成与任期。有限责任公司设监事会，其成员不得少于3人。股东人数较少或者规模较小的有限责任公司，可以设1~2名监事，不设监事会。监事会应当包括股东代表和适当比例的公司职工代表，其中职工代表的比例不得低于1/3，具体比例由公司章程规定。监事会中的职工代表由公司职工通过职工代表大会、职工大会或者其他形式民主选举产生。

监事会设主席1人，由全体监事过半数选举产生。监事会主席召集和主持监事会会议；监事会主席不能履行职务或者不履行职务的，由半数以上监事共同推举一名监事召集和主持监事会会议。董事、高级管理人员不得兼任监事。

监事的任期每届为3年。监事任期届满，连选可以连任。监事任期届满未及时改选，或者监事在任期内辞职导致监事会成员低于法定人数的，在改选出的监事就任前，原监事仍应当依照法律、行政法规和公司章程的规定，履行监事职务。

（2）监事会职权。根据《公司法》第54条的规定，监事会、不设监事会的公司的监事行使下列职权：①检查公司财务；②对董事、高级管理人员执行公司职务的行为进行监督，对违反法律、行政法规、公司章程或者股东会决议的董事、高级管理人员提出罢免的建议；③当董事、高级管理人员的行为损害公司的利益时，要求董事、高级管理人员予以纠正；④提议召开临时股东会会议，在董事会不履行本法规定的召集和主持股东会会议职责时召集和主持股东会会议；⑤向股东会会议提出提案；⑥董事、高级管理人员执行公司职务时违反法律、行政法规或者公司章程的规定，给公司造成损失的，对董事、高级管理人员提起诉讼；⑦公司章程规定的其他职权。

监事可以列席董事会会议，并对董事会决议事项提出质询或者建议。监事会、不设监事会的公司的监事发现公司经营情况异常，可以进行调查；必要时，可以聘请会计师事务所等协助其工作，费用由公司承担。监事会、不设监事会的公司的监事行使职权所必需的费用，由公司承担。

（3）监事会会议的召集与表决方式。监事会每年度至少召开一次会议，监事可以提议召开临时监事会会议。监事会的议事方式和表决程序，除本法有规定的外，由公司章程规定。监事会决议应当经半数以上监事通过。监事会应当对所议事项的决定作成会议记录，出席会议的监事应当在会议记录上签名。

1.2.5　国有独资公司

国有独资公司是指国家单独出资、由国务院或者地方人民政府授权本级人民政府国有资产监督管理机构履行出资人职责的有限责任公司。

1. 国有独资公司特征

国有独资公司是由国家授权投资的机构或者国家授权的部门单独投资设立的有限责任公司。这种公司特征如下。

（1）全部资本由国家投入。公司的财产权源于国家对投资财产的所有权，可见国有独资公司属于国有企业。

（2）股东只有一个。作为国有独资公司的股东，国家授权投资的机构或者国家授权的

部门是唯一的投资主体和利益主体。它不同于由两个以上国有企业或其他国有单位共同投资组成的公司。尽管后者各方投资的所有权仍属于国家，公司资本的所有制性质未发生变化，但公司的投资主体及股东却有多个，具有多个不同的利益主体。

（3）公司投资者承担有限责任。虽然国有独资企业的投资者是国家，但国家仅以其投入公司的特定财产金额为限对公司的债务负责，而不承担无限责任。这不同于个人独资企业。

（4）性质上属于有限责任公司。国有独资公司按公司形式组成，除投资者和股东人数与一般公司不同外，其他如公司设立、组织机构、生产经营制度、财务会计制度等均与有限责任公司的一般规定与特征相同或相近。

2. 国有独资公司组织机构

国有独资公司不设股东会，由国有资产监督管理机构行使股东会职权。国有资产监督管理机构可以授权公司董事会行使股东会的部分职权，决定公司的重大事项，但公司的合并、分立、解散、增加或者减少注册资本和发行公司债券，必须由国有资产监督管理机构决定。其中重要的国有独资公司合并、分立、解散、申请破产的，应当由国有资产监督管理机构审核后，报本级人民政府批准。

国有独资公司设董事会。董事每届任期不得超过3年。董事会成员中应当有公司职工代表。董事会成员由国有资产监督管理机构委派，但是董事会成员中的职工代表须由公司职工代表大会选举产生。董事会设董事长1人，可以设副董事长。董事长、副董事长由国有资产监督管理机构从董事会成员中指定。国有独资公司设经理，由董事会聘任或者解聘。经国有资产监督管理机构同意，董事会成员可以兼任经理。国有独资公司的董事长、副董事长、董事、高级管理人员，未经国有资产监督管理机构同意，不得在其他有限责任公司、股份有限公司或者其他经济组织兼职。

国有独资公司监事会成员不得少于5人，其中职工代表的比例不得低于1/3，具体比例由公司章程规定。监事会成员由国有资产监督管理机构委派，但是监事会成员中的职工代表由公司职工代表大会选举产生。监事会主席由国有资产监督管理机构从监事会成员中指定。

1.2.6 一人有限责任公司

一人有限责任公司是指只有一个自然人股东或者一个法人股东的有限责任公司。一人有限责任公司不设股东会。一人有限责任公司的注册资本最低限额为人民币10万元。股东应当一次足额缴纳公司章程规定的出资额。一个自然人只能投资设立一个一人有限责任公司。该一人有限责任公司不能投资设立新的一人有限责任公司。

一人有限责任公司应当在公司登记中注明自然人独资或者法人独资，并在公司营业执照中载明。一人有限责任公司章程由股东制定。

一人有限责任公司应当在每一会计年度终了时编制财务会计报告，并经会计师事务所审计。一人有限责任公司的股东不能证明公司财产独立于股东自己的财产的，应当对公司债务承担连带责任。

1.3 股份有限公司

1.3.1 认识股份有限公司

股份有限公司是指由一定人数以上的股东组成，公司全部资本分为等额股份，股东以其所持股份为限对公司承担责任，公司以全部资产对公司的债务承担责任的企业法人。根据《公司法》的规定，股份有限公司具有如下法律特征。

（1）股份有限公司是典型的资合公司，公司的信用完全建立在资本的基础上。

（2）股份有限公司设立条件较为严格。

（3）股份有限公司具有严密的内部组织机构。

（4）股份有限公司的股份是等额的。股份有限公司的股份体现为股票形式。股票是一种有价证券，可以在证券市场流通，购买股票的任何人都可以成为公司的股东，股票持有者可以在市场上自由转让股票。

（5）股东负有限责任。股份有限公司股东对公司的责任仅以其所持股份为限，公司则以其全部资产对外承担责任。

1.3.2 股份有限公司设立

1. 股份有限公司设立条件

根据《公司法》第77条的规定，设立股份有限公司应当具备以下条件。

（1）发起人符合法定人数。发起人应当为2人以上、200人以下，并且其中须有过半数的发起人在中国境内有住所。发起人承担公司筹办事务，且应当签订发起人协议，明确各自在公司设立过程中的权利和义务。

（2）发起人认缴和社会公开募集的股本必须达到法定资本的最低限额。《公司法》第81条规定，股份有限公司注册资本的最低限额为人民币500万元，法律、行政法规对股份有限公司注册资本的最低限额有较高规定的，从其规定。

（3）股份发行、募集事项符合法律规定。

（4）发起人制定公司章程，采用募集设立的经创立大会通过。

（5）有公司名称，建立符合股份有限公司要求的组织机构。

（6）有公司住所和其他必要的物质条件。

2. 股份有限公司设立方式和程序

股份有限公司的设立指为正式成立股份有限公司、取得法人资格而依法进行的一系列筹建准备行为。股份有限公司的设立程序因发起设立和募集设立的不同而有所区别，下面分别进行介绍。

（1）发起设立

发起设立是指由发起人认购公司应发行的全部股份，不向发起人之外的任何人募集而设立公司。发起设立的程序包括以下几个方面。

① 发起人认购股份。发起人缴纳出资的方式主要有现金缴纳或者用实物、工业产权、非专利技术、土地使用权来抵充股款。以现金之外的其他财产或财产权利出资的需要由有关中介机构进行评估，并且要依法办理有关财产权利的转移手续。

② 发起人缴清股款。发起人应当书面认定公司章程规定其认购的股份；一次缴纳的，应即缴纳全部出资；分期缴纳的，应即缴纳首期出资。以非货币财产出资的，应当依法办理其财产权的转移手续。发起人不依照前款规定缴纳出资的，应当按照发起人协议承担违约责任。

③ 召开创立大会。发起人应当在创立大会召开15日前将会议日期通知各认股人或者予以公告。创立大会应有代表股份总数过半数的发起人、认股人出席，方可举行。

创立大会行使下列职权。审议发起人关于公司筹办情况的报告；通过公司章程；选举董事会成员；选举监事会成员；对公司的设立费用进行审核；对发起人用于抵作股款的财产的作价进行审核；发生不可抗力或者经营条件发生重大变化直接影响公司设立的，可以作出不设立公司的决议。创立大会对前款所列事项作出决议，必须经出席会议的认股人所持表决权过半数通过。

④ 申请设立登记。董事会应于创立大会结束后30日内，向公司登记机关报送指定文件，申请设立登记。报送文件包括公司登记申请书、创立大会的会议记录、公司章程、验资证明，法定代表人、董事、监事的任职文件及其身份证明，发起人的法人资格证明或者自然人身份证明、公司住所证明。

（2）募集设立

募集设立是指由发起人认购公司应发行股份的一部分，其余部分向社会公开募集而设立公司。募集设立程序如下。

① 发起人认购股份。以募集设立方式设立股份有限公司的，发起人认购的股份不得少于公司股份总数的35%；法律、行政法规另有规定的从其规定。

② 公告招股说明书，并制作认股书。招股说明书应当附有发起人制定的公司章程，并载明下列事项：发起人认购的股份数；每股的票面金额和发行价格；无记名股票的发行总数；募集资金的用途；认股人的权利、义务；本次募股的起止期限及逾期未募足时认股人可以撤回所认股份的说明。

③ 签订承销协议和代收股款协议。发起人向社会公开募集股份，应当由依法设立的证券公司承销，签订承销协议。发起人向社会公开募集股份，应当同银行签订代收股款协议。代收股款的银行应当按照协议代收和保存股款，向缴纳股款的认股人出具收款单据，并负有向有关部门出具收款证明的义务。发行股份的股款缴足后，必须经依法设立的验资机构验资并出具证明。

④ 提出申请并经国务院证券管理部门审批。发起人向社会公开募集股份，必须向国务院证券管理部门递交募股申请，并报送下列主要文件：批准设立公司的文件；公司章程；经营估算书；发起人姓名或者名称，发起人认购的股份数、出资种类及验资证明；招股说明书；代收股款银行的名称及地址；承销机构名称及有关的协议。

⑤ 公开募集股份。发起人、认股人缴纳股款或者交付抵作股款的出资后，除未按期募足股份、发起人未按期召开创立大会或者创立大会决议不设立公司的情形外，不得抽回其股本。公司的发起人、股东虚假出资，未交付或者未按期交付作为出资的货币或者非货币财产的，由公司登记机关责令改正，处以虚假出资金额5%以上、15%以下的罚款。公司的发起人、股东在公司成立后，抽逃其出资的，由公司登记机关责令改正，处以所抽逃出资

金额5%以上、15%以下的罚款。

⑥ 召开创立大会。发行股份的股款缴足后，必须经依法设立的验资机构验资并出具证明。发起人应当自股款缴足之日起30日内主持召开公司创立大会。创立大会由发起人、认股人组成。

发行的股份超过招股说明书规定的截止期限尚未募足的，或者发行股份的股款缴足后，发起人在30日内未召开创立大会的，认股人可以按照所缴股款并加算银行同期存款利息，要求发起人返还。

发起人应当在创立大会召开15日前将会议日期通知各认股人或者予以公告。创立大会应有代表股份总数过半数的发起人、认股人出席，方可举行。

⑦ 设立登记并公告。股份有限公司成立后，发起人未按照公司章程的规定缴足出资的，应当补缴；其他发起人承担连带责任。在股份有限公司成立后，发现作为设立公司出资的非货币财产的实际价额显著低于公司章程所定价额的，应当由交付该出资的发起人补足其差额；其他发起人承担连带责任。

3. 发起人的责任

根据《公司法》第95条的规定，股份有限公司的发起人应当承担下列责任：

（1）公司不能成立时，对设立行为所产生的债务和费用负连带责任；

（2）公司不能成立时，对认股人已缴纳的股款，负返还股款并加算银行同期存款利息的连带责任；

（3）在公司设立过程中，由于发起人的过失致使公司利益受到损害的，应当对公司承担赔偿责任。

1.3.3　股份有限公司组织机构

1. 股东大会

（1）股东大会性质与地位

股份有限公司股东大会由全体股东组成，是公司的权力机构。股东大会应当每年召开一次年会。有下列情形之一的，应当在2个月内召开临时股东大会。

① 董事人数不足本法规定人数或者公司章程所定人数的2/3时；

② 公司未弥补的亏损达实收股本总额1/3时；

③ 单独或者合计持有公司10%以上股份的股东请求时；

④ 董事会认为必要时；

⑤ 监事会提议召开时；

⑥ 公司章程规定的其他情形。

（2）股东大会的召集

股东大会会议由董事会召集、董事长主持；董事长不能履行职务或者不履行职务的，由副董事长主持；副董事长不能履行职务或者不履行职务的，由半数以上董事共同推举一名董事主持。董事会不能履行或者不履行召集股东大会会议职责的，监事会应当及时召集和主持；监事会不召集和主持的，连续90日以上单独或者合计持有公司10%以上股份的股东可以自行召集和主持。

召开股东大会会议，应当将会议召开的时间、地点和审议的事项于会议召开20日前通知各股东；临时股东大会应当于会议召开15日前通知各股东；发行无记名股票的，应当于会议召开30日前公告会议召开的时间、地点和审议事项。

单独或者合计持有公司3%以上股份的股东，可以在股东大会召开10日前提出临时提案并书面提交董事会；董事会应当在收到提案后2日内通知其他股东，并将该临时提案提交股东大会审议。临时提案的内容应当属于股东大会职权范围，并有明确议题和具体决议事项。股东大会不得对通知中未列明的事项作出决议。

无记名股票持有人出席股东大会会议的，应当于会议召开5日前至股东大会闭会时将股票交存于公司。

（3）股东大会的决议

股东出席股东大会会议，所持每一股份有一表决权，但是公司持有的本公司股份没有表决权。股东大会作出决议，必须经出席会议的股东所持表决权过半数通过。股东大会作出修改公司章程、增加或者减少注册资本的决议，以及公司合并、分立、解散或者变更公司形式的决议，必须经出席会议的股东所持表决权的2/3以上通过。

《公司法》和公司章程规定公司转让、受让重大资产或者对外提供担保等事项必须经股东大会作出决议的，董事会应当及时召集股东大会会议，由股东大会就上述事项进行表决。

股东大会选举董事、监事，可以依照公司章程的规定或者股东大会的决议，实行累积投票制。累积投票制是指股东大会选举董事或者监事时，每一股份拥有与应选董事或者监事人数相同的表决权，股东拥有的表决权可以集中使用。

股东可以委托代理人出席股东大会会议，代理人应当向公司提交股东授权委托书，并在授权范围内行使表决权。

股东大会应当对所议事项的决定作成会议记录，主持人、出席会议的董事应当在会议记录上签名。会议记录应当与出席股东的签名册及代理出席的委托书一并保存。

2. 董事会与经理

（1）董事会组成

股份有限公司设董事会，其成员为5~19人。董事会成员中可以有公司职工代表。董事会中的职工代表由公司职工通过职工代表大会、职工大会或者其他形式民主选举产生。董事会设董事长1人，可以设副董事长。董事长和副董事长由董事会以全体董事的过半数选举产生。董事长召集和主持董事会会议，检查董事会决议的实施情况。副董事长协助董事长工作，董事长不能履行职务或者不履行职务的，由副董事长履行职务；副董事长不能履行职务或者不履行职务的，由半数以上董事共同推举1名董事履行职务。《公司法》关于有限责任公司董事任期、董事会职权的规定，适用于股份有限公司董事。《公司法》还规定，上市公司设立独立董事。

（2）董事会会议

董事会每年度至少召开2次会议，每次会议应当于会议召开10日前通知全体董事和监事。代表1/10以上表决权的股东、1/3以上董事或者监事会，可以提议召开董事会临时会

议。董事长应当自接到提议后10日内，召集和主持董事会会议。董事会召开临时会议，可以另定召集董事会的通知方式和通知时限。

董事会会议应有过半数的董事出席方可举行。董事会作出决议，必须经全体董事的过半数通过。对董事会决议的表决，实行一人一票表决判。

董事会会议，应由董事本人出席；董事因故不能出席，可以书面委托其他董事代为出席，委托书中应载明授权范围。

董事会应当对会议所议事项的决定写出正式会议记录，出席会议的董事应当在会议记录上签名。董事应当对董事会的决议承担责任。董事会的决议违反法律、行政法规或者公司章程、股东大会决议，致使公司遭受严重损失的，参与决议的董事对公司负赔偿责任。但经证明在表决时曾表明异议并记载于会议记录的，该董事可以免除责任。

（3）经理

股份有限公司设经理，由董事会决定聘任或者解聘。公司董事会可以决定由董事会成员兼任经理。经理的职权包括主持公司的生产经营管理工作，组织实施董事会决议；组织实施公司年度经营计划和投资方案；拟订公司内部管理机构设置方案；拟订公司的基本管理制度；制定公司的具体规章；提请聘任或者解聘公司副经理、财务负责人；决定聘任或者解聘除应由董事会决定聘任或者解聘以外的负责管理人员等。

3. 监事会

（1）监事会的组成

股份有限公司设监事会，其成员不得少于3人。监事会应当包括股东代表和适当比例的公司职工代表，其中职工代表的比例不得低于1/3，具体比例由公司章程规定。监事会中的职工代表由公司职工通过职工代表大会、职工大会或者其他形式民主选举产生。

监事会设主席1人，可以设副主席。监事会主席和副主席由全体监事过半数选举产生。监事会主席召集和主持监事会会议；监事会主席不能履行职务或者不履行职务的，由监事会副主席召集和主持监事会会议；监事会副主席不能履行职务或者不履行职务的，由半数以上监事共同推举1名监事召集和主持监事会会议。董事、高级管理人员不得兼任监事。

《公司法》关于有限责任公司监事任期、职权的规定，适用于股份有限公司监事。

（2）监事会会议

监事会每6个月至少召开1次会议。监事可以提议召开临时监事会会议。监事会的议事方式和表决程序，除《公司法》有规定的外，由公司章程规定。监事会决议应当经半数以上监事通过。监事会应当对所议事项的决定作成会议记录，出席会议的监事应当在会议记录上签名。监事会行使职权所必需的费用，由公司承担。

1.3.4 股票发行

1. 股票发行原则

股份有限公司的资本划分为股份，每一股的金额相等。公司的股份采取股票的形式。股票是公司签发的证明股东所持股份的凭证。按照《公司法》第127条的规定，股份的发行，实行公平、公正的原则，同种类的每一股份应当具有同等权利。同次发行的同种类股票，每

股的发行条件和价格应当相同；任何单位或者个人所认购的股份，每股应当支付相同价额。

2. 股票发行价格

《公司法》第128条规定，股票发行价格可以按票面金额，也可以超过票面金额，但不得低于票面金额。

3. 股票形式

股票采用纸面形式或者国务院证券监督管理机构规定的其他形式。股票应当载明下列主要事项：公司名称；公司成立日期；股票种类、票面金额及代表的股份数；股票的编号。股票由法定代表人签名，公司盖章。发起人的股票，应当标明发起人股票字样。

公司发行的股票，可以为记名股票，也可以为无记名股票。公司向发起人、法人发行的股票，应当为记名股票，并应当记载该发起人、法人的名称或者姓名，不得另立户名或者以代表人姓名记名。公司发行记名股票的，应当置备股东名册，记载下列事项：股东的姓名或者名称及住所；各股东所持股份数；各股东所持股票的编号；各股东取得股份的日期。发行无记名股票的，公司应当记载其股票数量、编号及发行日期。

股份有限公司成立后，即向股东正式交付股票。公司成立前不得向股东交付股票。

4. 新股发行

公司发行新股，股东大会应当对下列事项作出决议：新股种类及数额；新股发行价格；新股发行的起止日期；向原有股东发行新股的种类及数额。公司经国务院证券监督管理机构核准公开发行新股时，必须公告新股招股说明书和财务会计报告，并制作认股书。公司发行新股，可以根据公司经营情况和财务状况，确定其作价方案。公司发行新股募足股款后，必须向公司登记机关办理变更登记并公告。

1.3.5 股份转让

1. 股份转让的方式

股东持有的股份可以依法转让。股东转让其股份，应当在依法设立的证券交易场所进行或者按照国务院规定的其他方式进行。上市公司的股票，依照有关法律、行政法规及证券交易所交易规则上市交易。

记名股票，由股东以背书方式或者法律、行政法规规定的其他方式转让；转让后由公司将受让人的姓名或者名称及住所记载于股东名册。股东大会召开前20日内或者公司决定分配股利的基准日前5日内，不得进行前款规定的股东名册的变更登记。法律对上市公司股东名册变更登记另有规定的，从其规定。

无记名股票的转让，由股东将该股票交付给受让人后即发生转让的效力。

2. 股份转让的限制

发起人持有的本公司股份，自公司成立之日起1年内不得转让。公司公开发行股份前已发行的股份，自公司股票在证券交易所上市交易之日起1年内不得转让。

公司董事、监事、高级管理人员应当向公司申报所持有的本公司的股份及其变动情

况，在任职期间每年转让的股份不得超过其所持有本公司股份总数的25%；所持本公司股份自公司股票上市交易之日起1年内不得转让。董事、监事、高级管理人员离职后半年内，不得转让其所持有的本公司股份。公司章程可以对公司董事、监事、高级管理人员转让其所持有的本公司股份作出其他限制性规定。

3. 本公司股份的收购

《公司法》第143条规定，公司不得收购本公司股份，但是有下列情形之一的除外：①减少公司注册资本；②与持有本公司股份的其他公司合并；③将股份奖励给本公司职工；④股东因对股东大会作出的公司合并、分立决议持异议，要求公司收购其股份的。

公司因减少公司注册资本、与持有本公司股份的其他公司合并、将股份奖励给本公司职工而收购本公司股份的，应当经股东大会决议。公司收购本公司股份后，属于减少公司注册资本的，应当自收购之日起10日内注销；与持有本公司股份的其他公司合并以及股东因对股东大会作出的公司合并、分立决议持异议，要求公司收购其股份的，应当在6个月内转让或者注销。

公司为将股份奖励给本公司职工而收购的本公司股份，不得超过本公司已发行股份总额的5%；用于收购的资金应当从公司的税后利润中支出；所收购的股份应当在1年内转让给职工。

此外，公司不得接受本公司的股票作为质押权的标的。

4. 股票补发

《公司法》第144条规定，记名股票被盗、遗失或者灭失，股东可以依照《中华人民共和国民事诉讼法》规定的公示催告程序，请求人民法院宣告该股票失效。人民法院宣告该股票失效后，股东可以向公司申请补发股票。

训练路径

1. 背景资料

（1）《中华人民共和国公司法》（2005年10月27日第十届全国人民代表大会第十八次会议通过，自2006年1月1日起施行）

（2）《中华人民共和国企业法人登记管理条例》（1988年6月3日国务院令第1号发布）

（3）《企业名称登记管理实施办法》（国家工商行政管理总局2004年7月1日起颁行）

（4）《中华人民共和国企业法人登记管理条例施行细则》（国家工商行政管理总局2000年修正，自2001年1月1日起施行）

2. 实训目标

《公司法》是我国企业组织法中最基本的规范，掌握其相关内容将为学生参加实际工作打下重要基础。通过本章的实际训练，可使学生掌握《公司法》的基本知识，实现本章设定的能力目标。

3. 组织实施

（1）安排学生模拟训练股份有限公司、有限责任公司设立的基本流程。

（2）模拟训练公司章程的拟写，清楚公司章程应当记载的基本内容。

（3）设计两类公司不同的组织机构结构图。

（4）以判断、实际案例分析等形式检验关于公司设立条件规定的掌握程度。

4. 操作提示

着重于股份有限公司和有限责任公司两种不同的组织形式，深入识别两者之间的异同。

5. 成果检测

应当坚持定性考核和定量考核相结合的方法来检验学生的学习效果。《公司法》内容较多，重点知识分散，对于初学者应当坚持定量考核为主，定性考核为辅。教师可以采用提问、课堂小测验、课后作业等方式随时对学生进行学习成效测试和评估。

教学建议

（1）分小组搜集、讨论公司典型案例，课堂交流。

（2）结合本地实际情况，选择本地区典型的一家或多家公司，组织学生实地参观、考察，并结合《公司法》规定分析、评价。

（3）邀请本地企业登记管理机关的工作人员走进课堂，现身说法，讲解在实际工作中对公司进行管理的具体要求和具体内容。

复习思考题

1. 什么是有限责任公司？它有哪些特征？

2. 什么是股份有限公司？它有哪些特征？

3. 简述有限责任公司和股份有限公司的设立条件与程序。

4. 简述有限责任公司和股份有限公司各组织机构的职权、会议形式与议事规则。

5. 简述公司董事、监事、高级管理人员的资格和义务。

6. 阐述《公司法》关于股份有限公司的股份发行和转让的规定。

第2章　合伙企业与个人独资企业法律制度

能力目标

（1）熟悉合伙协议应当包括的基本条款，能够正确、完整地起草合伙协议。

（2）能够完整地说明合伙企业设立的步骤，并按照法定程序独立完成设立、变更登记工作。

（3）能够分析、说明个人独资企业设立的步骤，并按照法定程序独立完成设立、变更登记工作。

任务分析

（1）了解合伙企业的概念与特征，掌握合伙企业的设立条件与程序；掌握合伙企业的内外部关系；了解合伙财产的构成及其性质；掌握入伙、退伙的程序及其后果。

（2）掌握个人独资企业的概念与特征；掌握个人独资企业的设立条件与程序；掌握个人独资企业的权利和义务以及经营管理的规则；了解个人独资企业的终止条件及法律后果。

引导案例

1. 1999年3月，第九届全国人民代表大会第二次会议通过了宪法修正案，个体经济、私营经济不再只是社会主义公有制经济的有益补充，而是社会主义市场经济的重要组成部分。这是新中国成立以来非公有制经济获得的最好的法律环境。某市公民李某（男，30岁）觉得现在大环境已具备，打算创办一家企业从事餐饮业。李某与他的两个朋友王某（男，32岁）和吴某（女，27岁）商量共同设立一家合伙企业。关于如何合伙，他们经讨论初步形成了以下几种方案。

第一种方案，由3人共同出资。李某作为负责人，承担无限责任；王某和吴某分别以各自的出资为限承担企业的债务，但是企业若发生债务危机时应尽他们所能，帮助企业渡过难关（如无息借钱给企业）。

第二种方案，由李某出资，王某和吴某为企业工作，拿固定工资。李某再想办法找一家公司投资，以弥补资本的不足。年终若有利润，出资者按出资比例分成，王某和吴某可以拿到奖金。

第三种方案，由3人共同出资，共同参与经营管理，对合伙企业的债务承担无限

连带责任。

第四种方案，由3人共同出资。王某因为在国家机关里有一定职务且待遇不错，不想辞职，更不想让单位知道自己在外面合伙办企业，所以要求不公开自己的姓名，也不参加企业的经营管理，当然他对企业债务也只承担有限责任。

请你思考：他们讨论的几种方案是否都符合《中华人民共和国合伙企业法》（以下简称《合伙企业法》）的规定？能否实际操作？

2. 2000年1月1日起，《中华人民共和国个人独资企业法》（以下简称《个人独资企业法》）正式施行。这是我国在法律上确立个体经济、私营企业社会主义市场主体资格的重要表现。范某是一家国有企业的职工，因近年来企业效益连连滑坡濒临破产，很想自立门户创建一家独资企业，自己做老板。但是范某对《个人独资企业法》知之甚少，根据自己的理解和一些非官方途径了解到的信息，他勾勒出欲创立的企业，大致情况如下。

企业名称为"洁而惠面点制作有限责任公司"，范某任该企业董事长。听说独资企业的注册资本只要1元钱，即象征性地出一点就可以了，所以资本暂定为400元，外加一些碗筷、几把桌椅，而且注册资本越低，他承担的责任也就越少。范某准备借用一处即将拆迁的街面房作为经营场所，几个月后面临拆迁时再想办法解决经营场地问题。

范某计划雇用大约3名职工，但支付的工资中不包含社会养老金、失业保险金、医疗保险金等内容，这些项目由职工自己想办法解决。由于企业业务较少，没必要设置账簿或配备专门的财会人员。又由于范某不太懂经营管理，所以准备聘用一名经理来管理企业。但是又需控制经理的权力，较重大的事项均由范某自己来决定。如果经理在外代表企业所进行的活动，超越其职权造成对企业不利的，则由该经理自行对外负责。

最后，独资企业不取得法人资格所以无须登记，过几天去做一块招牌挂在经营场所即可开业。

请你思考：范某的以上想法是否符合法律规定？

2.1 合伙企业法

2.1.1 认识合伙企业

合伙企业是指依照《合伙企业法》的规定在中国境内设立的由各合伙人订立合伙协议，共同出资、合伙经营、共享收益、共担风险，并对合伙企业债务承担无限连带责任的营利性组织。合伙企业的特征包括如下几个方面。

（1）合伙协议是合伙得以成立的法律基础。这与具有法人资格的公司迥然不同，公司是以公司章程为成立基础的，公司章程是公司组织和行为的基本准则，是公司的"宪法"，具有公开的对外效力，其功能主要是约束作为法人组织的公司本身。合伙协议是处理合伙人相互之间的权利义务关系的内部法律文件，仅具有对内的效力，即只约束合伙人，合伙人之外的人如欲入伙，须经全体合伙人同意，并在合伙协议上签字。所以合伙协

议是调整合伙关系、规范合伙人相互间的权利义务、处理合伙纠纷的基本法律依据，也是合伙得以成立的法律基础，此即合伙的契约性。

（2）合伙企业须由全体合伙人共同出资、共同经营。与公司不同的是，公司股东一般只能以现金、实物、土地使用权和知识产权四种方式出资，而合伙人除了可以上述四种方式出资外，还可以劳务、技术、管理经验、商誉甚至不作为的方式出资，只要其他合伙人同意即可。合伙人共同经营是合伙企业不同于公司的又一特征，公司的股东不一定都参与公司经营管理，甚至不从事公司的任何营业行为，而合伙人必须共同从事经营活动，以合伙为职业和谋生之本。

（3）合伙人共负盈亏，共担风险，平等参与企业管理，对外承担无限连带责任。这也是合伙企业与公司的主要区别之一。公司股东按其出资比例所持股份分享公司利润，当公司资不抵债时，股东只以其出资额为限对公司债务承担责任；合伙人则既可按对合伙的出资比例分享合伙赢利，也可按合伙人约定的其他办法来分配合伙赢利，当合伙财产不足以清偿合伙债务时，合伙人还需以其他个人财产来清偿债务，即承担无限责任，而且任何一个合伙人都有义务清偿全部合伙债务，即承担连带责任。

2.1.2　合伙企业设立

1. 合伙企业设立条件

（1）有符合要求的合伙人。根据《合伙企业法》的规定，只有自然人才能成为合伙企业的合伙人，法人不能成为合伙企业合伙人。设立合伙企业必须有2个或2个以上的合伙人。当然由于合伙的人合性质，实践中合伙人人数不会太多。合伙人必须具有相应的民事行为能力即为完全民事行为能力人，且能承担无限责任。限制行为能力人不得作为合伙人，无行为能力人当然更不得作为合伙人，因此只有18周岁以上的人和已满16周岁未满18周岁但以自己的劳动收入作为主要生活来源的人，才能作为合伙人。但并非所有的完全行为能力人都能成为合伙人，法律、行政法规禁止从事营利性活动的人，不得成为合伙企业的合伙人，包括国家公务员、法官、检察官、警察等。

（2）有合伙协议。合伙协议是指两个以上的公民为设立合伙企业而签订的合同。合伙协议必须采用书面形式，并载明以下内容：①合伙企业的名称和主要经营场所的地点；②合伙目的和合伙企业的经营范围；③合伙人的姓名及其住所；④合伙人出资的方式、数额缴付出资的期限；⑤利润分配和亏损分担办法；⑥合伙企业事务的执行；⑦入伙与退伙；⑧合伙企业的解散与清算；⑨违约责任等。合伙协议经全体合伙人签名、盖章后生效。

（3）有合伙人实际缴付的出资。合伙人必须向合伙组织出资，合伙人出资的形式可以是货币、实物、土地使用权、知识产权或者其他财产权利。经全体合伙人协商一致，合伙人也可以用劳务、技术等出资。合伙人的出资是设立合伙企业的基本物质条件，也是合伙人资格取得的必备条件。

合伙人以货币以外的形式出资，一般应进行评估作价，即折价入伙。评估作价由合伙人协商确定，也可以由全体合伙人委托法定评估机构进行评估，评估报告作为折价的依据。若以劳务出资，则只能由合伙人协商研究出资的价值。

合伙人应当按照合伙协议约定的出资方式、数额和缴付出资的期限，履行出资义务。

如果合伙人违反了这一义务，即构成违约，其他合伙人可追究其违约责任。合伙人只能以其实际向合伙缴付的出资作为其出资份额，并据此享有权利和承担义务。

（4）有合伙企业的名称。合伙只有拥有自己的名称，才能以自己的名义参与民事法律关系，享有民事权利，承担民事义务并参与诉讼，成为诉讼当事人。根据《民法通则》的规定，合伙享有名称权，即合伙对其登记的名称享有专有使用的权利，其他人未经许可，不得使用合伙企业的名称，否则构成民事侵权行为，合伙企业有权要求行为人停止侵害，消除影响，赔礼道歉，并可以要求赔偿损失。

（5）有经营场所和从事合伙经营的必要条件。经营场所是指合伙企业从事生产经营活动的所在地，合伙企业一般只有一个经营场所，即在企业登记机关登记的营业地点。经营场所的法律意义在于确定债务履行地、诉讼管辖、法律文书送达等。从事经营活动的必要条件是指根据合伙企业的业务性质、规模等因素而需具备的设施、设备、人员等方面的条件。

2. 合伙企业设立程序

（1）申请人与登记机关

设立合伙企业，应由全体合伙人指定的代表或者共同委托的代理人向企业登记机关申请设立登记。登记机关为工商行政管理部门。

（2）申请时应提交的材料

申请设立合伙企业，应向企业登记机关提交下列文件：

① 全体合伙人签署的设立登记申请书；

② 全体合伙人的身份证明；

③ 全体合伙人指定的代表或者共同委托的代理人的委托书；

④ 合伙协议；

⑤ 出资权属证明；

⑥ 经营场所证明；

⑦ 其他证明材料，如依法应提交的有关行政审批文件。

（3）设立登记

企业登记机关应自收到申请人提交所需的全部文件之日起30日内，作出核准登记或不予登记的决定。合伙企业的营业执照签发日期，为合伙企业成立之日。

2.1.3 合伙企业财产

1. 合伙财产的范围

合伙财产指合伙存续期间，合伙人的出资和所有以合伙组织名义取得的收益。合伙财产包括两部分。一是全体合伙人的出资。合伙人对合伙企业的出资是指各合伙人按照合伙协议实际缴付的出资。二是合伙企业成立后至解散前，以合伙企业名义取得的全部收益。

2. 合伙企业财产的管理与使用

合伙企业财产依法由全体合伙人共同管理和使用。具体表现为以下几点。

（1）在合伙企业存续期间，合伙人向合伙人以外的人转让其在合伙企业中的全部或

部分财产份额时，须经其他合伙人一致同意，且在同等条件下其他合伙人有优先受让的权利。作为合伙人以外的人依法受让合伙财产份额后，经过该合伙协议即成为合伙企业的合伙人，新的合伙人依照修改后的合伙协议享有权利，承担责任。

（2）在合伙企业存续期间，合伙人之间可以转让在合伙企业中的全部或部分财产份额，但应通知其他合伙人。

（3）在合伙企业存续期间，合伙人以其在合伙企业中的财产份额出质的，必须经其他合伙人一致同意。否则，出质行为无效，或作为退伙处理。因此给其他合伙人造成损失的，还应依法承担赔偿责任。

（4）在合伙企业存续期间，除依法退伙等法律有特别规定的外，合伙人不得请求分割合伙企业财产；也不得私自转移或处分合伙企业财产。但是，为了保护第三人的利益，如果合伙人私自转移或处分合伙企业财产的，合伙企业不得以此对抗不知情的善意第三人。

3. 合伙企业财产性质

（1）合伙人出资财产部分的性质

合伙人的出资形式多样，不同的出资所反映的性质不完全一样。

① 以现金或明确以财产所有权出资的，意味着所有权的转移，出资人不再享有出资财产的所有权，而由全体合伙人共有。

② 以土地使用权、房屋使用权、商标使用权、专利使用权等权利出资的，出资人并不因出资行为而丧失土地使用权、房屋所有权、商标权、专利权等权利，这些出资财产的所有权或使用权仍属于出资人，合伙企业只享有使用和管理权。对于此类出资，在合伙人退伙或合伙企业解散时，合伙人有权要求返还原物。如果出资的所有权转移，而形成合伙人间的共有关系，合伙人退伙或合伙企业解散时，只能以分割共有财产的方式收回出资的价值量。

（2）合伙积累财产的性质

依据《民法通则》第32条的规定，合伙经营积累的财产归合伙人共有。这种共有应理解为按份共有。

2.1.4 合伙事务执行

1. 合伙事务的执行方式

各合伙人对执行合伙企业事务享有同等的权利，可以由全体合伙人共同执行合伙企业事务，也可以由合伙协议约定或者全体合伙人决定，委托一名或者数名合伙人执行合伙企业事务。执行合伙企业事务的合伙人，对外代表合伙企业。不参加执行事务的合伙人有权监督执行事务的合伙人，检查其执行合伙企业事务的情况。合伙协议约定或者经全体合伙人决定，合伙人分别执行合伙企业事务时，合伙人可以对其他合伙人执行的事务提出异议。提出异议时，应暂停该项事务的执行。如果发生争议，可由全体合伙人共同决定。被委托执行合伙企业事务的合伙人不按照合伙协议或者全体合伙人的决定执行事务的，其他合伙人可以决定撤销该委托。

2. 合伙企业事务执行后果的承担

执行合伙事务的合伙人，对外代表合伙组织，其执行合伙事务所产生的收益归全体合伙人，所产生的亏损或民事责任，由全体合伙人承担。由一名或者数名合伙人执行合伙企业事务的，应当依照约定向其他不参加执行事务的合伙人报告事务执行情况以及合伙企业的经营状况和财务状况，其执行合伙企业事务所产生的收益归全体合伙人，所产生的亏损或者民事责任，由全体合伙人承担。

3. 合伙事务的决定

合伙人依法或者按照合伙协议对合伙企业有关事项作出决议时，除法律另有规定或者合伙协议另有约定外，经全体合伙人决定可以实行一人一票的表决办法。合伙事务的决定只能由合伙人依法作出，不得委托其他合伙人或合伙人以外的人进行。根据《合伙企业法》第31条的规定，下列合伙事务必须经全体合伙人同意：

① 处分合伙企业的不动产；

② 改变合伙企业名称；

③ 转让或处分合伙企业的知识产权和其他财产权利；

④ 向企业登记机关申请办理变更登记手续；

⑤ 以合伙企业名义为他人提供担保；

⑥ 聘任合伙人以外的人担任合伙企业的经营管理人员；

⑦ 依照合伙协议约定的其他有关事项，如增加对合伙企业的出资，延长合伙企业的经营期限等事项。

4. 竞业禁止

《合伙企业法》第30条规定，在合伙企业存续期间，合伙人不得从事对合伙企业不利的活动，如自营或与他人合作经营与本合伙企业相竞争的业务；未经全体合伙人同意，合伙协议也没有约定，而与本合伙企业进行交易。

2.1.5 合伙企业与第三人的关系处理

1. 合伙与善意第三人的关系

善意第三人是指与合伙善意进行民事行为的人，包括善意取得合伙财产和善意与合伙企业设定其他法律关系的人。合伙人设立合伙的目的是通过合伙经营活动而赢利，而合伙的经营活动不是封闭的，必须通过市场与第三人进行相应的民事活动，达到经营目的。合伙人或聘用的经营管理人执事合伙企业事务是受约定或法律规定的限制，但这些限制不得对抗不知情的善意第三人。如根据《合伙企业法》的规定，转让合伙企业的不动产必须经全体合伙人决定，但作为合伙企业事务执行人甲以合伙企业的名义将合伙企业的不动产转让给第三人，而甲的这一行为并没有事先征得全体合伙人的同意，作为受让方第三人不知道或不能知道甲的行为超出了限制范围，则合伙企业不能以甲的行为超越了限制范围为理由而对抗善意第三人，即合伙企业仍需承担甲的行为后果。

2. 合伙与债务人的关系

（1）合伙债务的性质

合伙与债务人的关系就是合伙人对外承担责任的问题。《民法通则》规定：合伙的债务，由合伙人按照出资比例或者协议的约定，以各自的财产承担清偿责任，合伙人对合伙的债务承担连带责任。《合伙企业法》规定，合伙企业对其债务，应先以其全部财产进行清偿；合伙企业财产不足以清偿债务的，各合伙人应当承担无限连带清偿责任。根据上述规定，合伙人对于合伙债务的清偿责任的性质属于补充性责任，即只有当合伙财产不足以清偿合伙债务时方由合伙人承担责任，也就是说，合伙债务的债权人应当先向合伙财产求偿；只有该合伙财产不足以清偿时，才应向各合伙人求偿。

（2）合伙人对合伙债务承担无限责任

各合伙人对于合伙财产不足以清偿的债务，负无限清偿责任，而不以出资额为限。此即合伙的无限责任。

（3）合伙人对合伙的债务承担连带责任

每个合伙均须对全部合伙债务负责，债权人可以依其选择，请求全体、部分或者个别合伙人为清偿，被请求的合伙人即须清偿全部的合伙债务，不得以自己承担的份额为由拒绝；每个合伙人对合伙债务的清偿，均对其他合伙人发生清偿的效力；合伙人由于承担连带责任所清偿债务数额超过其应当承担的数额时，有权向其他合伙人追偿。

2.1.6 有限合伙企业

1. 有限合伙企业的设立

《合伙企业法》第63条规定，合伙协议应当载明下列事项：

（1）普通合伙人和有限合伙人的姓名或者名称、住所；

（2）执行事务合伙人应具备的条件和选择程序；

（3）执行事务合伙人权限与违约处理办法；

（4）执行事务合伙人的除名条件和更换程序；

（5）有限合伙人入伙、退伙的条件、程序以及相关责任；

（6）有限合伙人和普通合伙人相互转变程序。

有限合伙人不得用劳务出资，并应当按期足额缴纳出资。《合伙企业法》规定，有限合伙人可以用货币、实物、知识产权、土地使用权或者其他财产权利作价出资。有限合伙人不得以劳务出资。有限合伙人应当按照合伙协议的约定按期足额缴纳出资；未按期足额缴纳的，应当承担补缴义务，并对其他合伙人承担违约责任。有限合伙企业登记事项中应当载明有限合伙人的姓名或者名称及认缴的出资数额。

2. 有限合伙企业的内部关系

有限合伙企业中，有限合伙人不执行合伙企业的事务。《合伙企业法》规定，有限合伙企业由普通合伙人执行合伙事务。执行事务合伙人可以要求在合伙协议中确定执行事务的报酬及报酬提取方式。有限合伙人不执行合伙事务，不得对外代表有限合伙企业。

有限合伙人的下列行为，不视为执行合伙事务：①参与决定普通合伙人入伙、退伙；

②对企业的经营管理提出建议；③参与选择承办有限合伙企业审计业务的会计师事务所；④获取经审计的有限合伙企业财务会计报告；⑤对涉及自身利益的情况，查阅有限合伙企业财务会计账簿等财务资料；⑥在有限合伙企业中的利益受到侵害时，向有责任的合伙人主张权利或者提起诉讼；⑦执行事务合伙人怠于行使权利时，督促其行使权利或者为了本企业的利益以自己的名义提起诉讼；⑧依法为本企业提供担保。

有限合伙企业的利润分配应当公允。《合伙企业法》第69条规定："有限合伙企业不得将全部利润分配给部分合伙人；但是，合伙协议另有约定的除外。"

有限合伙人的竞业禁止例外。《合伙企业法》规定，有限合伙人可以同本有限合伙企业进行交易；但是，合伙协议另有约定的除外。有限合伙人可以自营或者同他人合作经营与本有限合伙企业相竞争的业务；但是，合伙协议另有约定的除外。

有限合伙人可以将其在有限合伙企业中的财产份额出质。

3. 有限合伙企业的外部关系

有限合伙人可以将其在有限合伙企业中的财产份额出质，并可以转让财产份额。《合伙企业法》规定，有限合伙人可以将其在有限合伙企业中的财产份额出质；但是，合伙协议另有约定的除外。有限合伙人可以按照合伙协议的约定向合伙人以外的人转让其在有限合伙企业中的财产份额，但应当提前30日通知其他合伙人。

有限合伙人的债务清偿。《合伙企业法》规定，有限合伙人的自有财产不足清偿其与合伙企业无关的债务的，该合伙人可以以其从有限合伙企业中分取的收益用于清偿；债权人也可以依法请求人民法院强制执行该合伙人在有限合伙企业中的财产份额用于清偿。人民法院强制执行有限合伙人的财产份额时，应当通知全体合伙人。在同等条件下，其他合伙人有优先购买权。

有限合伙人的责任承担。《合伙企业法》规定，第三人有理由相信有限合伙人为普通合伙人并与其交易的，该有限合伙人对该笔交易承担与普通合伙人同样的责任。有限合伙人未经授权以有限合伙企业名义与他人进行交易，给有限合伙企业或者其他合伙人造成损失的，该有限合伙人应当承担赔偿责任。

4. 有限合伙企业的入伙、退伙

有限合伙企业与普通合伙企业之间可以转换，有限合伙人与普通合伙人之间可以互相转换。《合伙企业法》规定，有限合伙企业仅剩有限合伙人的，应当解散；有限合伙企业仅剩普通合伙人的，转为普通合伙企业。除合伙协议另有约定外，普通合伙人转变为有限合伙人，或者有限合伙人转变为普通合伙人，应当经全体合伙人一致同意。有限合伙人转变为普通合伙人的，对其作为有限合伙人期间有限合伙企业发生的债务承担无限连带责任。普通合伙人转变为有限合伙人的，对其作为普通合伙人期间合伙企业发生的债务承担无限连带责任。

（1）新入伙的有限合伙人的责任承担

《合伙企业法》规定，新入伙的有限合伙人对入伙前有限合伙企业的债务，以其认缴的出资额为限承担责任。

（2）有限合伙人的退伙及责任承担

《合伙企业法》规定，作为有限合伙人的自然人在有限合伙企业存续期间丧失民事行

为能力的，其他合伙人不得因此要求其退伙。作为有限合伙人的自然人死亡、被依法宣告死亡或者作为有限合伙人的法人及其他组织终止时，其继承人或者权利承受人可以依法取得该有限合伙人在有限合伙企业中的资格。有限合伙人退伙后，对基于其退伙前的原因发生的有限合伙企业债务，以其退伙时从有限合伙企业中取回的财产承担责任。

2.1.7　入伙与退伙

1. 入伙

入伙是指在合伙企业存续期间，合伙人以外的第三人加入合伙企业并取得合伙人资格的行为。

（1）入伙的条件与程序

入伙是一种民事法律行为，因此，入伙应具备一定的条件，即：全体合伙人的同意；入伙与原合伙人订立书面合伙协议。订立入伙协议时，原合伙人应当向新合伙人告知原合伙企业的经营状况和财务状况。

（2）入伙的法律后果

入伙的后果是入伙人取得合伙人的资格；入伙人对入伙前合伙企业的债务承担连带责任；除入伙协议另有约定外，入伙人与合伙人享有同等权利，承担同等责任。

2. 退伙

退伙是在合伙存续期间，合伙人资格的消灭。

（1）退伙的形式

① 声明退伙。声明退伙又称自愿退伙，是指合伙人基于自愿的意思表示而退伙。声明退伙又可分为协议退伙和通知退伙。当合伙协议约定了合伙的经营期限的，则有下列情形之一时，合伙人可以退伙：合伙协议约定的退伙事由出现；经全体合伙人同意退伙；发生合伙人难于继续参加合伙企业的事由；其他合伙人严重违反合伙协议约定的义务。

当合伙协议约定了合伙期限时，合伙人欲退伙须经其他合伙人同意，不得单方通知退伙。合伙协议未约定合伙期限的，在不给合伙事务执行造成不利影响的前提下，合伙人可以不经其他合伙人同意而退伙，但应当提前30天通知其他合伙人。

② 法定退伙。法定退伙指直接根据法律的规定而退伙。法定退伙又可分为当然退伙和除名退伙。

当然退伙是指发生了某种客观情况而导致的退伙，《合伙企业法》第49条规定了这些客观情形：公民死亡或者被依法宣告死亡；公民被依法宣告为无民事行为能力人；个人丧失偿债能力；被人民法院强制执行在合伙企业中的全部财产份额。

除名退伙也称开除退伙，是指在合伙人出现法定事由的情形下，由其他合伙人决议将该合伙人除名。《合伙企业法》第50条规定了开除退伙的事由：未履行出资义务；因故意或者重大过失给合伙企业造成损失；执行合伙企业事务时有不正当事务行为；合伙协议约定的其他事项。

（2）退伙的效力

①退伙人丧失合伙人身份，脱离原合伙协议约定的权利义务关系；

② 导致合伙财产的清理与结算，退伙人以使用权出资的财产需返还给退伙人，盈余部分需进行分配，如有亏损则需由退伙人分担；

③ 退伙并不必然导致合伙的解散。只有在合伙为2人的情况下，其中1人退伙则导致合伙的解散。

2.1.8 合伙企业终止与清算

1. 合伙企业终止事由

合伙企业终止是指合伙因某些法律事实的发生而使合伙归于消灭的行为。根据《合伙企业法》的规定，合伙企业终止的事由包括以下几点：

（1）合伙协议约定的经营期届满，合伙人不愿继续经营的；

（2）合伙协议约定的解散事由出现；

（3）全体合伙人决定解散；

（4）合伙人已不具备法定人数；

（5）合伙协议约定的合伙目的已经实现或无法实现；

（6）被依法吊销营业执照；

（7）出现法律、行政法规规定的合伙企业解散的其他原因。

2. 合伙企业清算

合伙企业终止有一个过程，具体内容就是要对合伙的债权、债务进行清算，解决合伙与债权、债务人的关系及合伙人内部的关系。合伙清算结束后，如原办理了合伙企业登记的，应依法办理合伙企业的注销登记。

（1）清算人的确定

合伙解散，应确定清算人，由清算人依法进行清算工作。清算人应由全体合伙人担任；如果未能由全体合伙人担任清算人的，经全体合伙人过半数同意，可以自合伙企业解散后15日内指定一名或者数名合伙人，或者委托第三人担任清算人。

（2）清算人的职责

清算人在清算期间执行的事务包括清算合伙企业财产，分别编制资产负债表和财产清单；处理与清算有关的合伙企业未了结的事务；清缴所欠税款；清理债权、债务；处理合伙企业参与民事诉讼活动。

（3）清偿的顺序

合伙企业财产在支付清算费用后，应按下列顺序清偿：合伙企业所欠职工工资和劳动保险费；合伙企业所欠税款；合伙企业的债务；退还合伙人的出资。合伙企业财产按上述顺序清偿后仍有剩余的，则按约定或法定的比例在原合伙人间分配。如果合伙企业的财产不足以清偿债务，由原合伙人承担连带责任。但原合伙人间的连带责任承担是有限的，债权人应在法定的期限内向原合伙人提出偿债请求。《合伙企业法》第63条明确规定：合伙企业解散后，原合伙人对合伙企业存续期间的债务仍应承担连带责任，但债权人在5年内未向债务人提出偿债请求的，该责任消灭。

2.2　个人独资企业法

2.2.1　认识个人独资企业

个人独资企业是指依照个人独资企业法在中国境内设立，由一个自然人投资，财产为投资人个人所有，投资人以其个人财产对企业债务承担责任的经营实体。《个人独资企业法》由第九届全国人民代表大会常务委员会第十一次会议于1999年8月通过，自2000年1月1日起施行。

1. 个人独资企业的特征

根据《个人独资企业法》的规定，个人独资企业具有以下特征：

（1）有一个自然人投资，其财产为投资人个人所有。

（2）投资人以其个人财产对企业债务承担无限责任。

（3）依照《个人独资企业法》设立。中国的个人独资企业须依照中国法设立，并且必须依照《个人独资企业法》设立。

（4）个人独资企业须在中国境内设立。中国个人独资企业的住所地应在中国，因此，它必须在中国境内设立。

2. 个人独资企业和一人公司的区别

个人独资企业和一人公司的区别：个人独资企业不是企业法人，而一人公司作为公司的一种，是企业法人；个人投资企业的投资人对企业的债务负无限责任，一人公司仅以出资额为限对公司负责；个人独资企业依照《个人独资企业法》设立，一人公司则须依照《公司法》设立。

3. 个人独资企业与外资企业的区别

个人独资企业与外资企业的区别表现在以下三点。个人独资企业的资本来源于中华人民共和国境内；而外资企业的资本来源于中华人民共和国境外。个人独资企业采取自然人个人出资形式；外资企业可以是单个自然人出资，也可以是单个法人出资。个人独资企业依照《个人独资企业法》设立；外资企业依照《外资企业法》设立。

2.2.2　个人独资企业设立

1. 个人独资企业设立条件

根据《个人独资企业法》的规定，个人独资企业的设立条件包括以下几个方面。

（1）投资人为一个自然人。个人独资企业的投资人必须是一个自然人。数人之家庭不能直接成为个人独资企业的投资人，家庭共有财产可以采取个人出资的形式。

（2）有合法的企业名称。个人独资企业的名称应当与其责任形式及从事的营业内容相符合。

（3）有投资人申报的出资。

（4）有固定的生产经营场所和必要的生产经营条件。

（5）有必要的从业人员。

2. 个人独资企业设立程序

（1）申请

个人独资企业的申请人是个人独资企业的投资人。投资人也可以委托代理人向个人独资企业所在地的登记机关申请设立登记。投资人申请设立独资企业应当向登记机关提交申请书、投资人身份证明、生产经营场所使用证名等文件；委托了代理人的，应当出具投资人的委托书和代理人的合法证明。从事法律、行政法规规定须报经有关部门审批的业务，应当在申请设立登记时提交有关部门的批准文件。

（2）登记机关核准登记

登记机关应在收到设立申请文件之日起15日内，对符合条件的，予以登记，发给营业执照；不符合条件的，不予以登记，并给予书面答复，说明理由。

（3）企业成立

个人独资企业营业执照的签发日期为其成立日。在领取个人独资企业营业执照前，投资人不得以个人独资企业名义从事经营活动。

3. 个人独资企业法律地位

根据《个人独资企业法》的规定，个人独资企业的法律地位体现在下面几点。

（1）个人独资企业应有自己的名称和住所。其主要办事机构所在地为其住所。

（2）个人独资企业有相对独立的财产。

（3）个人独资企业可以以自己的名义享有权利、承担义务。

4. 个人独资企业的分支机构设立

由于个人独资企业不是企业法人，个人独资企业的分支机构只能由该企业的投资人作为设立登记的申请人。当然投资人也可以委托代理人。个人独资企业分支机构经登记设立后，应将登记的情况报其隶属的企业的登记机关备案。个人独资企业分支机构的民事责任由个人独资企业承担。实际上，是由投资人来承担。

5. 个人独资企业的变更

依照《个人独资企业法》第15条的规定，个人独资企业的变更仅指个人独资企业存续期间登记事项发生变更。个人独资企业发生变更的，应当在作出变更之日起15日内依法向登记机关申请办理变更登记。未办理登记的，处以2000元以下的罚款。

2.2.3 个人独资企业事务管理

1. 个人独资企业的投资人

个人独资企业投资人是指以其财产投资设立独资企业的自然人。投资人只能是一个自然人；投资的财产必须是私人所有的财产。关于独资企业投资人的条件，《个人独资企业法》并未规定其积极条件，而只规定了其消极条件，即不得成为独资企业投资人的条件。《个人独资企业法》第16条规定，法律、行政法规禁止从事营利性活动的人，不得作为投资人申请设立个人独资企业。就我国现行法律、行政法规所禁止从事营利性活动的人包括法官、检察官、人民警察、国家公务员等。个人独资企业投资人的权利对企业财产享有所

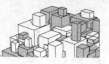

有权、有关权利可以依法进行转让或继承。

个人独资企业投资人对企业债务承担无限责任。依照《个人独资企业法》第18条的规定，个人独资企业在申请企业设立登记时明确以其家庭共有财产作为个人出资的，应当依法以家庭共有财产对企业债务承担无限责任。实践中主要根据独资企业设立登记时在工商行政管理机关的投资登记来确定投资人是以其个人财产还是家庭财产来对企业债务承担责任。

2. 个人独资企业事务管理

个人独资企业投资人可以自行管理企业事务，也可以委托或者聘用其他具有民事行为能力的人负责企业的事务管理。投资人委托或者聘用他人管理个人独资企业事务，应当与受托人或者被聘用的人签订书面合同，明确委托的具体内容和授予的权利范围。

受托人或者被聘用的人员应当履行诚信、勤勉义务，按照与投资人签订的合同负责个人独资企业的事务管理。投资人对受托人或者被聘用的人员职权的限制，不得对抗善意第三人。投资人委托或者聘用的管理个人独资企业事务的人员不得有下列行为：

（1）利用职务上的便利，索取或者收受贿赂；

（2）利用职务或者工作上的便利侵占企业财产；

（3）挪用企业的资金归个人使用或者借贷给他人；

（4）擅自将企业资金以个人名义或者以他人名义开立账户储存；

（5）擅自以企业财产提供担保；

（6）未经投资人同意，从事与本企业相竞争的业务；

（7）未经投资人同意，同本企业订立合同或者进行交易；

（8）未经投资人同意，擅自将企业商标或者其他知识产权转让给他人使用；

（9）泄露本企业的商业秘密；

（10）法律、行政法规禁止的其他行为。

投资人委托或者聘用的人员违反上述规定，侵犯个人独资企业财产权益的，责令其退还侵占的财产；给企业造成损失的，依法承担赔偿责任；有违法所得的，没收其违法所得；构成犯罪的，依法追究其刑事责任。

3. 个人独资企业财务管理

依照《个人独资企业法》第21条的规定，个人独资企业应当依法设置会计账簿，进行会计核算。

4. 个人独资企业劳动管理

（1）个人独资企业招用职工的，应当依法与职工签订劳动合同，保障职工的劳动安全，按时、足额发放职工工资。

（2）个人独资企业应当按照国家规定参加社会保险，为职工缴纳社会保险费用。个人独资企业的职工社会保险主要包括养老保险、工伤保险和医疗保险等。

（3）个人独资企业的职工可以依法组建工会组织，以维护职工的合法权益；个人独资企业应当为本企业工会提供必要的活动条件。

（4）个人独资企业违反《个人独资企业法》的规定，侵犯职工合法权益，未保障职工劳动安全，不缴纳社会保障费用的，按照有关法律、行政法规予以处罚，并追究有关责任人员的责任。

2.2.4 个人独资企业终止

1. 个人独资企业的终止

依照《个人独资企业法》第26条的规定，个人独资企业有下列情形之一时，应当解散：投资人决定解散；投资人死亡或者被宣告死亡，无继承人或者继承人决定放弃继承；被依法吊销营业执照；法律、行政法规规定的其他情形。

2. 个人独资企业的清算

（1）产生清算人

清算人是指清算企业中执行清算事务及对外代表者。《个人独资企业法》第27条规定，个人独资企业解散，由投资人自行清算或由债权人申请人民法院指定清算人进行清算。

（2）通知或公告债权人申报债权

投资人自行清算的，应当在清算前15日内书面通知债权人，无法通知的，应当予以公告。债权人应当在接到通知之日起30日内，未接到通知的应当在公告之日起60日内，向投资人申报其债权。

个人独资企业解散后，原投资人对个人独资企业存续期间的债务仍应承担偿还责任，但债权人在5年内未向债务人提出偿债请求的，该责任消灭。

（3）清理财产，清偿债务

在清算期间，个人独资企业不得开展与清算目的无关的经营活动。在清偿债务前，投资人不得转移、隐匿财产。个人独资企业及其投资人在清算前或清算期间隐匿或转移财产，逃避债务的，依法追回其财产，并按照有关规定予以处罚；构成犯罪的，追究其刑事责任。

个人独资企业解散的，财产应当按照下列顺序清偿：所欠职工工资和社会保险费用；所欠税款；其他债务。个人独资企业财产不足以清偿债务的，投资人应当以其个人的其他财产予以清偿。

（4）清算终结，注销企业

个人独资企业清算结束后，投资人或人民法院指定的清算人应当编制清算报告，并于15日内到登记机关办理注销登记。注销登记一旦完成，个人独资企业即告消灭。

训练路径

1. 背景资料

（1）《中华人民共和国合伙企业法》（1997年2月23日第八届全国人民代表大会常务委员会第二十四次会议通过，第十届全国人民代表大会常务委员会第二十三次会议于2006年8月27日修订通过）

（2）《中华人民共和国个人独资企业法》（第九届全国人民代表大会常务委员会第

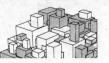

十一次会议于1999年8月30日通过，自2000年1月1日起施行）

2. 实训目标

合伙企业、个人独资企业是除公司以外在我国广泛存在的企业组织形式。通过本章的实际训练，学生能够深入掌握两部企业法的基本知识，实现本章设定的能力目标，为学生未来参加实际工作打下重要基础。

3. 组织实施

（1）模拟训练合伙协议的拟写，着重考查合伙协议的内容和格式。

（2）安排学生模拟训练入伙、退伙的流程，分析其影响。

（3）强化学生对合伙企业、个人独资企业的感性认识。

4. 操作提示

重点识别合伙企业内外关系和个人独资企业的外部关系及其不同的法律后果，把握入伙、退伙的规则及其法律效力。

5. 成果检测

本章包括合伙企业法、个人独资企业法两部分，重点是合伙企业法，内容上二者有诸多异同。建议考核以形成性考核为主、终结性考核为辅。形成性考核形式包括课堂听课、发言、课堂练习、课后作业、课堂测验等。

教学建议

（1）分小组搜集、讨论典型案例，课堂上进行讲解和交流。

（2）结合本地实际情况，选择本地区典型的一家或多家合伙企业、个人独资企业，组织学生去实地参观、考察，再安排学生结合《合伙企业法》、《个人独资企业法》的规定来分析、评价这些企业。

（3）邀请本地企业登记管理机关的工作人员走进课堂，现身说法，讲解在实际工作中对合伙企业、个人独资企业进行管理的具体要求和具体内容。

复习思考题

1. 设立合伙企业应具备哪些条件？
2. 简述合伙企业与债务人的关系。
3. 简述入伙和退伙的法律效力。
4. 设立个人独资企业应具备哪些条件？
5. 简述个人独资企业的权利和义务。

第3章 企业破产法律制度

能力目标

（1）能够正确判断破产的界限，能够按照法定步骤和程序独立完成破产申请。

（2）能够准确界定破产财产、破产债权、破产费用、共益债务之间的关系，在实际处理企业破产时能给予厘清。

（3）熟悉债权人会议的决议规则，能够根据实际情况编写破产重整方案。

任务分析

（1）了解破产的概念、特点以及破产的意义，掌握破产法的调整对象和适用范围。

（2）掌握破产的申请、管辖、受理的有关规定。

（3）掌握破产债权、债权人会议、重整程序、清算顺序等基本制度，了解破产清算的过程。

引导案例

三鹿集团曾是我国知名的乳品企业，品牌价值曾高达149.07亿元。2008年8月2日至9月12日，三鹿集团共生产含有三聚氰胺的婴幼儿奶粉904.2432吨；销售含有三聚氰胺的婴幼儿奶粉813.737吨。这些奶制品流入市场后，对广大消费者特别是婴幼儿的身体健康、生命安全造成了严重损害。同时，三鹿集团因为引爆奶粉危机后严重资不抵债，于2008年年底进入破产清算程序。

2009年1月22日，河北省石家庄市中级法院等4个基层法院一审宣判三鹿问题奶粉系列刑事案件，包括原三鹿集团董事长田文华在内的21名被告，分别被处以死刑、死缓、无期或有期徒刑。

石家庄市中级人民法院2009年2月12日上午召集三鹿集团债权人举行第一次债权人会议，法院合议庭当场宣读了三鹿集团破产的有关法律文书，发出三鹿集团破产民事裁定书，被申请人三鹿集团因不能清偿到期债务，并且资产不足以清偿全部债务，符合法定破产条件，被依法宣布破产。

2009年3月4日，北京三元集团控股的河北三元以61650万元人民币拍得三鹿集团大部分资产。

请你思考：三鹿集团破产一案中涉及我国企业破产法的哪些规则？

3.1 破产的申请、受理与破产管理

3.1.1 认识破产

破产是指债务人不能清偿到期债务时，为了债权人与债务人的利益，依法对债务人所拥有的财产、债权和债务，实行强制地、公平地清理与分配的一种解决债权债务纠纷的法律手段。《中华人民共和国企业破产法》（以下简称《企业破产法》）由中华人民共和国第十届全国人民代表大会常务委员会第二十三次会议于2006年8月27日通过，自2007年6月1日起施行。我国《企业破产法》原则上只适用于在我国取得法人资格的各类企业，而不具备法人资格的合伙企业、合作企业、个人独资企业、全外资企业、联营企业、企业分支机构、个体工商户、农村承包经营户及公民个人、其他的各类社会团体、政府机关均无破产资格，与这些主体相关的债权债务问题依照普通诉讼程序、仲裁或其他方式解决。破产作为一种法律制度与其他法律制度相比较，具有以下特征。

（1）债务人丧失清偿债务能力。债权人的权利一般需要借助债务人的积极作为才能实现，如果债务人的生产经营状况发生恶化，信用能力崩溃，致使不能清偿到期债务，这就说明债务人已经失去了清偿债务的能力。

（2）对债务人拥有的财产、债权和债务强制地进行清理与分配。当债务人丧失清偿债务能力宣告破产后，就有必要对其财产、债权、债务作强制性的清理与分配，以终结债务人与其债权人的债权债务关系。

（3）存在两个以上的债权人。破产程序的目的是为了公平地满足债权人的要求，如果只存在一个债权人，就不存在公平受偿的问题，该债权人直接向人民法院要求强制执行其债务即可。只有存在两个以上的债权人时，为了防止少数债权人优先受偿，以及其他债权人的利益受到损害，才有必要创设专门的破产程序，以实现公平受偿。

（4）破产程序是特殊程序。破产程序由人民法院主持，由丧失了债务清偿能力的债务人及全体债权人共同参与。债务人财产、债权、债务的清理，债权人债权的清偿，都必须依法定程序来完成。在这种程序中，不论是债权人，还是债务人，都不能采取起诉的方式，而只能采取申请的方式；人民法院的审理结果不能采用判决的方式，而只能采用裁定的方式。

（5）以消灭债务人主体资格为附随后果。通过破产，将债务人的全部财产清偿其债务之后，债务人因丧失了其独立的财产而不具备作为独立民事主体的资格，于是导致债务人主体资格被强制消灭。因此，债务人主体资格的消灭是债务清偿的法律后果。

3.1.2 破产申请

1. 破产界限

破产界限是指法院据以宣告债务人破产的法律标准，也称为破产原因。《企业破产法》第2条规定，企业法人不能清偿到期债务，并且资产不足以清偿全部债务或者明显缺乏清偿能力的，依照规定清理债务。由此可见，破产界限的实质标准是企业法人不能清偿到期债务。"不能清偿"在法律上的着眼点是债务关系能否正常维系，其要点包括以下几点。

（1）债务人明显丧失清偿能力，不能以财产、信用或能力等任何方法清偿债务；

（2）债务人不能清偿的是已到期、债权人提出偿还要求的、无争议或已有确定名义的债务；

（3）债务人对全部或主要债务长期连续不能偿还；

（4）债务人负债数额超过实有资产。

为解决债权人提出破产申请时的举证责任问题，最高人民法院在其司法解释中规定，债务人停止支付到期债务并呈连续状况，如无相反证据，可推定为不能清偿到期债务。

2. 破产申请的主体

（1）债务人的申请　债务人不能清偿到期债务，并且资产不足以清偿全部债务或者明显缺乏清偿能力的，可以向人民法院提出重整、和解或者破产清算申请。

（2）债权人的申请　债务人不能清偿到期债务，债权人可以向人民法院提出对债务人进行重整或者破产清算的申请。值得注意的是，债务人有重整、和解或者破产清算三个选择，债权人有重整或者破产清算两个选择。

（3）清算人的申请　企业法人已解散但未清算或者未清算完毕，资产不足以清偿债务的，依法负有清算责任的人应当向人民法院申请破产清算。

3. 破产申请文件

向人民法院提出破产申请，应当提交破产申请书和有关证据。破产申请书应当载明下列事项。

（1）申请人、被申请人的基本情况；

（2）申请目的；

（3）申请的事实和理由；

（4）人民法院认为应当载明的其他事项。

债务人提出申请的，还应当向人民法院提交财产状况说明、债务清册、债权清册、有关财务会计报告、职工安置预案以及职工工资的支付和社会保险费用的缴纳情况。

人民法院受理破产申请前，申请人可以请求撤回申请。

3.1.3　破产受理

1. 破产案件的管辖

《企业破产法》第3条规定："破产案件由债务人住所地人民法院管辖。"债务人住所地，是指债务人的主要办事机构所在地，债务人主要办事机构不明确的，由其注册地人民法院管辖。

《企业破产法》虽然没有直接规定级别管辖，但是有关司法解释规定了破产案件级别管辖的原则。①基层人民法院一般管辖县级的工商行政管理机关核准登记的企业的破产案件。②中级人民法院一般管辖地级以上（含本级）工商行政管理机关核准登记的企业的破产案件。③个别情况下，上级人民法院有权审理下级人民法院管辖的破产案件，或者上级人民法院把其管辖的破产案件交由下级人民法院审理，或者下级人民法院对其管辖的破产案件报请上级人民法院审理。

2. 破产申请受理期限

（1）裁定受理的期限。债权人提出破产申请的，人民法院应当自收到申请之日起5日内通知债务人。债务人对申请有异议的，应当自收到人民法院的通知之日起7日内向人民法院提出。人民法院应当自异议期满之日起10日内裁定是否受理。除上述情形外，人民法院应当自收到破产申请之日起15日内裁定是否受理。如有特殊情况需要延长前两款规定的裁定受理期限的，经上一级人民法院批准，可以延长15日。

人民法院受理破产申请的，应当自裁定作出之日起5日内送达申请人。债权人提出申请的，人民法院应当自裁定作出之日起5日内送达债务人。债务人应当自裁定送达之日起15日内，向人民法院提交财产状况说明、债务清册、债权清册、有关财务会计报告以及职工工资的支付和社会保险费用的缴纳情况。人民法院裁定受理破产申请的，应当同时指定管理人。

（2）裁定不予受理的期限。人民法院受理破产申请后至破产宣告前，经审查发现债务人不符合破产法规定的破产情形的，可以裁定驳回申请。人民法院裁定不受理破产申请的，应当自裁定作出之日起5日内送达申请人并说明理由。申请人对裁定不服的，可以自裁定送达之日起10日内向上一级人民法院提起上诉。

3. 通知和公告

《企业破产法》第14条规定，人民法院应当自裁定受理破产申请之日起25日内通知已知债权人，并予以公告。通知和公告应当载明下列事项：

（1）申请人、被申请人的名称或者姓名；

（2）人民法院受理破产申请的时间；

（3）申报债权的期限、地点和注意事项；

（4）管理人的名称或者姓名及其处理事务的地址；

（5）债务人的债务人或者财产持有人应当向管理人清偿债务或者交付财产的要求；

（6）第一次债权人会议召开的时间和地点；

（7）人民法院认为应当通知和公告的其他事项。

4. 破产申请受理的效力

（1）自人民法院受理破产申请的裁定送达债务人之日起至破产程序终结之日，债务人的有关人员承担下列义务：①妥善保管其占有和管理的财产、印章和账簿、文书等资料；②根据人民法院、管理人的要求进行工作，并如实回答询问；③列席债权人会议并如实回答债权人的询问；④未经人民法院许可，不得离开住所地；⑤不得新任其他企业的董事、监事、高级管理人员。所谓有关人员，是指企业的法定代表人；经人民法院决定，可以包括企业的财务管理人员和其他经营管理人员。

（2）人民法院受理破产申请后，债务人对个别债权人的债务清偿无效。

（3）人民法院受理破产申请后，债务人的债务人或者财产持有人应当向管理人清偿债务或者交付财产。债务人的债务人或者财产持有人故意违反规定向债务人清偿债务或者交付财产，使债权人受到损失的，不免除其清偿债务或者交付财产的义务。

（4）人民法院受理破产申请后，管理人对破产申请受理前成立而债务人和对方当事

人均未履行完毕的合同有权决定解除或者继续履行，并通知对方当事人。管理人自破产申请受理之日起2个月内未通知对方当事人，或者自收到对方当事人催告之日起30日内未答复的，视为解除合同。管理人决定继续履行合同的，对方当事人应当履行；但是，对方当事人有权要求管理人提供担保。管理人不提供担保的，视为解除合同。

（5）人民法院受理破产申请后，有关债务人财产的保全措施应当解除，执行程序应当中止。

（6）人民法院受理破产申请后，已经开始而尚未终结的有关债务人的民事诉讼或者仲裁应当中止；在管理人接管债务人的财产后，该诉讼或者仲裁继续进行。

（7）人民法院受理破产申请后，有关债务人的民事诉讼，只能向受理破产申请的人民法院提起。

3.1.4　破产管理

1. 破产管理人的产生和组成

人民法院裁定受理破产申请时，应同时指定管理人。管理人由人民法院指定。债权人会议认为管理人不能依法、公正执行职务或者有其他不能胜任职务情形的，可以申请人民法院予以更换。个人担任管理人的，应当参加执业责任保险。

破产管理人可以由有关部门、机构的人员组成的清算组或者依法设立的律师事务所、会计师事务所、破产清算事务所等社会中介机构担任。人民法院根据债务人的实际情况，可以在征询有关社会中介机构的意见后，指定该机构具备相关专业知识并取得执业资格的人员担任管理人。有下列情形之一的，不得担任管理人：

（1）因故意犯罪受过刑事处罚；

（2）曾被吊销相关专业执业证书；

（3）与本案有利害关系；

（4）人民法院认为不宜担任管理人的其他情形。

管理人经人民法院许可，可以聘用必要的工作人员。管理人员的报酬由人民法院确定。债权人会议对管理人的报酬有异议的，有权向人民法院提出。管理人应当勤勉尽责，忠实执行职务。管理人没有正当理由不得辞去职务。管理人辞去职务应当经人民法院许可。

2. 破产管理人的职责

破产管理人依照《企业破产法》规定执行职务，向人民法院报告工作。管理人应当列席债权人会议，向债权人会议报告职务执行情况，并回答询问。管理人应当接受债权人会议和债权人委员会的监督并具体履行下列职责：

（1）接管债务人的财产、印章和账簿、文书等资料；

（2）调查债务人财产状况，制作财产状况报告；

（3）决定债务人的内部管理事务；

（4）决定债务人的日常开支和其他必要开支；

（5）在第一次债权人会议召开之前，决定继续或者停止债务人的营业；

（6）代表债务人参加诉讼、仲裁或者其他法律程序；

（7）提议召开债权人会议；

（8）人民法院认为管理人应当履行的其他职责。

在第一次债权人会议召开之前，管理人决定继续或者停止债务人的营业，应当经人民法院许可。

3.2 债务人财产、破产费用和共益债务

3.2.1 债务人财产

债务人财产是指破产申请受理时属于债务人的全部财产，以及破产申请受理后至破产程序终结前债务人取得的财产。

1. 债务人财产处理的撤销与债务人财产追回

根据《企业破产法》的规定，涉及债务人财产的下列行为，管理人有权请求人民法院予以撤销和追回。

（1）人民法院受理破产申请前一年内，涉及债务人财产的下列行为，管理人有权请求人民法院予以撤销。①无偿转让财产的。②以明显不合理的价格进行交易的。③对没有财产担保的债务提供财产担保的。④对未到期的债务提前清偿的。⑤放弃债权的。

（2）人民法院受理破产申请前6个月内，债务人不能清偿到期债务，并且资产不足以清偿全部债务或者明显缺乏清偿能力，仍对个别债权人进行清偿的，管理人有权请求人民法院予以撤销。但是，个别清偿使债务人财产受益的除外。

（3）涉及债务人财产的下列行为无效：为逃避债务而隐匿、转移财产的；虚构债务或者承认不真实的债务的。

（4）人民法院受理破产申请后，债务人的出资人尚未完全履行出资义务的，管理人应当要求该出资人缴纳所认缴的出资，而不受出资期限的限制。

（5）债务人的董事、监事和高级管理人员利用职权从企业获取的非正常收入和侵占的企业财产，管理人应当追回。

（6）人民法院受理破产申请后，管理人可以通过清偿债务或者提供为债权人接受的担保，取回质物、留置物。在质物或者留置物的价值低于被担保的债权额时，以该质物或者留置物当时的市场价值为限。

2. 取回权

取回权是指非属于破产人财产之权利人，不依破产程序，直接行使财产权利，从破产管理人处取回其财产的权利。根据《企业破产法》的规定，包括以下两个方面。

（1）财产权利人的取回权。人民法院受理破产申请后，债务人占有的不属于债务人的财产，该财产的权利人可以通过管理人取回。但是，《企业破产法》另有规定的除外。

（2）出卖人的取回权。人民法院受理破产申请时，出卖人已将买卖标的物向作为买受人的债务人发运，债务人尚未收到且未付清全部价款的，出卖人可以取回在运途中的标的物。但是，管理人可以支付全部价款，请求出卖人交付标的物。

3. 抵消权

债权人在破产申请受理前对债务人负有债务的，可以向管理人主张抵消。但是，有下

列情形之一的，不得抵消。

（1）债务人的债务人在破产申请受理后取得他人对债务人的债权的。

（2）债权人已知债务人有不能清偿到期债务或者破产申请的事实，对债务人负担债务的；但是，债权人因为法律规定或者有破产申请一年前所发生的原因而负担债务的除外。

（3）债务人的债务人已知债务人有不能清偿到期债务或者破产申请的事实，对债务人取得债权的；但是，债务人的债务人因为法律规定或者有破产申请一年前所发生的原因而取得债权的除外。

3.2.2　破产费用

破产费用是指人民法院受理破产申请后，为破产程序的顺利进行及对债务人财产的管理、变价、分配过程中，必须支付的且用债务人财产优先支付的费用。根据《企业破产法》第41条的规定，人民法院受理破产申请后发生的下列费用，为破产费用。

（1）破产案件的诉讼费用；

（2）管理、变价和分配债务人财产的费用；

（3）管理人执行职务的费用、报酬和聘用工作人员的费用。

3.2.3　共益债务

共益债务是指人民法院受理破产申请后，管理人为全体债权人的共同利益，管理债务人财产时所负担或产生的债务，以及因债务人财产而产生的，以债务人财产优先支付的债务。根据《企业破产法》第42条的规定，人民法院受理破产申请后发生的下列债务，为共益债务。

（1）因管理人或者债务人请求对方当事人履行双方均未履行完毕的合同所产生的债务；

（2）债务人财产受无因管理所产生的债务；

（3）因债务人不当得利所产生的债务；

（4）为债务人继续营业而应支付的劳动报酬和社会保险费用以及由此产生的其他债务；

（5）管理人或者相关人员执行职务致人损害所产生的债务；

（6）债务人财产致人损害所产生的债务。

3.2.4　破产费用和共益债务的清偿

根据《企业破产法》第43条的规定，破产费用和共益债务由债务人财产随时清偿。债务人财产不足以清偿所有破产费用和共益债务的，先行清偿破产费用。债务人财产不足以清偿所有破产费用或者共益债务的，按照比例清偿。

债务人财产不足以清偿破产费用的，管理人应当提请人民法院终结破产程序。人民法院应当自收到请求之日起15日内裁定终结破产程序，并予以公告。

3.3　债权申报与债权人会议

3.3.1　债权申报

债权申报是指债权人本人或其代理人在破产程序开始后的法定期间内向法院呈报其债权

以示参加破产程序的意思表示。债权申报是债权人参加破产程序行使权利的基础。人民法院受理破产申请时，对债务人享有债权的债权人，依照《企业破产法》规定的程序行使权利。

1. 债权申报的期限

（1）人民法院受理破产申请后，应当确定债权人申报债权的期限。债权申报期限自人民法院发布受理破产申请公告之日起计算，最短不得少于30日，最长不得超过3个月。

（2）在人民法院确定的债权申报期限内，债权人未申报债权的，可以在破产财产最后分配前补充申报；但是，此前已进行的分配，不再对其补充分配。为审查和确认补充申报债权的费用，由补充申报人承担。

2. 债权申报的要求

根据《企业破产法》的规定，债权申报的要求包括下列内容。

（1）未到期的债权，在破产申请受理时视为到期。附利息的债权自破产申请受理时起停止计息。

（2）附条件、附期限的债权和诉讼、仲裁未决的债权，债权人可以申报。

（3）债权人应当在人民法院确定的债权申报期限内向管理人申报债权。债务人所欠职工的工资和医疗、伤残补助、抚恤费用，所欠的应当划入职工个人账户的基本养老保险、基本医疗保险费用，以及法律、行政法规规定应当支付给职工的补偿金，不必申报，由管理人调查后列出清单并予以公示。职工对清单记载有异议的，可以要求管理人更正；管理人不予更正的，职工可以向人民法院提起诉讼。

（4）债权人申报债权时，应当书面说明债权的数额和有无财产担保，并提交有关证据。申报的债权是连带债权的，应当说明。连带债权人可以由其中一人代表全体连带债权人申报债权，也可以共同申报债权。连带债务人数人被裁定适用《企业破产法》规定的程序的，其债权人有权就全部债权分别在各破产案件中申报债权。

（5）债务人的保证人或者其他连带债务人已经代替债务人清偿债务的，以其对债务人的求偿权申报债权。债务人的保证人或者其他连带债务人尚未代替债务人清偿债务的，以其对债务人的将来求偿权申报债权。但是，债权人已经向管理人申报全部债权的除外。

（6）管理人或者债务人依照《企业破产法》规定解除合同的，对方当事人以因合同解除所产生的损害赔偿请求权申报债权。债务人是委托合同的委托人，被裁定适用《企业破产法》规定的程序，受托人不知道事实，继续处理委托事务的，受托人以由此产生的请求权申报债权。

（7）债务人是票据的出票人，被裁定适用《企业破产法》规定的程序，该票据的付款人继续付款或者承兑的，付款人以由此产生的请求权申报债权。

3. 未申报债权的处理

在人民法院确定的债权申报期限内，债权人未申报债权的，可以在破产财产最后分配前补充申报；但是，此前已进行的分配，不再对其补充分配。为审查和确认补充申报债权的费用，由补充申报人承担。债权人未依照《企业破产法》规定申报债权的，不得依照《企业破产法》规定的程序行使权利。

4. 债权表的编制

管理人收到债权申报材料后，应当登记造册，对申报的债权进行审查，并编制债权表。债权表和债权申报材料由管理人保存，供利害关系人查阅。债权表应当提交第一次债权人会议核查。债务人、债权人对债权表记载的债权无异议的，由人民法院裁定确认。债务人、债权人对债权表记载的债权有异议的，可以向受理破产申请的人民法院提起诉讼。

3.3.2 债权人会议

1. 债权人会议的组成

依法申报债权的债权人为债权人会议的成员，有权参加债权人会议，享有表决权。债权尚未确定的债权人，除人民法院能够为其行使表决权而临时确定债权额的外，不得行使表决权。

对债务人的特定财产享有担保权的债权人，未放弃优先受偿权利的，对于和解协议、通过破产财产的分配方案事项不享有表决权。

债权人可以委托代理人出席债权人会议，行使表决权。代理人出席债权人会议，应当向人民法院或者债权人会议主席提交债权人的授权委托书。

债权人会议应当有债务人的职工和工会的代表参加，对有关事项发表意见。

债权人会议设主席1人，由人民法院从有表决权的债权人中指定。债权人会议主席主持债权人会议。

2. 债权人会议的职权

债权人会议不是执行机关，也不是民事权利主体。根据《企业破产法》第62条的规定，债权人会议行使下列职权：

（1）核查债权；

（2）申请人民法院更换管理人，审查管理人的费用和报酬；

（3）监督管理人；

（4）选任和更换债权人委员会成员；

（5）决定继续或者停止债务人的营业；

（6）通过重整计划；

（7）通过和解协议；

（8）通过债务人财产的管理方案；

（9）通过破产财产的变价方案；

（10）通过破产财产的分配方案；

（11）人民法院认为应当由债权人会议行使的其他职权。

3. 债权人会议的召集

第一次债权人会议由人民法院召集，自债权申报期限届满之日起15日内召开。以后的债权人会议，在人民法院认为必要时，或者管理人、债权人委员会、占债权总额1/4以上的债权人向债权人会议主席提议时召开。

召开债权人会议，管理人应当提前15日通知已知的债权人。

4. 债权人会议的决议

（1）债权人会议的决议，由出席会议的有表决权的债权人过半数通过，并且其所代表的债权额占"无财产担保债权总额"的1/2以上。债权人会议通过"和解协议"的决议，由出席会议的有表决权的债权人过半数同意，并且其所代表的债权额占无财产担保债权总额的2/3以上。

（2）债权人认为债权人会议的决议违反法律规定，损害其利益的，可以自债权人会议作出决议之日起15日内，请求人民法院裁定撤销该决议，责令债权人会议依法重新作出决议。

（3）债权人会议表决"债务人财产的管理方案"和"通过破产财产的变价方案"时未通过的，由人民法院裁定。债权人对人民法院的裁定不服的，可以自裁定宣布之日或者收到通知之日起15日内向该人民法院申请复议。

（4）债权人会议表决"破产财产的分配方案"时，经二次表决仍未通过的，由人民法院裁定。债权额占无财产担保债权总额1/2以上的债权人对人民法院的裁定不服的，可以自裁定宣布之日或者收到通知之日起15日内向该人民法院申请复议。

5. 债权人委员会

（1）债权人委员会的组成。债权人会议可以决定设立债权人委员会。债权人委员会由债权人会议选任的债权人代表和一名债务人的职工代表或者工会代表组成。债权人委员会成员不得超过9人。债权人委员会成员应当经人民法院书面决定认可。

（2）债权人委员的职权。债权人委员会行使下列职权：监督债务人财产的管理和处分；监督破产财产分配；提议召开债权人会议；债权人会议委托的其他职权。

债权人委员会执行职务时，有权要求管理人、债务人的有关人员对其职权范围内的事务作出说明或者提供有关文件。根据《企业破产法》第69条的规定，管理人实施下列行为时应当及时报告债权人委员会：①涉及土地、房屋等不动产权益的转让；②探矿权、采矿权、知识产权等财产权的转让；③全部库存或者营业的转让；④借款；⑤设定财产担保；⑥债权和有价证券的转让；⑦履行债务人和对方当事人均未履行完毕的合同；⑧放弃权利；⑨担保物的取回以及其他对债权人利益有重大影响的其他财产处分行为。

管理人、债务人的有关人员违反《企业破产法》规定拒绝接受监督的，债权人委员会有权就监督事项请求人民法院作出决定；人民法院应当在5日内作出决定。

3.4　重整与和解

3.4.1　重整

重整是指当企业法人不能清偿到期债务时，不立即进行破产清算，而是在人民法院的主持下，由债务人与债权人达成协议，制订债务人重整计划，债务人继续营业，并在一定期限内清偿全部或者部分债务的制度。

1. 重整申请

债务人或者债权人可以依照《企业破产法》规定，直接向人民法院申请对债务人进行重整。债权人申请对债务人进行破产清算的，在人民法院受理破产申请后、宣告债务人破

产前，债务人或者出资额占债务人注册资本1/10以上的出资人，可以向人民法院申请重整。人民法院经审查认为重整申请符合《企业破产法》规定的，应当裁定债务人重整，并予以公告。

2. 重整期间

自人民法院裁定债务人重整之日起至重整程序终止，为重整期间。在重整期间，经债务人申请，人民法院批准，债务人可以在管理人的监督下自行管理财产和营业事务。已接管债务人财产和营业事务的管理人应当向债务人移交财产和营业事务，《企业破产法》规定的管理人的职权由债务人行使。管理人负责管理财产和营业事务的，可以聘任债务人的经营管理人员负责营业事务。

在重整期间，对债务人的特定财产享有的担保权暂停行使。但是，担保物有损坏或者价值明显减少的可能，足以危害担保权人权利的，担保权人可以向人民法院请求恢复行使担保权。在重整期间，债务人或者管理人为继续营业而借款的，可以为该借款设定担保。

债务人合法占有的他人财产，该财产的权利人在重整期间要求取回的，应当符合事先约定的条件。在重整期间，债务人的出资人不得请求投资收益分配，债务人的董事、监事、高级管理人员不得向第三人转让其持有的债务人的股权。但是，经人民法院同意的除外。

在重整期间，有下列情形之一的，经管理人或者利害关系人请求，人民法院应当裁定终止重整程序，并宣告债务人破产。

（1）债务人的经营状况和财产状况继续恶化，缺乏挽救的可能性。

（2）债务人有欺诈、恶意减少债务人财产或者其他显著不利于债权人的行为。

（3）由于债务人的行为致使管理人无法执行职务。

3. 重整计划

（1）重整计划的制订

债务人或者管理人应当自人民法院裁定债务人重整之日起6个月内，同时向人民法院和债权人会议提交重整计划草案。期限届满的，经债务人或者管理人请求，有正当理由的，人民法院可以裁定延期3个月。债务人或者管理人未按期提出重整计划草案的，人民法院应当裁定终止重整程序，并宣告债务人破产。

债务人自行管理财产和营业事务的，由债务人制定重整计划草案。管理人负责管理财产和营业事务的，由管理人制定重整计划草案。重整计划草案应当包括下列内容：债务人的经营方案；债权分类；债权调整方案；债权受偿方案；重整计划的执行期限；重整计划执行的监督期限；有利于债务人重整的其他方案。

（2）重整计划的分组表决

人民法院应当自收到重整计划草案之日起30日内召开债权人会议，对重整计划草案进行表决。债权人会议依照下列债权分类分组对重整计划草案进行表决：①对债务人的特定财产享有担保权的债权；②债务人所欠职工的工资和医疗、伤残补助、抚恤费用，所欠的应当划入职工个人账户的基本养老保险、基本医疗保险费用，以及法律、行政法规规定应当支付给职工的补偿金；③债务人所欠税款；④普通债权。

（3）重整计划的通过

① 出席会议的同一表决组的债权人过半数同意重整计划草案，并且其所代表的债权额占该组债权总额的2/3以上的，即为该组通过重整计划草案。各表决组均通过重整计划草案时，重整计划即为通过。自重整计划通过之日起10日内，债务人或者管理人应当向人民法院提出批准重整计划的申请。人民法院经审查认为符合规定的，应当自收到申请之日起30日内裁定批准，并予以公告。

② 部分表决组未通过重整计划草案的，债务人或者管理人可以同未通过重整计划草案的表决组协商，该表决组可以在协商后再表决一次。未通过重整计划草案的表决组拒绝再次表决或者再次表决仍未通过重整计划草案，但重整计划草案符合法律规定条件的，债务人或者管理人可以申请人民法院批准重整计划草案。人民法院经审查认为符合规定的，应当自收到申请之日起30日内裁定批准，并予以公告。

③ 重整计划草案未获得通过且未依照法律的规定获得批准，或者已通过的重整计划未获得批准的，人民法院应当裁定终止重整程序，并宣告债务人破产。

（4）重整计划的执行

① 重整计划由债务人负责执行。人民法院裁定批准重整计划后，已接管财产和营业事务的管理人应当向债务人移交财产和营业事务。

② 自人民法院裁定批准重整计划之日起，在重整计划规定的监督期内，由管理人监督重整计划的执行。在监督期内，债务人应当向管理人报告重整计划执行情况和债务人财务状况。

③ 经人民法院裁定批准的重整计划，对债务人和全体债权人均有约束力。债权人未依照规定申报债权的，在重整计划执行期间不得行使权利；在重整计划执行完毕后，可以按照重整计划规定的同类债权的清偿条件行使权利。债权人对债务人的保证人和其他连带债务人所享有的权利，不受重整计划的影响。

④ 债务人不能执行或者不执行重整计划的，人民法院经管理人或者利害关系人请求，应当裁定终止重整计划的执行，并宣告债务人破产。

⑤ 按照重整计划减免的债务，自重整计划执行完毕时起，债务人不再承担清偿责任。

3.4.2 和解

和解是指达到破产界限的债务人，为了避免破产清算，与债权人会议达成和解协议，按照和解协议减免的债务，自和解协议执行完毕时起，债务人不再承担清偿责任。

1. 和解的提出

根据《企业破产法》第95条的规定，债务人可以依照本法规定，直接向人民法院申请和解；也可以在人民法院受理破产申请后、宣告债务人破产前，向人民法院申请和解。债务人申请和解，应当提出和解协议草案。人民法院经审查认为和解申请符合《企业破产法》规定的，应当裁定和解，予以公告，并召集债权人会议讨论和解协议草案。对债务人的特定财产享有担保权的权利人，自人民法院裁定和解之日起可以行使权利。

2. 和解协议的通过

债权人会议通过和解协议的决议，由出席会议的有表决权的债权人过半数同意，并且

其所代表的债权额占无财产担保债权总额的2/3以上。债权人会议通过和解协议的，由人民法院裁定认可，并予以公告。管理人应当向债务人移交财产和营业事务，并向人民法院提交执行职务的报告。

和解协议草案经债权人会议表决未获得通过，或者已经债权人会议通过的和解协议但未获得人民法院认可的，人民法院应当裁定终止和解程序，并宣告债务人破产。

3. 和解协议的效力

人民法院裁定认可的和解协议，对债务人和全体和解债权人均有约束力。

（1）对和解债权人的效力

和解债权人是指人民法院受理破产申请时对债务人享有无财产担保债权的人。和解债权人未依照《企业破产法》的规定申报债权的，在和解协议执行期间不得行使权利；在和解协议执行完毕后，可以按照和解协议规定的清偿条件行使权利。和解债权人对债务人的保证人和其他连带债务人所享有的权利，不受和解协议的影响。

（2）对债务人的效力

《企业破产法》规定，债务人应当按照和解协议规定的条件清偿债务。按照和解协议减免的债务，自和解协议执行完毕时起，债务人不再承担清偿责任。

4. 和解协议的终止

（1）因债务人的欺诈或者其他违法行为而成立的和解协议，人民法院应当裁定无效，并宣告债务人破产。和解债权人因执行和解协议所受的清偿，在其他债权人所受清偿同等比例的范围内，不予返还。

（2）债务人不能执行或者不执行和解协议的，人民法院经和解债权人请求，应当裁定终止和解协议的执行，并宣告债务人破产。债务人不能执行或者不执行和解协议的行为包括拒不执行或者延迟执行和解协议；财务状况继续恶化，足以影响执行和解协议；给个别债权人和解协议以外的特殊利益；转移财产、隐匿或私分财产；非正常压价出售财产、放弃自己的债权；对原来没有财产担保的债务提供财产担保、对未到期的债务提前清偿等行为。

人民法院裁定终止和解协议执行的，和解债权人在和解协议中作出的债权调整的承诺失去效力。和解债权人因执行和解协议所受的清偿仍然有效，和解债权未受清偿的部分作为破产债权。债权人只有在其他债权人同自己所受的清偿达到同一比例时，才能继续接受分配。

（3）人民法院受理破产申请后，债务人与全体债权人就债权债务的处理自行达成协议的，可以请求人民法院裁定认可，并终结破产程序。

3.5 破产清算

3.5.1 破产宣告

人民法院依照《企业破产法》的规定宣告债务人破产的，应当自裁定作出之日起5日内送达债务人和管理人，自裁定作出之日起10日内通知已知债权人，并予以公告。债务人被宣告破产后，债务人称为破产人，债务人财产称为破产财产，人民法院受理破产申请时对

债务人享有的债权称为破产债权。破产宣告前，有下列情形之一的，人民法院应当裁定终结破产程序，并予以公告。

（1）第三人为债务人提供足额担保或者为债务人清偿全部到期债务的。

（2）债务人已清偿全部到期债务的。

对破产人的特定财产享有担保权的权利人，对该特定财产享有优先受偿的权利。享有优先受偿权的债权人行使优先受偿权利未能完全受偿的，其未受偿的债权作为普通债权；放弃优先受偿权利的，其债权作为普通债权。

3.5.2 变价和分配

1. 破产财产的变价

管理人应当及时拟订破产财产变价方案，提交债权人会议讨论。管理人应当按照债权人会议通过的或者人民法院裁定的破产财产变价方案，适时变价出售破产财产。变价出售破产财产应当通过拍卖进行。但是，债权人会议另有决议的除外。破产企业可以全部或者部分变价出售。企业变价出售时，可以将其中的无形资产和其他财产单独变价出售。按照国家规定不能拍卖或者限制转让的财产，应当按照国家规定的方式处理。

2. 破产财产的分配

（1）破产财产清偿顺序

破产财产在优先清偿破产费用和共益债务后，依照下列顺序清偿：①破产人所欠职工的工资和医疗、伤残补助、抚恤费用，所欠的应当划入职工个人账户的基本养老保险、基本医疗保险费用，以及法律、行政法规规定应当支付给职工的补偿金；②破产人欠缴的除前项规定以外的社会保险费用和破产人所欠税款；③普通破产债权。破产财产不足以清偿同一顺序的清偿要求的，按照比例分配。破产企业的董事、监事和高级管理人员的工资按照该企业职工的平均工资计算。

（2）破产财产分配方案的通过

管理人应当及时拟订破产财产分配方案，提交债权人会议讨论。破产财产分配方案应当载明下列事项：参加破产财产分配的债权人名称或者姓名、住所；参加破产财产分配的债权额；可供分配的破产财产数额；破产财产分配的顺序、比例及数额；实施破产财产分配的方法。债权人会议通过破产财产分配方案后，由管理人将该方案提请人民法院裁定认可。

破产财产分配方案经人民法院裁定认可后，由管理人执行。管理人按照破产财产分配方案实施多次分配的，应当公告本次分配的财产额和债权额。管理人实施最后分配的，应当在公告中指明债权人会议通过"破产财产分配方案"的决议，由出席会议的有表决权的债权人过半数通过，并且其所代表的债权额占无财产担保债权总额的1/2以上。经债权人会议通过的破产财产分配方案对全体债权人有约束力。

债权人会议通过破产财产分配方案后，由管理人将该方案提请人民法院裁定认可。破产财产分配方案经人民法院裁定认可后，由管理人执行。

（3）破产财产的分配

按照《企业破产法》的规定，破产财产的分配因注意遵守以下几个方面的规则。

① 管理人按照破产财产分配方案实施多次分配的，应当公告本次分配的财产额和债权

额；管理人实施最后分配的，应当在公告中指明。

② 对于附生效条件或者附解除条件的债权，管理人应当将其分配额提存。管理人依照规定提存的分配额，在最后分配公告日，生效条件未成就或者解除条件成就的，应当分配给其他债权人；在最后分配公告日，生效条件成就或者解除条件未成就的，应当交付给该债权人。

③ 债权人未受领的破产财产分配额，管理人应当提存。债权人自最后分配公告之日起满2个月仍不领取的，视为放弃受领分配的权利，管理人或者人民法院应当将提存的分配额分配给其他债权人。

④ 破产财产分配时，对于诉讼或者仲裁未决的债权，管理人应当将其分配额提存。自破产程序终结之日起满2年仍不能受领分配的，人民法院应当将提存的分配额分配给其他债权人。

⑤ 破产财产的分配应当以货币分配方式进行。但是，债权人会议另有决议的除外。

3.5.3 破产程序的终结

1. 破产程序终结的情形

破产人无财产可供分配的，管理人应当请求人民法院裁定终结破产程序。管理人在最后分配完结后，应当及时向人民法院提交破产财产分配报告，并提请人民法院裁定终结破产程序。人民法院应当自收到管理人终结破产程序的请求之日起15日内作出是否终结破产程序的裁定。裁定终结的，应当予以公告。

2. 破产程序终结的法律后果

（1）管理人应当自破产程序终结之日起10日内，持人民法院终结破产程序的裁定，向破产人的原登记机关办理注销登记。管理人于办理注销登记完毕的次日终止执行职务。但是，存在诉讼或者仲裁未决情况的除外。

（2）破产程序终结后，债权人通过破产分配未得到清偿的债权不再予以清偿，破产企业未偿清余下债务的责任依法免除。但是，自破产程序终结之日起2年内，有下列情形之一的，债权人可以请求人民法院按照破产财产分配方案进行追加分配：发现有依照法律规定应当追回的财产的；发现破产人有应当供分配的其他财产的。但是，财产数量不足以支付分配费用的，不再进行追加分配，由人民法院将其上交国库。

（3）破产人的保证人和其他连带债务人，在破产程序终结后，对债权人依照破产清算程序未受清偿的债权，依法继续承担清偿责任。

训练路径

1. 背景资料

（1）《中华人民共和国企业破产法》（2006年8月27日第十届全国人民代表大会常务委员会第二十三次会议通过）

（2）《中华人民共和国民事诉讼法》（1991年4月9日第七届全国人民代表大会第四次

会议通过，第十届全国人民代表大会常务委员会第三十次会议于2007年10月28日修订）

2. 实训目标

《企业破产法》是现代企业制度的代表法律制度之一。让学生通过学习和训练，深入掌握其相关规则，用唯物主义的眼光来思考企业的发展，理解破产的多重意义，从而熟悉企业破产的流程与规则。

3. 组织实施

（1）组织学生搜集、整理、讨论改革开放之初到现在企业破产现象以及破产制度化的发生、发展历程。

（2）安排学生模拟训练企业破产清算的流程。

4. 操作提示

重点演练破产清算的流程，以及在分配破产财产过程中处理好破产费用、破产债权、公益债务之间的关系。

5. 成果检测

本章学习应当坚持定性考核和定量考核相结合的方法来检验学生的学习效果。《企业破产法》内容较专一，重点知识点突出。教师可以围绕典型案例，采用提问、课堂小测验、课后作业等方式随时对学生进行学习成效测试和评估。

教学建议

（1）分小组讨论典型案例（如韩国大宇破产案、美国通用破产案等），课堂交流破产制度的现实意义。

（2）结合国外的个人破产制度，引导学生思考其在我国制度化的可能性和可行性。

（3）模拟训练拟写破产申请书、重整方案、破产财产分配方案、和解协议等与破产制度有关的法律文件。

复习思考题

1. 简述破产申请与受理的程序。
2. 破产管理人的职责包括哪些方面？
3. 债权人会议的职权包括哪些内容？
4. 阐述我国《企业破产法》关于重整与和解的规定。
5. 阐述破产清算的过程及其内容。

第4章 合同法律制度

能力目标

（1）通过对合同法的学习，能够独立完成合同基本条款的起草工作。

（2）能够按照法定程序，独立进行合同的谈判、签订的工作。

（3）能够按照合同法的规定、合同的约定正确履行合同。

任务分析

（1）掌握合同的概念、特征与类别，了解合同法的调整对象、基本原则与适用范围。

（2）掌握合同订立的程序、合同的效力与履行规则；掌握合同的变更、撤销、转让和终止的条件、方式及其法律后果。

（3）掌握保证、抵押、质押、留置和定金等有关合同担保的基本法律规定；掌握合同保全的方式与效力。

（4）了解违约责任的概念、构成要件，掌握违约责任的承担方式以及有关免责的规定。

引导案例

某百货公司因建造一栋大楼，急需钢材，遂向本省的甲、乙、丙钢材厂发出传真，传真中称："我公司急需标号为01型号的钢材200吨，如贵厂有货，请速来传真，我公司愿派人前往购买。"三家钢材厂在收到传真以后，都先后向百货公司回复了传真，在传真中告知它们备有现货，且告知了钢材的价格。甲钢材厂在发出传真的同时，便派车给百货公司送去100吨钢材。在该批钢材送达之前，百货公司得知丙钢材厂所生产的钢材质量较好，且价格合理，因此向丙钢材厂发去传真，称："我公司愿购买贵厂200吨01型号钢材，盼速送货，运费由我公司承担。"在发出传真后的第二天上午，丙钢材厂发函称已准备发货。当天下午，甲钢材厂将100吨钢材送到百货公司，却被告知，它们已决定购买丙钢材厂的钢材，因此不能接受其送来的钢材。甲钢材厂认为，百货公司拒收货物已构成违约，双方因协商不成，甲钢材厂遂向法院提起诉讼。

请你思考：甲钢材厂的主张能够得到法院的支持吗？理由是什么？

4.1 合同订立

4.1.1 合同概述

合同是平等主体的自然人、法人及其他组织之间设立、变更、终止民事权利义务关系的意思表示一致的协议。合同法是调整平等民事主体利用合同进行财产流转或交易而产生的社会关系的法律规范的总和。1999年3月15日第九届全国人民代表大会第二次会议通过《中华人民共和国合同法》（以下简称《合同法》），自1999年10月1日起施行。

1. 合同的特征

（1）合同是平等主体的自然人、法人和其他组织所实施的一种民事法律行为。这就是说，订立合同的主体在法律地位上是平等的，任何一方都不得将自己的意志强加给另一方。

（2）合同以设立、变更或终止民事权利义务关系为目的。所谓设立民事权利义务关系，是指当事人订立合同旨在形成某种法律关系，从而具体地享受民事权利、承担民事义务。所谓变更民事权利义务关系是指当事人通过订立合同使原有的合同关系在内容上发生变化。所谓终止民事权利义务关系，是指当事人通过订立合同，旨在消灭原合同关系。

（3）合同是当事人协商一致的产物，是意思表示一致达成的协议。合同是合意的结果，它必须包括以下要素。第一，合同的成立必须要有两个以上的当事人。第二，各方当事人须互相作出意思表示。第三，各个意思表示达成一致。

（4）订立、履行合同，应当遵守法律、法规。这其中包括合同的主体必须合法；订立合同的程序必须合法；合同的形式必须合法；合同的内容必须合法；合同的履行必须合法；合同的变更、解除必须合法等。

（5）合同依法成立，即具有法律约束力。所谓法律约束力，是指合同的当事人必须遵守合同的规定，如果违反，就要承担相应的法律责任。合同的法律约束力主要体现在两个方面：一是不得擅自变更或解除合同；二是违反合同应当承担相应的违约责任。

2. 合同的类别

（1）双务合同和单务合同。根据当事人双方权利义务的分担方式，可把合同分为双务合同与单务合同。双务合同是指当事人双方相互享有权利、承担义务的合同，如买卖、互易、租赁、承揽、运送、保险等。单务合同是指当事人一方只享有权利，另一方只承担义务的合同，如赠与、借用合同等。

（2）有偿合同与无偿合同。根据当事人取得权利是否以偿付为代价，可以将合同分为有偿合同与无偿合同。有偿合同是指当事人一方只享有合同权利而不偿付任何代价的合同。有些合同只能是有偿的，如买卖、互易、租赁等合同；有些合同只能是无偿的，如赠与等合同；有些合同既可以是有偿的也可以是无偿的，由当事人协商确定，如委托、保管等合同。

（3）诺成性合同与实践性合同。根据合同的成立是否以交付标的物为要件，可将合同分为诺成性合同与实践性合同。诺成性合同又叫不要物合同是指当事人意思表示一致即可成立的合同。实践性合同又称要物合同，是指除当事人意思表示一致外，还须交付标的物方能成立的合同。

（4）要式合同与不要式合同。根据合同的成立是否需要特定的形式，可将合同分为要式合同与不要式合同。要式合同是指法律要求必须具备一定的形式和手续的合同。不要式合同是指法律不要求必须具备一定形式和手续的合同。

（5）为订约当事人利益的合同与为第三人利益的合同。根据订立的合同是为谁的利益，可将合同分为订约当事人利益的合同与为第三人利益的合同。为订约当事人利益的合同是指仅订约当事人享有合同权利和直接取得利益的合同。为第三人利益的合同是指订约的一方当事人不是为了自己，而是为第三人设定权利，使其获得利益的合同。在这种合同中，第三人既不是缔约人，也不通过代理人参加订立合同，但可以直接享有合同的某些权利，可直接基于合同取得利益，如为第三人利益订立的保险合同。

（6）主合同与从合同。根据合同间是否有主从关系，可将合同分为主合同与从合同。主合同是指不依赖其他合同而能够独立存在的合同。从合同是指须以其他合同的存在为前提而存在的合同。

（7）有名合同和无名合同。根据法律上有无规定一定的名称，合同可分为有名合同和无名合同。有名合同是指法律上或者经济生活习惯上按其类型已确定了一定名称的合同，又称典型合同。我国《合同法》中规定的合同和民法学中研究的合同都是有名合同。无名合同是指有名合同以外的、尚未统一确定一定名称的合同。无名合同如经法律确认或在形成统一的交易习惯后，可以转化为有名合同。

（8）格式合同与非格式合同。格式合同又称标准合同，是指合同条款由当事人一方预先拟定，对方只能表示全部同意或者不同意的合同，亦即一方当事人要么整体上接受合同条件，要么就不订立合同。

4.1.2　合同订立程序

1. 要约

要约指一方当事人向另一方当事人发出的以一定条件订立合同的意思表示。前者称为要约人，后者称为受要约人。

（1）要约的有效要件

根据合同法的规定，要约的有效要件包括以下三个方面。

① 要约必须是特定人的意思表示。

② 要约必须是向相对人发出的意思表示。要约的相对人应为特定的人，但在特殊情况下也可以为不特定的人。

③ 要约须是能够反映所要订立合同主要内容的意思表示。

（2）要约的形式

要约作为一种意思表示，可以以书面形式作出，也可以以对话形式作出。书面形式包括信函、电报、电传、传真、电子邮件等函件。

（3）要约的法律效力

要约到达受要约人时生效。对话形式的要约，自受要约人了解时发生效力；书面形式的要约于到达受要约人时发生效力；采用数据电子形式进行要约，收件人指定特定系统接收数据电文的，该数据电文进入该特定系统的时间视为要约生效时间；未指定特定系统的，该数据电文进入收件人的任何系统的首次时间视为要约生效时间。要约的法律效力主要是指在要约有效期限内，要约人不得随意改变要约的内容，不得撤回要约。

（4）要约邀请

要约邀请也称要约引诱，指行为人邀请他人向其提出要约。要约邀请是一种事实行为，不具有法律意义，仅是当事人订立合同的预备行为，对行为人不具有约束力。现实生活中的价目表的寄送、拍卖广告、招标公告、招股说明书、商品广告（符合要约规定的除外）均属于要约邀请。

（5）要约的撤回

根据《合同法》的规定，撤回要约的通知应在受要约人收到要约之前到达或同时到达受要约人。如果要约已到达受要约人，该要约便不可撤回。

（6）要约的撤销

撤销要约的通知应在受要约人发生承诺通知之前到达受要约人。要约中确定了承诺期限或明示要约不可撤销的及受要约人有理由认为要约是不可撤销的，且为履行合同作了准备工作的，要约不可撤销。

（7）要约的消灭

根据《合同法》的规定，要约消灭的原因主要有受要约人拒绝要约；要约已过有效期限；要约人撤回要约或撤销要约；特定条件下的要约人或受要约人死亡。

2. 承诺

（1）承诺的有效要件

承诺指受要约人同意要约内容、愿意缔结合同的意思表示。承诺的有效要件如下。

① 承诺须由受要约人或其授权的代理人作出。

② 承诺须在有效期内作出。

③ 承诺须与要约的内容一致。受要约人对要约的内容作实质性变更的，为新要约。有关合同标的、数量、质量、价款或报酬、履行期限、履行地点和方式、违约责任和解决争议方法等的变更，是对要约内容有实质性变更。承诺对要约的内容作了非实质性变更的，除要约人及时表示反对或要约表明承诺不得对要约的内容作出任何变更的以外，该承诺有效，合同的内容以承诺的内容为准。

④ 承诺须向要约人作出。

（2）承诺的表示方式

根据《合同法》规定，承诺应以通知的方式作出，但根据交易习惯或要约表明可以通过行为作出承诺的除外。缄默或不作为不能作为承诺的表示方式。

（3）承诺的生效时间

根据《合同法》规定，承诺在承诺期限内到达要约人时生效。具体而言，要约是以对话方式作出的，承诺人即时作出承诺的意思表示，承诺生效；要约人约定承诺期限，承诺在承诺期限内到达要约人时，承诺生效；要约以非对话方式作出的，承诺在合理期限内到达要约人时生效约定以数据电文形式承诺的，在承诺期限内，收件人（要约人）指定特定系统接收数据电文的，该数据电文进入该特定系统时，承诺生效；未指定特定计算机系统的，该数据电文

进入要约人的任何系统的首次时间，即为承诺生效时间；承诺需要通知的，承诺通知到达要约人时生效；承诺不需要通知的，根据交易惯例或要约的要求作出承诺行为时生效。

（4）承诺的撤回

根据《合同法》的规定，承诺是可以撤回的。撤回承诺的通知应先于承诺到达要约人或与承诺同时到达要约人才能发生效力。

4.1.3 合同成立

1. 合同成立时间

承诺生效时合同成立。《合同法》第32条规定：当事人采用合同书形式订立合同的，自双方当事人签字或盖章时合同成立。当事人采用合同书形式订立合同，但并未签字盖章，意味着当事人的意思表示未能最后达成一致，因而一般不能认为合同成立。双方当事人签字或者盖章不在同一时间的，最后签字或者盖章时合同成立。《合同法》第33条规定：当事人采用信件、数据电文形式订立合同的，可以在合同成立之前要求签订确认书。签订确认书时合同成立。在此情况下，确认书具有最终承诺的意义。

《合同法》第36条还规定，法律、行政法规规定或者当事人约定采用书面形式订立合同，当事人未采用书面形式但一方已经履行主要义务，对方接受的，该合同成立。此时可从实际履行合同义务的行为中推定当事人已经形成了合意和合同关系，当事人一方不得以未采取书面形式或未签字盖章为由，否认合同关系的实际存在。

2. 合同的成立地点

《合同法》第34条规定，承诺生效的地点为合同成立的地点。采用数据电文形式订立合同的，收件人的主营业地为合同成立的地点；没有主营业地的，其经常居住地为合同成立的地点。当事人另有约定的，按照其约定。

《合同法》第35条规定，当事人采用合同书形式订立合同的，双方当事人签字或盖章的地点为合同成立的地点。

4.1.4 合同的内容和解释

1. 合同内容

合同的内容由当事人约定，一般情况下合同应包含以下条款。

（1）当事人的名称或者姓名和住所。

（2）合同标的，这是合同有效成立的前提条件。没有标的或标的不明的合同既无法履行，也不能成立。

（3）数量主要指标的数量。

（4）质量要求具体是指双方在合同中约定的标的质量及要求达到的标准。

（5）价金是指取得标的一方向给付标的一方所应支付的代价。

（6）履行期限是指合同的履行期限和合同的有效期限。

（7）履行的地点和方式，主要包括以下三点。①交货方式是指双方约定的交接标和形式。②运输形式是指双方的约定的用何种运输工具，采取何种运输方式。③交货地点是指双方约定的交接标的具体地点。

（8）违约责任是指双方在合同中明确约定的违约方应承担的具体责任。

（9）解决争议的方法。解决争议的方法指所签订合同后发生纠纷，自行协商不成时，在合同中约定的解决纠纷的方式。

2. 合同解释规则

合同解释是指对合同及其相关资料的含义所作的分析和说明。《合同法》规定的合同的解释，指法院或者仲裁机构运用各种解释规则的方法，确定合同条款的真实含义，以探求当事人的意思效果，解决纠纷。合同解释的对象，是双方当事人有争议的合同条款。

《合同法》规定，当事人对合同条款的理解有争议的，应当按照合同所使用的词句、合同的有关条款、合同的目的、交易习惯以及诚实信用原则，确定该条款的真实意思。合同文本采用两种以上文字订立并约定具有同等效力的，对各文本使用的词句推定具有相同含义。各文本使用的词句不一致的，应当根据合同的目的予以解释。

4.1.5 格式条款合同

格式条款是当事人为了重复使用而预先拟定，并在订立合同时未与对方协商的条款。格式条款的特征是由一方当事人预先拟定；可以重复使用；在订立合同时未与对方协商。

1. 格式条款的订立规则

《合同法》规定，采用格式条款订立合同的，提供格式条款的一方应遵循公平原则确定当事人之间的权利和义务，并采取合同的方式提请对方注意免除或者限制其责任的条款，按照对方的要求，对该条款予以说明。提供条款的一方应当采取合理的方法提请对方注意，即有义务以明示或者其他合理、适当的方式提醒相对人注意其欲以格式条款订立合同的事实。

2. 格式条款的解释

《合同法》第41条规定，对格式条款的理解发生争议的，应当按照通常的理解予以解释；对格式条款有两种以上解释的，应当作出不利于提供格式条款一方的解释；格式条款和非格式条款不一致的，应当采用非格式条款。

3. 格式条款的无效

《合同法》规定，合同中的下列免责条款无效：造成对方人身伤害的；因故意或者重大过失造成对方财产损失的。此外，提供格式条款一方在合同中免除其责任、加重对方责任、排除对方主要权利的，该条款无效。

4.2 合同效力

4.2.1 附条件、附期限合同

1. 附条件合同

附条件合同是指合同的双方当事人在合同中约定某种事实状态，并以其将来发生或者

不发生作为合同生效或者不生效的限制性条件的合同。附条件合同有以下特点。

（1）合同生效或终止的效力取决于所附条件的成就或者不成就。

（2）所附条件是由双方当事人约定的，并且作为合同的一项条款列入合同中。

（3）条件是将来可能发生的事实。过去的、现存的或者将来必定要发生的事实或必定不能发生的事实不能作为附条件。

（4）附条件是当事人用来限制合同法律效力的附属的意思表示。

（5）所附条件必须是合法的事实。

《合同法》第45条规定，合同当事人对合同的效力可以约定附条件。附生效条件的合同，自条件成就时生效；附解除条件的，自条件成就时失效。当事人为自己的利益不正当地阻止条件成就的，视为条件已成就；不正当地促成条件成就的，视为条件不成就。

2. 附期限合同

附期限合同是指附有将来确定到来的期限作为合同的条款，并在该期限到来时合同的效力发生或者终止的合同。所附期限就是双方当事人约定的将来确定到来的某个时间，可以是一个具体的期日，也可是一个期间。附期限的合同中所附期限可分为生效期限和终止期限。前者指以期限到来使合同发生效力的期限；后者是指以期限到来使合同效力消灭的期限，又称为解除期限。

《合同法》规定，当事人对合同的效力可以约定附期限。附生效期限的合同，自期限届至时生效；附终止期限的合同，自期限届满时失效。

4.2.2　效力待定合同

根据《合同法》的规定，效力待定合同包括以下几种情形。

（1）限制民事行为能力人订立的合同，经法定代理人追认后，该合同有效，但纯获利益的合同或者与其年龄、智力、精神健康状况相适应而订立的合同，不必经法定代理人追认。相对人可以催告法定代理人在1个月内予以追认。法定代理人未作表示的，视为拒绝追认。合同被追认之前，善意相对人有撤销的权利。撤销应当以通知的方式作出。

（2）行为人没有代理权、超越代理权或者代理权终止后以被代理人名义订立的合同，未经被代理人追认，对被代理人不发生效力，由行为人承担责任。相对人可以催告被代理人在1个月内追认。被代理人未作表示的，视为拒绝追认。合同被追认之前，善意相对人有撤销的权利，撤销应当以通知的方式作出。另外，行为人没有代理权、超越代理权或者代理权终止后以被代理人名义订立合同，相对人有理由相信行为人有代理权的，被代理行为有效。

（3）法人或者其他组织的法定代表人、负责人超越权限订立的合同，除相对人知道或者应当知道其超越权限的以外，该代表行为有效。

（4）无处分权人处分他人财产，经权利人追认或者无处分权人订立合同后取得处分权的，该合同有效。

4.2.3　无效合同与可变更、可撤销合同

1. 无效合同

无效合同是指合同虽经订立，但因其违反法律、行政法规或者公共利益，而自订立时

起就无法律约束力的合同。有下列情形之一的，合同无效。

（1）一方以欺诈、胁迫的手段订立合同，损害国家利益。

（2）恶意串通，损害国家、集体或者第三人利益。

（3）以合法形式掩盖非法目的。

（4）损害社会公共利益。

（5）违反法律、行政法规的强制性规定。

2. 可变更、可撤销合同

《合同法》规定，有下列情形之一的，当事人一方有权请求人民法院或者仲裁机构变更或撤销。

（1）因重大误解订立的合同。重大误解包括对合同的性质、当事人、标的等发生误解，致使订立合同的意思表示不真实。

（2）在订立合同时显失公平的，即：一方具有利用其优势或者利用对方轻率、无经验等而与对方订立合同，使当事人之间利益不平衡。

（3）一方以欺诈、胁迫的手段或者乘人之危，使对方在违背真实意思的情况下订立的合同。

当事人请求变更的，人民法院或者仲裁机构不得撤销。具有撤销权的当事人自知道或者应当知道撤销事由之日起1年内没有行使撤销权；具有撤销权的当事人知道撤销事由后明确表示或者以自己的行为放弃撤销权。

3. 合同无效和被撤销的法律后果

无效的合同或者被撤销的合同自始没有法律约束力。合同部分无效，不影响其他部分效力的，其他部分仍然有效。合同无效、被撤销或者终止的，不影响合同中独立存在的有关解决争议方法的条款的效力。

合同无效或者被撤销后，因该合同取得的财产，应当予以返还；不能返还和没有必要返还的，应当折价补偿。有过错的一方应当赔偿对方因此所受到的损失，双方都有过错的，应当各自承担相应的责任。

当事人恶意串通，损害国家、集体或者第三人利益的，因此取得的财产应当收归国家所有或者返还给集体、第三人。

4.3　合同履行

4.3.1　合同的履行原则

合同的履行原则是指合同当事人在履行合同过程中所应遵循的基本准则。按照《合同法》的规定，合同履行应遵循以下原则。

（1）全面履行的原则。《合同法》第60条第1款规定，当事人应当按照约定全面履行自己的义务。全面履行的原则是判定合同当事人是否全面履行了合同义务以及当事人是否存在违约事实及是否承担违约责任的重要法律依据。

（2）诚实信用履行原则。《合同法》第60条第2款规定，当事人应当遵循诚实信用原则，根据合同的性质、目的和交易习惯履行通知、协助、保密等义务。按照这一原则，当

事人除了应当按照约定全面履行合同义务外，更重要的是强调当事人应当履行依据诚实信用原则所产生的附属义务，即《合同法》所规定的通知、协助、保密等义务。履行这些附属义务时，应当根据合同的性质、目的和交易习惯来进行。

4.3.2　合同履行规则

1. 协议补充履行规则

《合同法》第61条规定，合同生效后，当事人就质量、价款或者报酬、履行地点等内容没有约定或者约定不明确的，可以协议补充；不能达成补充协议的，按照合同有关条款或者交易习惯来确定。由此规定可见，这种补充协议和原协议一样反映了各方当事人的共同愿望，一样依据法律具有约束力，是当事人履行合同的依据。

2. 合同约定不明确时的履行规则

（1）质量要求不明确的履行规则。质量是指标的物的具体特征，即标的物的内在素质和外观形态的综合。质量条款是合同的必备条款。《合同法》规定，质量要求不明确的，按照国家标准、行业标准履行；没有国家标准、行业标准的，按照通常标准或者符合合同目的的特定标准履行。

（2）价款或者报酬不明确的履行规则。价款或者报酬是合同的必备条款。当合同在价款或者报酬约定不明确时，应当按照订立合同时履行地的市场价格履行；依法应当执行政府定价或者政府指导定价的，按照规定履行。

（3）履行地点不明确的履行规则。履行地点是当事人按照合同约定履行义务的地点。当合同约定的履行地点不明确时，给付货币的，在接受货币一方所在地履行；交付不动产的，在不动产所在地履行；其他标的，在履行义务一方所在地履行。

（4）履行期限不明确的履行规则。履行期限是履行合同义务的时间界限和依据。当合同履行期限约定不明确时，债务人可以随时履行，债权人也可以随时要求履行，但应当给对方必要的准备时间。这是因为债权人请求履行往往直接影响到债务人的利益，所以从公平角度考虑，应当给予债务人以必要的履行准备时间。

（5）履行方式不明确的履行规则。履行方式是指当事人完成合同义务的方法。《合同法》规定，合同对履行方式约定不明确时，按照有利于实现合同目的的方式履行。

（6）履行费用的负担不明确的履行规则。合同的履行过程往往会产生一些费用，当合同对履行费用的负担的约定不明确时，由承担履行义务一方负担。

3. 合同履行过程中价格发生变动时的履行规则

合同在履行过程中价格发生变动是比较普遍的事情，特别是履行期限较长的合同，更容易遇到价格变化的问题。对此，《合同法》有以下规定。

（1）执行政府定价或者政府指导价的，在合同的交付期限内政府价格调整时，按照交付时的价格计价，即执行政府定价或者政府指导价的合同，在合同约定的交付期限内政府价格发生变动时，按照政府调整后的价格执行。

（2）执行政府定价或者政府指导价的，逾期交付标的物的，遇价格上涨时，按照原价格执行；价格下降时，按照新价格执行。逾期提取标的物或者逾期付款的，遇价格上涨

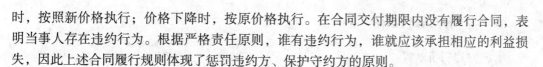

时，按照新价格执行；价格下降时，按原价格执行。在合同交付期限内没有履行合同，表明当事人存在违约行为。根据严格责任原则，谁有违约行为，谁就应该承担相应的利益损失，因此上述合同履行规则体现了惩罚违约方、保护守约方的原则。

4. 债务人向第三人履行债务的规则

《合同法》第64条规定，当事人约定由债务人向第三人履行债务的，债务人未向第三人履行债务或者履行债务不符合约定，应当向债权人承担违约责任。

合同是特定主体间的权利义务关系，合同的履行应当贯彻亲自履行的原则，即债务人向债权人履行合同，这是合同履行的一般规则。但是，在一定的前提下，《合同法》允许债务人向第三人履行。由于第三人不是合同当事人，所以债务人向第三人履行债务，必须符合以下两方面条件。

（1）债务人向第三人履行债务必须由合同当事人约定。合同是当事人之间的合意，当事人在订立合同的时候，有权就合同的具体履行问题包括履行对象达成合意，并使其成为合同的重要组成部分。这是合同当事人意思自治原则的体现。因此，债务人向第三人履行债务，必须由合同双方当事人约定。

（2）债务人未向第三人履行债务或者履行债务不符合约定，应当由债权人承担违约责任。因为债权人和债务人是合同法律关系的当事人，第三人不是合同当事人，所以当债务人未向第三人履行债务或者向第三人履行债务但不符合约定，债务人应当向债权人承担违约责任。

5. 第三人向债权人履行债务的规则

第三人向债权人履行债务是指在某些情况下由合同当事人以外的第三人替代债务人向债权人履行债务的行为。《合同法》第65条规定，当事人约定由第三人向债权人履行债务的，第三人不履行债务或者履行债务不符合约定，债务人应当向债权人承担违约责任。一般来说，合同的履行应当贯彻亲自履行规则，即由债务人本人或其代理人向债权人本人或其代理人履行，这是合同履行的一般规则。但根据合同当事人意思自治原则，上述一般规则并不一概排除第三人替代履行。第三人替代履行是在特殊情况下的履行规则，它必须符合以下两方面条件。

（1）第三人替代履行必须由合同当事人约定，即经债权人与债务人协商约定，在一定条件下，债务人的履行债务义务由第三人替代履行。从债权人的角度来看，只要债务得到了履行，其债权也就得到了实现；从债务人的角度来看，不管是自己亲自履行，还是由第三人替代履行，都使债务得到了清偿；从合同履行的意义来讲，债务人已经履行了合同。当然，在这种情形下，必须是由合同当事人约定，才能由第三人替代债务人履行债务。

（2）第三人履行债务不当时，债务人应向债权人承担违约责任。第三人向债权人履行债务不当，包括第三人未向债权人履行债务或者履行债务不符合约定，表明债权人的利益没有得到实现，债务人也就存在相应的违约行为。由于只有债权人和债务人是合同法律关系的当事人，所以应当由债务人向债权人承担责任。

6. 当事人不得因变更而影响合同履行规则

《合同法》第76条规定，合同生效后，当事人不得因姓名、名称的变更或者法定代表人、负责人、承办人的变动而不履行合同义务。

4.3.3 合同履行抗辩

1. 同时履行抗辩权

同时履行抗辩权也称为履行合同的抗辩权是指双务合同中无先为给付义务的当事人一方在他方未为对待给付以前，有权拒绝自己的履行义务。同时履行抗辩权是在双务合同中产生的，并且主要适用于双务合同。

我国《合同法》第66条规定：当事人互负债务，没有先后履行顺序的，应当同时履行。一方在对方履行之前有权拒绝其履行要求。一方在对方履行债务不符合约定时，有权拒绝其相应的履行要求。依《合同法》规定，同时履行抗辩权的构成要件包括如下几个方面。

（1）须因同一双务合同而互负债务。如果是单务合同，则不存在同时履行的可能。

（2）须双方互负的债务均已届清偿期。也就是说依据同一合同，双方将可请求双方为对待给付。

（3）须对方未履行债务。行使同时履行抗辩权就是在对方应该履行其债务而未履行才产生的抗辩权。若对方已履行，则无从抗辩。

（4）须对方的对待给付是可能履行的。如果对方的对待给付是不可能履行的，则不发生同时履行抗辩问题，此时应予终止合同。

2. 不安抗辩权

不安抗辩权是指双务合同中在先履行的一方当事人，在对方财产于缔约后发生明显恶化，导致对方有可能难为对待给付状况时，可以在对方未履行其给付义务或提供担保前，中止履行自己的给付。不安抗辩权赋予了依照合同本应先履行义务的一方当事人中止履行自己在先义务的权利。

我国《合同法》第68条规定，应当先履行债务的当事人，有确切证据证明对方有下列情形之一的，可以中止履行：经营状况严重恶化；转移财产、抽逃资金，以逃避债务；丧失商业信誉；有丧失或者可能丧失履行债务能力的其他情况。据此，不安抗辩权的构成要件包括如下几个方面。

（1）须于缔约后对方财产状况恶化。如果对方财产恶化导致可能难为对待给付的情况发生在缔约前，则表明在先履行的一方当事人自愿承担该风险，故无给予不安抗辩权救济之必要。

（2）因为对方财产明显减少，有难为对待给付之虞。这是不安抗辩权行使的关键。如对方财产虽明显减少，但不影响其对待给付的，不安抗辩权无从发生。

（3）应先请求对方履行或提供担保。只有在对方既未履行其对待给付同时又未提供担保，不安抗辩权才能发生。

《合同法》第69条规定，当事人中止履行的，应当及时通知对方。对方提供适当担保时，应当恢复履行。中止履行后，对方在合理期限内未恢复履行能力并且未提供适当担保的，中止履行的一方可以解除合同。

3. 先履行抗辩权

先履行抗辩权是指当事人互负债务，有先后履行顺序的，有先履行义务的一方未履行债务或履行债务不符合约定的，后履行一方有权拒绝其相应的履行请求。按照《合同法》

第67条的规定，构成先履行抗辩权须符合以下要件。

（1）须双方当事人互负债务，而且两个债务须有先后履行顺序，至于该顺序是当事人约定的，还是法律直接规定的，在所不问。

（2）先履行一方未履行和其履行不符合合同的宗旨。先履行一方未履行，既包括先履行一方在履行期限届至或届满前未予履行的状态，又包含先履行一方于履行期限届满时尚未履行的现象。

先履行抗辩权的成立，使后履行一方可以中止履行自己债务，对抗先履行一方的履行请求，以此保护自己的期限利益、顺序利益；在先履行一方采取了补救措施、变违约为适当履行的情况下，先履行抗辩权消失，后履行一方须履行其债务。

4.3.4 合同的保全

1. 代位权

代位权是指因债务人怠于行使其到期债权，对债权人造成损害的，债权人可以向人民法院请求以自己的名义代位行使债务人的债权，但该债权专属于债务人自身的除外。代位权的行使范围以债权人的债权为限，债权人行使代位权的必要费用，由债务人负担。债权人提起代位权诉讼，应当符合下列条件。

（1）债权人对债务人的债权合法。

（2）债务人怠于行使其到期债权，对债权人造成损害。

（3）债务人的债权已到期。

（4）债务人的债权不是专属于债务人自身的债权。专属于债务人自身的债权是指基于扶养关系、赡养关系、继承关系产生的给付请求权和劳动报酬、退休金、养老金、抚恤金、安置费、人寿保险、人身伤害赔偿请求权等权利。

债权人向次债务人提起的代位权诉讼经法院审理后认定代位权成立的，由次债务人向债权人履行清偿义务，债权人与债务人、债务人与次债务人之间相应的债权债务关系即予消灭。

2. 撤销权

撤销权是指因债务人放弃其到期债权或者无偿转让财产，对债权人造成损害的，债权人可以请求法院撤销债务人的行为。债务人以明显不合理的低价转让财产，对债权人造成损害，并且受让人知道该情形的，债权人也可以请求法院撤销该债务人的行为。撤销权的行使范围以债权人的债权为限。债权人行使撤销权的必要费用，由债务人承担。

可见，债权人行使撤销权的三种情形：①放弃到期债权；②无偿转让财产；③以明显不合理的低价转让财产，侵害债权人债权，且受让人知道该情形的。

例如，张三欠李四5万元钱，张三有一辆价值10万元的小车，现张三将该车赠与其好友王五，李四发现张三除了小车以外再无其他值钱的东西，这一赠与会影响张三偿还债务，张三赠与汽车即无偿转让财产，对债权人李四造成损害。因此，李四可以行使撤销权，请求法院撤销张三赠与行为。

撤销权自债权人知道或者应当知道撤销事由之日起1年内行使，自债务人的行为发生之日起5年内没有行使撤销权的，该撤销权消灭。

4.3.5　合同履行担保

1. 保证

保证是指保证人和债权人约定，当债务人不履行债务时，保证人按照约定履行债务或者承担责任的行为。保证人与债权人应当以书面形式订立保证合同。《担保法》把保证分为两种，即一般保证和连带责任保证。

一般保证是指当事人在保证合同中约定，债务人不能履行债务时，由保证人承担保证责任。一般保证的保证人在主合同纠纷未经审判或者仲裁，并就债务人财产依法强制执行仍不能履行债务前，对债权人可以拒绝承担保证责任。

连带保证是指当事人在保证合同中约定保证人与债务人对债务承担连带责任的，为连带责任保证。连带责任保证的债务人在主合同规定的债务履行期届满没有履行债务的，债权人可以要求债务人履行债务，也可以要求保证人在其保证范围内承担保证责任。

2. 抵押权

抵押权是指当债务人不履行债务时，债权人对于债务人或第三人不转移占有而提供担保的不动产或其他财产、权利，优先清偿其债权的权利。抵押权的标的物是债务人或第三人提供担保的不动产及其他财产、权利。抵押权不移转标的物的占有，抵押权是债权人就抵押物优先获得受偿的权利。

3. 质押

质押是指为了担保债权的履行，债务人或第三人将特定财产移交给债权人占有，当债务人不履行债务时，债权人有就其占有的财产优先受偿的权利。质押权是为担保债权的履行而设定的，它是从属于主债权的担保物权。在债务人不履行债务时，质押权人可以就质物优先受偿。质押权是一种动产物权，对不动产不能设定质押权。另外，权利也可以成为质押权的标的，称权利质押。质押权须移转质物的占有，质押权以占有标的物为成立要件。在设立质押权时，出质人应当将质物移交给债权人占有。

4. 留置权

留置权指债权人按照合同约定占有债务人的财产，在债务人逾期不履行债务时，有留置该财产，并就该财产优先受偿的权利。留置权是一种法定担保物权，在符合一定的条件时依法律的规定产生，而不是依当事人之间的协议而设定。因保管合同、运输合同、加工承揽合同发生的债权，债务人不履行债务时，债权人有留置权，但当事人在合同中约定不得留置的除外。

5. 定金

定金是指当事人一方在合同成立后和履行前，依照约定向对方支付一笔资金，用以保证合同的履行。债务人履行债务后，定金应当抵作价款或者收回。给付定金的一方不履行债务的，无权要求返还定金；收受定金的一方不履行债务的，应当双倍返还定金。定金的数额由当事人约定，但不得超过主合同标的额的20%，超过部分人民法院不予保护。定金合同是主合同的从合同，因而其成立和有效以主合同的成立和有效为前提。主合同无效或被撤销时，定金合同不发生效力，主合同因解除或其他原因被消灭时，定金合同也被消灭。

4.4 合同变更、转让与终止

4.4.1 合同变更

1. 合同变更条件

合同变更是指合同内容的变更。合同变更条件如下所述：①原已存在合同关系；②合同内容已发生变化；③合同的变更须依当事人协议或依法律直接规定及仲裁机构的裁决，有时依形成权人的意思表示；④法律要求对合同变更采取办理批准、登记手续等特定方式的，应遵循法律要求的方式。

2. 合同变更的情形

合同的变更有广义与狭义之分。广义的合同变更，包括合同内容的变更与合同主体的变更。狭义的合同变更，即合同内容的变更，包括以下几种情形。

（1）基于法律的直接规定变更合同。

（2）因重大误解而变更合同。

（3）当事人各方协商同意变更合同。

法律、行政法规规定变更合同应当办理批准、登记等手续的，依照其规定。合同的变更原则上只向将来发生效力，不影响已履行部分的效力。

4.4.2 合同转让

1. 合同权利的转让

合同权利的转让是指合同的债权人将其权利全部或者部分转让给第三人。债权人转让权利的，应当通知债务人。未经通知，该转让对债务人不发生效力。债权人转让权利的通知不得撤销，但经受让人同意的除外。债务人接到债权转让通知后，债务人对让与人的抗辩，可以向受让人主张。

债权人可以将合同的权利全部或者部分转让给第三人，但有下列情形之一的除外。①根据合同性质不得转让。②按照当事人约定不得转让。③依照法律规定不得转让。

2. 合同义务的转移

合同义务的转移是指合同的债务人将其合同义务的全部或部分转移给第三人的行为。债务人将合同的义务全部或者部分转移给第三人的，应当经债权人同意。债务人转移义务的，新债务人应当承担与主债务有关的从债务，但该债务专属于原债务人自身的除外。债务人转移义务的，新债务人可以主张原债务人对债权人的抗辩。

3. 合同权利和义务一并转让

合同权利和义务一并转让是指原合同的一方当事人将其债权债务一并转让给第三人，由第三人享有和承担依原合同约定的权利和义务。《合同法》规定，当事人一方经对方同意，可以将自己在合同中的权利和义务一并转让给第三人。

4.4.3　合同终止

1. 合同的权利和义务终止事由

合同权利和义务的终止是指合同双方的当事人终止合同关系，合同所确定的权利和义务关系归于消灭。根据《合同法》的规定，有下列情形之一的，合同的权利和义务终止。

（1）债务已经按照约定履行。在这种情况下，合同双方当事人订立合同的目的已经全部实现，合同因此而终止。

（2）合同因解除而终止。当事人协商一致，可以解除合同；当事人也可以约定一方解除合同的条件，当解除合同的条件成就时，有解除权的人可以解除合同。另外，合同法规定，有下列情形之一的，当事人可以单方解除合同。①因不可抗力因素致使不能实现合同目的。②在履行期限届满之前，当事人一方明确表示或者以自己的行为表明不履行主要债务。③当事人一方迟延履行主要债务，经催告后在合理期限内仍未履行。④当事人一方延迟履行债务或者有其他违约行为致使不能实现合同目的。⑤法律规定的其他情形。

（3）债务相互抵消。抵消是指两人互负债务时，各以其债权充当债务的清偿，而使自己的债务与对方的债务在对等额内相互消灭。抵消以其产生的根据不同，可分为法定抵消和协议抵消。

（4）债务人依法将标的物提存。有下列情形之一，难以履行债务的，债务人可以将标的物提存。①债权人无正当理由拒绝受领。②债权人下落不明。③债权人死亡未确定继承人或者丧失行为能力未确定监护人。④法律规定的其他情形。

（5）债权人免除债务。免除债务是指债权人放弃债权，从而消灭债务或者终止合同关系的单方法律行为。债权人免除债务人部分或者全部债务的，合同的权利和义务部分或全部终止。

（6）债权债务同归于一人，即混同。混同的效力是使合同关系消灭。《合同法》规定，债权和债务同归于一人的，合同的权利和义务终止，但涉及第三人利益的除外。

（7）法律规定或者当事人约定终止的其他情形。

2. 合同权利和义务终止的效力

合同权利和义务的终止，使当事人双方的合同关系不复存在，合同所确定的权利和义务关系消灭。合同的权利和义务终止后，当事人应当遵循诚实信用原则，根据交易习惯履行通知、协助、保密等义务。合同权利和义务的终止，不影响合同中结算和清算条款的效力。

4.5　缔约过失责任与违约责任

4.5.1　缔约过失责任

1. 缔约过失责任的构成要件

缔约过失责任是指缔约人故意或过失违反先合同义务时依法承担的民事责任。所谓先合同义务是指缔约人双方为签订合同而互相接触磋商开始逐渐产生的注意义务，而非合同

有效成立而产生的给付义务，包括互相协助、互相照顾、互相保护、互相通知、诚实信用等义务。缔约过失责任是以过错原则为基础的，其构成要件如下。

（1）缔约过失责任发生于合同订立阶段。

（2）一方当事人违反了依诚实信用原则所担负的义务。

（3）另一方的信赖利益因此而受到损失。

2. 缔约过失责任的适用

根据合同法的规定，承担缔约过失责任的情形包括如下。

（1）恶意磋商，即非出于订立合同之目的而假订立合同之名与他人磋商。

（2）故意隐瞒与订立合同有关的重要事实或者提供虚假情况。缔约当事人依诚实信用原则负有如实告知义务，主要包括告知己方的财产状况与履约能力；告知标的物的瑕疵；告知标的物的性能和使用方法。

（3）未尽保护、照顾等附随义务。

（4）其他违背诚信义务的。

3. 缔约过失责任的赔偿范围

根据合同法的规定，缔约过失责任的形式是损害赔偿。具体而言有以下几点。

（1）在合同不成立，或虽已成立但被宣告为无效或被撤销的情况下，构成缔约过失的一方应赔偿对方的损失。直接损失通常包括订立合同的费用、准备履行合同所支出的费用以及上述费用的利息，间接损失主要指对方因此丧失商机所造成的损失。

（2）由于一方当事人在订立合同的过程中未尽照顾、保护义务而使对方遭受人身伤害时，应赔偿因此产生的实际财产损失。

（3）由于一方当事人在订立合同的过程中未尽通知、说明义务致使另一方遭受财产损失时，也应赔偿其实际财产损失。

4.5.2 违约责任

1. 违约责任的构成要件

违约责任指当事人不履行合同义务或履行合同义务但不符合约定应承担的民事责任。违约责任的构成要件是指违约责任的成立所必需具备的要件。

违约责任的构成要件分一般构成要件与特殊构成要件。一般构成要件是所有的违约责任都必需具备的要件，而特殊构成要件则是具体的违约责任形式所必需具有的要件。传统的《合同法》理论将违约责任的构成要件概括为违约行为、损害事实、违约行为与损害事实之间的因果关系、行为人主观上的过错等。

2. 违约责任形式

（1）继续履行。继续履行是指违约方根据对方当事人的请求继续履行合同规定的义务的合同责任形式。继续履行以对方当事人请求为条件。

继续履行的适用，因债务性质不同而不同。金钱债务无条件适用继续履行。金钱债务只存在延迟履行，不存在不能履行，因此，应无条件适用继续履行的责任形式。非金钱债

务有条件适用继续履行。对非金钱债务，原则上可以请求继续履行，但下列情形除外：法律上或者事实上不能履行；债务的标的不适用强制履行或者强制履行费用过高；债权人在合理期限内未请求履行。

（2）采取补救措施。采取补救措施作为一种独立的合同责任形式，是指矫正合同不适当履行、使履行缺陷得以消除的具体措施。关于采取补救措施的具体方式，可以是修理、更换、重做、退货、减少价款或者报酬等。

（3）赔偿损失。赔偿损失在《合同法》上也称违约损害赔偿，是指违约方以支付金钱的方式弥补受害方因其违约行为所减少的财产或者所丧失的利益的责任形式。《合同法》规定，当事人一方不履行合同义务或者履行合同义务不符合约定，给对方造成损失的，损失赔偿额应当相当于因违约所造成的损失，包括合同履行后可以获得的利益，但不得超过违反合同一方订立合同时预见到或者应当预见到的因违反合同可能造成的损失。

（4）支付违约金。违约金是指当事人一方违反合同时应当向对方支付的一定数量的金钱或财物。《合同法》规定，当事人可以约定一方违约时应当根据违约情况向对方支付一定数额的违约金，也可以约定因违约产生的损失赔偿额的计算方法。约定的违约金低于造成的损失的，当事人可以请求人民法院或者仲裁机构予以增加；约定的违约金过分高于造成的损失的，当事人可以请求人民法院或者仲裁机构予以适当减少。当事人就迟延履行约定违约金的，违约方支付违约金后，还应当履行债务。

（5）定金责任。《合同法》第115条规定，当事人可以依照《担保法》约定一方向对方给付定金作为债权的担保。债务人履行债务后，定金应当抵作价款或者收回。给付定金的一方不履行约定的债务的，无权要求返还定金；收受定金的一方不履行约定的债务的，应当双倍返还定金。

3. 违约责任的免责事由

（1）不可抗力。所谓不可抗力是指当事人订立合同时主观上不能预见、客观上不能避免并不能克服的客观情况。不可抗力主要包括以下两种情形：①自然灾害、如台风、洪水、冰雹；政府行为，如征收、征用；②社会事件，如罢工、骚乱。因不可抗力不能履行合同的，根据不可抗力的影响，部分或全部免除责任。但有以下情形例外：金钱债务的延迟责任不得因不可抗力而免除；延迟履行期间发生的不可抗力不具有免责效力。

（2）免责条款。免责条款是指当事人在合同中约定免除将来可能发生的合同责任的条款。免责条款不能排除当事人的基本义务，也不能排除故意或重大过失的责任。

📁 训练路径

1. 背景资料

（1）《中华人民共和国合同法》（1999年3月15日第九届全国人民代表大会第二次会议通过，自1999年10月1日起施行）

（2）《中华人民共和国民法通则》（第六届全国人民代表大会第四次会议于1986年4月12日通过，自1987年1月1日起施行）

（3）《中华人民共和国担保法》（第八届全国人民代表大会常务委员会第十四次会议于1995年6月30日通过，自1995年10月1日起施行）

（4）《中华人民共和国物权法》（中华人民共和国第十届全国人民代表大会第五次会议于2007年3月16日通过，自2007年10月1日起施行）

2. 实训目标

《合同法》的规定是我们在生活、工作中适用频率最高的规范。本章的实际训练着重让学生扎实地掌握合同条款的拟写、合同的履行规则、违约责任承担等内容。

3. 组织实施

（1）模拟训练合同基本条款的拟写；

（2）安排学生模拟训练合同订立的流程。

4. 操作提示

着重让学生完整、深入理解合同成立的要件，正确判断合同成立与否，进而准确判断违约责任构成及责任承担的内容。

5. 成果检测

采用课堂测验的形式，选择几个代表性案例让学生自己分析，教师通过评阅成绩来评估学生掌握的情况，从中发现问题和薄弱环节以便针对性地讲解和补习。

教学建议

（1）分小组搜集、讨论典型案例，课堂交流。

（2）选择典型案例重点分析、讲解合同成立条件和违约责任构成问题。

（3）提示学生，行政合同以及与人身关系密切联系的民事合同不适用本章讲的《合同法》，如劳动合同、婚姻协议、收养协议、遗赠抚养协议等。

复习思考题

1. 简述要约和承诺的内涵、有效要件及其法律效力。

2. 简述合同没有约定或者约定不明确时合同履行的规则。

3. 简述无效合同和可变更、可撤销合同的法定情形。

4. 简述债权人代位权、撤销权的成立要件和行使方式。

5. 违约责任的承担方式有哪些方面？

第5章 产品质量与消费者权益保护法律制度

能力目标

（1）通过对本章的学习，能够正确识别生产者和销售者在产品质量方面的法律义务和法律责任。

（2）能够完整地掌握经营者的义务和消费者的权利，并能够结合实际分析、处理消费者权益保护问题。

任务分析

（1）了解产品质量法的调整对象、立法宗旨与原则，掌握产品质量监督管理制度的基本内容；掌握产品生产者与销售者的产品质量责任和义务；掌握经营者产品质量的民事法律责任。

（2）了解消费者权益保护法的调整对象与适用范围，掌握消费者的基本权利和经营者的基本义务；掌握消费者争议解决的途径和消费者权益保护的法律责任。

引导案例

2008年7月6日晚8时许，李某在上海某店购物付款后，由于该店收银员的疏忽，未将李某所购物品消磁，以致李某在离店时该店电子报警装置铃声大作。该店保安人员随即将李某的包及计算机结账单拿到结账处检查。值班经理在未查明事实的情况下，将李某拉至办公室，结果造成群众围观、误解。在该店办公室，李某被滞留近两个小时，身心受到严重伤害，连夜到附近第六人民医院就诊。

根据《消费者权益保护法》第11条规定，消费者因购买、使用商品或者接受服务受到人身、财产损害的，享有依法获得赔偿的权利。于是，李某与该店交涉，第三方也多次主持调解，终未达成调解协议。李某就一纸诉状将此事提交法院审理，状告该店侵犯其合法权利。

请你思考：该店侵犯了李某什么权利？应当承担怎样的法律责任？

5.1 产品质量法

5.1.1 产品质量法调整对象

产品质量法是调整在生产、流通和消费过程中因产品质量所发生的经济关系的法律规范的总称。《中华人民共和国产品质量法》于1993年2月通过，2000年7月第九届全国人民代表大会常务委员会第十六次会议修正。所谓产品是指经过加工、制作，用于销售的产品。所谓质量是指产品和服务满足规定或潜在需要的特征和特性的总和。

1. 产品质量法的调整对象

产品质量法的调整对象包括两个方面。第一，产品质量监督管理关系。这一关系是发生在行政机关在履行产品监督管理职能的过程中与生产经营者之间的关系，是管理、监督与被管理、被监督的关系。第二，产品质量责任关系。这一关系是发生在生产经营者与消费者，用户及其相关第三人之间的、因产品质量问题引发的损害赔偿责任关系，是在商品交易关系中发生的平等主体间的经济关系。

2. 产品质量法原则

产品质量法的宗旨是加强对产品质量的监督管理，明确产品质量责任，保护用户、消费者的合法权益，维护社会经济秩序。我国产品质量法的基本原则包括如下几个方面。

（1）加强产品质量监督管理原则。国务院产品质量监督部门主管全国产品质量监督工作。国务院有关部门在各自的职责范围内负责产品质量监督工作。县级以上地方产品质量监督部门主管本行政区域内的产品质量监督工作。县级以上地方人民政府有关部门在各自的职责范围内负责产品质量监督工作。

（2）保护用户、消费者合法权益原则。保护用户和消费者合法权益是产品质量法的重要目标和功能，因为任何产品最终都是为消费者服务的。只有高质量的产品，才能保障消费者的需求，才是消费者企盼和满意的，这也是产品质量法的落脚点。因此，《产品质量法》第5条规定，禁止伪造或者冒用认证等质量标志；禁止伪造产品的产地，伪造或者冒用他人的厂名、厂址；禁止在生产、销售的产品中掺杂、掺假，以假充真，以次充好。劣质产品给消费者和用户带来的更多是损害。

（3）贯彻奖优罚劣原则。各级人民政府工作人员和其他国家机关工作人员不得滥用职权、玩忽职守或者徇私舞弊，包庇、放纵本地区、本系统发生的产品生产、销售中违反产品质量法规定的行为，或者阻挠、干预依法对产品生产、销售中违反产品质量法规定的行为进行查处。各级地方人民政府和其他国家机关有包庇、放纵产品生产、销售中违反《产品质量法》规定的行为的，依法追究其主要负责人的法律责任。任何单位和个人有权对违反规定的行为，向产品质量监督部门或者其他有关部门检举。产品质量监督部门和有关部门应当为检举人保密，并按照省、自治区、直辖市人民政府的规定给予奖励。

（4）严格产品质量责任原则。《产品质量法》第3条规定，生产者、销售者应当建立、健全内部产品质量管理制度，严格实施岗位质量规范、质量责任以及相应的考核办法。

3. 产品质量监督

（1）国家监督。国家监督是指国家对产品质量以抽查为主要方式的监督检查制度，重点检查实行生产许可证管理的产品、影响国计民生的重要工业产品以及用户、消费者和有关组织反映有严重质量问题的产品。

（2）舆论监督和社会团体的监督。报刊、广播、电视等社会舆论单位，有权按照国家的有关规定，运用新闻媒介、对产品质量进行的监督，这就是我们通常所说的舆论监督。所谓社会团体监督，主要是指消费者协会和其他消费者组织依法对产品质量所进行的社会监督。

（3）消费者、用户的监督。《消费者权益保护法》规定，消费者有获得商品和服务安全、卫生的权利；有对商品和服务提出意见的权利；有权监督商品和服务价格、质量。消费者、用户有权就产品质量问题，向产品的生产者、销售者查询；有权向产品质量监督管理部门、工商行政管理部门和其他有关行政部门或消费者协会等反映或申诉，而相关部门和组织必须负责处理。

5.1.2 产品质量监督管理

1. 产品质量检验制度

《产品质量法》第19条规定，产品质量应当经检验机构检验合格，检验机构必须具备相应的检测条件和能力，并经有关部门考核合格后，方可承担检验工作。未经检验的产品视为不合格产品。产品质量检验机构是指专门承担产品质量检验工作的法定技术机构。产品质量检验机构分为两类：一类是依法设置的县级以上政府技术监督部门所属的产品质量检验所；另一类是经授权依法从事产品质量检验的机构。

产品质量检验机构必须依法按照有关标准，客观、公正地出具检验结果。国家对产品质量实行以抽查为主要方式的监督检查制度。对可能危及人体健康和人身、财产安全的产品，影响国计民生的重要工业产品以及消费者、有关组织反映有质量问题的产品进行抽查。抽查的样品应当在市场上或者企业成品仓库内的待销产品中随机抽取。监督抽查工作由国务院产品质量监督部门规划和组织。县级以上地方产品质量监督部门在本行政区域内也可以组织监督抽查。

2. 企业质量体系认证制度

企业质量体系认证制度是指认证机构根据企业申请，对企业的产品质量保证能力和质量管理水平进行综合性评审，并对合格者颁发认证证书的活动。《产品质量法》第14条规定，国家根据国际通用的质量管理标准，推行企业质量体系认证制度。其主要内容包括根据自愿原则，企业可以申请质量体系认证；接受企业的认证申请的部门是国务院产品质量监督管理部门或国务院产品质量监督管理部门授权的部门认可的认证机构。对企业提出的认证申请，经认证合格的，由认证机构颁发质量体系认证证书。我国企业质量体系认证的依据是国际通用的质量管理标准，即国际标准化组织（ISO）推荐各国采用的ISO 9000《质量管理和质量保证》系列标准。

3. 产品质量标准制度

《产品质量法》第13条规定，可能危及人体健康和人身、财产安全的工业产品，必须符合保障人体健康，人身、财产安全的国家标准、行业标准；未制定国家标准、行业标准

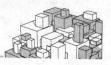

的，必须符合保障人体健康，人身、财产安全的要求。我国现行的标准形式分国家标准、行业标准、地方标准和企业标准。

4. 商品质量认证制度

《产品质量法》第14条第2款规定，国家参照国际先进的产品标准和技术要求，推行产品质量认证制度。企业根据自愿原则可以向国务院产品质量监督部门认可的或者国务院产品质量监督部门授权的部门认可的认证机构申请产品质量认证。经认证合格的，由认证机构颁发产品质量认证证书，准许企业在产品或者其包装上使用产品质量认证标志。

5. 工业品生产许可证制度

工业产品生产许可证制度是政府为了加强产品质量管理，保证重要产品质量，依据国家的有关法规、规章，对影响国计民生、危及人体健康和人身财产安全的重要工业产品实施的一项质量监控制度。政府根据国民经济发展的需要，确定实施生产许可证管理的产品目录，制定每类产品的质量安全监督管理办法，规定质量标准、安全技术规范、质量保证体系和生产必备条件等要求，并组织有关部门予以实施，以达到贯彻国家质量政策，保证产品质量，保护消费者权益的目的。

（1）工业产品生产许可证的管理对象

工业产品生产许可证制度管理的对象是指生产列入目录的重要工业产品的企业。实行工业产品生产许可证制度管理的产品范围包括如下。①乳制品、肉制品、饮料、米、面、食用油、酒类等直接关系人体健康的加工食品。②电热毯、压力锅、燃气热水器等可能危及人身、财产安全的产品。③税控收款机、防伪验钞仪、卫星电视广播地面接收设备、无线广播电视发射设备等关系金融安全和通信质量安全的产品。④安全网、安全帽、建筑扣件等保障劳动安全的产品。⑤电力铁塔、桥梁支座、铁路工业产品、水工金属结构、危险化学品及其包装物、容器等影响生产安全、公共安全的产品。⑥法律、行政法规规定的其他产品。国家实施工业产品生产许可证制度的工业产品目录由国务院工业产品生产许可证主管部门会同国务院有关部门制定，报国务院批准后向社会公布。

（2）企业办理生产许可证的程序

① 申请。根据工业产品生产许可证发证产品目录，企业向所在省（自治区、直辖市）质量技术监督局申请，填写统一的申请书。根据财政部门有关规定由各省（自治区、直辖市）质量技术监督局代收审查费和公告费。省（自治区、直辖市）质量技术监督局受理企业申请后，根据产品实施细则的规定，由审查部或省（自治区、直辖市）质量技术监督局对企业进行生产条件审查和产品抽封样。

② 审查。产品审查部或各省（自治区、直辖市）质量技术监督局对申请取证企业进行工厂条件审查，主要审查企业连续稳定生产合格产品的必备条件和质量保证能力，以确认它是否符合发证产品实施细则的要求。根据产品实施细则的规定，企业必须具备必要的生产设备和检测设备，必须具有完善的质量保证体系。

③ 产品质量检验。在审查组进行工厂生产条件审查的同时，按照产品实施细则的要求抽封样品，由企业送国家质检总局批准的产品质量检验机构进行检验。产品质量检验机构根据规定进行检验，并出具合法的产品质量检验报告。

④ 审核发证。企业工厂生产条件和产品质量检验完成后，由产品审查部或省（自治区、直辖市）质量技术监督局将符合发证要求的企业的申请书、生产条件审查报告、产品质量检验报告等相关材料汇总报国家质检部门审核，由国家质检部门颁发证书并向社会公告。

（3）生产许可证书和生产许可证标志

① 许可证证书。许可证证书分为正本和副本。许可证证书格式由国务院工业产品生产许可证主管部门规定。获证企业名称发生变化的，企业应当及时向企业所在地的省、自治区、直辖市工业产品生产许可证主管部门提出申请，办理变更手续。获证企业必须在其产品或者包装、说明书上标注生产许可证标志和编号。销售和在经营活动中使用列入目录产品的企业，应当查验产品的生产许可证标志和编号。任何单位和个人不得伪造、变造许可证证书、生产许可证标志和编号。取得生产许可证的企业不得出租、出借或者以其他形式转让许可证证书和生产许可证标志。

② 生产许可证标志。生产许可证标志主色调为蓝色，字母"Q"与"质量安全"四个中文字样为蓝色，字母"S"为白色。加贴（印）有"QS"标志的产品，即意味着该产品符合质量安全的基本要求。生产许可证编号由大写汉语拼音XK加十位阿拉伯数字组成：XK××-×××-×××××。其中XK代表"许可"，前两位××代表行业编号，中间三位×××代表产品编号，后五位×××××代表企业生产许可证编号。

6. 计量制度

计量是指以技术和法制手段保证量值准确可靠、单位统一的测量。广义的理解是指有关测量知识的整个领域。计量在历史上称为"度量衡"。随着生产和科学技术的发展，现代计量已远远超出"度量衡"的范围，现有长度、热学、力学、电磁学、无线电、时间频率、电离辐射、光学、声学、化学等。计量涉及工农业生产、国防建设、科学试验、国内外贸易、人民生活等各方面，是国民经济的一项重要的技术基础。

（1）计量单位

《计量法》第3条规定，国家采用国际单位制。国际单位制计量单位和国家选定的其他计量单位，为国家法定计量单位。"国际单位制"的符号代码是"SI"。目前国际单位制的基本单位为米、千克、秒、安培、开尔文、摩尔和坎德拉；两个辅助单位是弧度和球面度。

（2）计量器具

计量器具是指能用以直接或间接测出被测对象量值的装置、仪器仪表、量具和用于统一量值的标准物质。计量器具广泛应用于生产、科研领域和人民生活等各方面，在整个计量立法中处于相当重要的地位。因为全国量值的统一，首先反映在计量器具的准确一致上，计量器具不仅是监督管理的主要对象，而且是计量部门提供计量保证的技术基础。

按结构特点分类，计量器具可以分为以下三个类别。

① 量具，即用固定形式复现量值的计量器具，如量块、标准电池、标准电阻、竹木直尺、线纹米尺等。

② 计量仪器仪表，即将被测量的量转换成可直接观测的指标值等效信息的计量器具，

如压力表、流量计、温度计、电流表、心脑电图仪等。

③ 计量装置，即为了确定被测量值所必需的计量器具和辅助设备的总体组合，如里程计价表检定装置、高频微波功率计校准装置等。

按计量学用途分类，计量器具也可以分计量基准器具、计量标准器具、工作计量器具。

① 计量基准器具就是在特定领域内具有当代最高计量特性，其值不必参考相同量的其他标准。而被指定的或普遍承认的测量标准经国际协议公认在国际上作为给定量的其他所有标准定值依据的标准称为国际基准，经国家正式确认在国内作为给定量的其他所有标准定值依据的标准称为国家基准。

② 计量标准器具简称计量标准，是指准确度低于计量基准，用于检定其他计量标准或工作计量器具的计量器具，包括社会公用计量标准、部门计量标准和企事业单位计量标准。

③ 普通工作计量器具是指一般日常工作中所用的计量器具。

（3）计量检定

《计量法》规定县级以上人民政府计量行政部门对社会公用计量标准器具，部门和企业、事业单位使用的最高计量标准器具，以及用于贸易结算、安全保护、医疗卫生、环境监测方面的列入强制检定目录的工作计量器具，实行强制检定。未按照规定申请检定或者检定不合格的，不得使用。实行强制检定的工作计量器具的目录和管理办法，由国务院制定。对前述规定以外的其他计量标准器具和工作计量器具，使用单位应当自行定期检定或者送其他计量检定机构检定，县级以上人民政府计量行政部门应当进行监督检查。

计量检定必须按照国家计量检定系统表进行。国家计量检定系统表由国务院计量行政部门制定。计量检定必须执行计量检定规程。国家计量检定规程由国务院计量行政部门制定。没有国家计量检定规程的，由国务院有关主管部门和省、自治区、直辖市人民政府计量行政部门分别制定部门计量检定规程和地方计量检定规程，并向国务院计量行政部门备案。计量检定工作应当按照经济合理的原则，就地就近进行。

5.1.3　生产者和销售者的义务

1. 生产者的义务

（1）生产者对其产品质量的责任和义务

① 生产者应当使其生产的产品达到以下质量要求，即不存在危及人身、财产安全的不合理危险，有保障人身健康的人身、财产安全的国家标准、行业标准的，应符合该标准。生产者应当保证所生产的产品内在质量符合法定要求。

② 除了对产品存在使用性能的瑕疵作出说明以外，产品质量应当具备基本的使用性能。

③ 产品的实际质量应符合在产品或包装上注明采用的产品标准，并符合以产品说明、实物样品等方式表明的质量状况。

（2）生产者对其产品标识的责任和义务

所谓产品标识是指用于识别产品及其特征、特性所做的有关表示的统称。产品标识可以用文字、符号、标志、标记、数字、图案等表示。产品标识由生产者提供，其主要作用是表明产品的有关信息，帮助消费者了解产品的质量状况和其他有关情况，说明产品的正确使用、保养方法，指导消费。生产者的产品或者其包装上的标识必须真实，并要符合法

定要求。依照法律规定，除裸装的食品和其他根据产品的特点难以附加标识之外，其他任何产品均要在产品或其包装上附加标识，并且标识应当符合下列要求。

① 有产品质量检验合格证明。

② 有中文标明的产品名称、生产厂厂名和厂址。

③ 根据产品的特点和使用要求，需要标明产品规格、等级、所含主要成分的名称和含量的，用中文相应予以标明；需要事先让消费者知晓的，应当在外包装上标明，或者预先向消费者提供有关资料。

④ 限期使用的产品，应当在显著位置清晰地标明生产日期和安全使用期或者失效日期。

⑤ 使用不当，容易造成产品本身损坏或者可能危及人身、财产安全的产品，应当有警示标志或者中文警示说明。

（3）生产者对其产品包装的责任和义务

产品包装应符合法律规定的要求。《产品质量法》第28条规定，剧毒、危险、易碎、储运中不能倒置以及有其他特殊要求的产品，其包装必须符合相应要求，有警示标志或中文警示说明，以标明储藏运输的注意事项。

（4）生产者的不作为义务

根据《产品质量法》的规定，生产者应当履行下列的不作为义务，主要表现在以下方面。

① 生产者不得生产国家明令淘汰的产品。国家明令淘汰的产品是指国务院或国务院有关部门依其行政职权，通过颁发行政文件的形式，向社会公开宣布淘汰的某项产品或产品的某个型号，以实现其宏观管理的职能。国家淘汰的产品多是性能落后、耗能高、效用小、环境污染较大、毒副反应大，对人体健康或人身、财产安全和动植物安全危害较大的产品。

② 生产者不得伪造产地，不得伪造或冒用他人的厂名、厂址。产品的产地同产品的构成元素、产品的质量以及产品的信誉息息相关，即使是同一类产品，由于其产地的不同，也会造成产品质量的极大差异，如红酒、瓷器等。伪造产品的产地一方面损害了此种产品的信誉，同时也构成了对消费者的欺骗，因此法律禁止生产者伪造产地或者冒用他人的厂名、厂址。

③ 生产者不得伪造或冒用认证标志、名优标志等质量标志。所谓"伪造"是指摹仿国家质量认证机关颁发的质量认证标志的样式、图案进行非法制作的行为。所谓"假冒"，是指未经质量标志所有人许可，擅自盗用他人的质量认证标志的行为。产品的质量标志是证明产品符合政府规定的质量标准的一种标志，其标志能证明产品符合规定或潜在需要的特征和特性的总和。目前我国质量标志主要有认证标志和名优标志两种。认证标志是指产品的提供者将自己的产品提供给相关国家机关或者国家权威机构认可的机构，通过一定的程序进行检测和评定，认为达到规定标准的证明。名优标志是指经一定的行政机关或国内、国际的有关组织评选，认为产品质量达到了一定的要求，从而授予企业使用的证明产品质量优良的荣誉标记。

④ 生产者生产产品，不得掺杂、掺假，不得以次充好，不得以不合格产品冒充合格产品。产品生产者不得以营利为目的，故意在所生产的产品中掺入杂质或者造假，进行欺

骗性商业活动，使产品中有关物质的含量不符合国家有关法律、法规、标准或合同中的规定。生产者也不得以假充真、以次充好。

2. 销售者的义务

（1）建立并执行进货检查验收制度。销售者的进货检查验收制度是指销售者根据国家有关规定、内部的质量管理制度，以及同生产者或其他供货者之间订立的合同的约定，对购进的产品质量进行检查，对符合法律规定或合同约定要求的予以验收的制度。

按照《产品质量法》的规定，销售者进货检查验收制度的内容主要如下。①验明产品合格证明。产品合格证明，包括产品合格证、合格印章等，是生产者出具的证明出厂产品的质量经过检验，符合相应要求的标志。销售者在对进货产品进行检验时，首先应当检验产品的合格证明，如果产品没有合格证明，销售者应拒收。②验明产品的其他标识，包括检查购进产品的名称、生产厂名、厂址，产品的规格、等级、所含主要成分、生产日期、安全使用期、失效日期、警示标志、中文说明等是否符合《产品质量法》的要求。对于标识不符合法律规定要求的产品，销售者应当拒绝进货。③销售者除了验明产品合格证明和其他标识以外，如果对进货产品的内在质量发生怀疑或者为了确保大宗货物的质量可靠，也可以对内在质量进行检验，或者委托依法设立的产品质量检验机构进行检验。

（2）采取积极主动措施，保证销售产品的质量。采取必要和适当的分类、防潮、通风、防晒、防霉变以及对特殊产品的温度控制等保管、维护措施，保证销售产品的质量。

（3）销售者不得销售国家明令淘汰并停止销售的产品和失效、变质产品。失效是指产品失去了本来应当具有的使用功能或效力。变质是指产品内在质量发生了本质性的物理、化学变化，失去了产品应当具备的使用价值。失效、变质的产品，由于其功能、效力、作用等皆已丧失或大部分已丧失，已经不具备应有的安全性、适用性等必要的性能，还容易对人体健康造成危害。此外，销售者也不得掺杂、掺假、不得以假充真、以次充好；不得以不合格产品冒充合格产品。

（4）销售者销售的产品标识应当符合法律规定。根据不同产品的特点和使用要求，产品标识可以标注在产品上，也可以标注在产品包装上。产品标识指示不当或者故意作出欺骗性标示，将会对消费者产生误导，损害消费者的利益；对涉及人体健康和人身、财产安全的产品标识不当，还可能造成危及人身、财产安全的严重后果。因此，销售者应当依法保证产品标识符合规定的要求。

根据《产品质量法》的规定，销售者销售的产品标识应当符合下列要求。①有产品质量检验合格证明。②有中文标明的产品名称、生产厂厂名、厂址。③有用中文注明的产品特点和使用要求。④需要事先告知消费者的，应预先提供资料。⑤标有生产日期、安全使用期、失效期。⑥有警示标志、中文警示说明。⑦有中文标明的储运注意事项。

（5）销售者不得伪造产地，不得冒用他人的厂名、厂址。产品名称是区别于此种产品与他种产品的文字标记。要求生产者应当以中文标明产品名称、厂名、厂址，有助于消费者识别产品及来源，根据自己的需要选择产品，在发生产品质量问题时，可以方便找到生产者，及时处理质量纠纷；同时也便于产品质量监督部门对产品质量状况进行监督。

（6）销售者不得伪造、冒用认证标志。认证标志是指在产品或其包装上使用的，表明该产品的质量经过国家有关产品质量检验机构检测、认证，符合有关法律和技术要求，能使用的标志。伪造或者冒用认证标志，会严重损害消费者的利益。

5.1.4 产品质量法律责任

产品质量法律责任是指生产者、销售者以及对产品质量负有直接责任的人违反产品质量义务所应承担的法律后果，包括民事法律责任、行政法律责任和刑事法律责任，体现了综合责任的特点。

1. 民事法律责任

产品质量民事法律责任包括违约责任和侵权责任。违约责任也称产品瑕疵担保责任是指销售者提供的产品违反合同约定，致使用户、消费者造成财产损害所应承担的民事责任。侵权责任是指生产者、销售者因产品存在缺陷而造成他人人身、缺陷产品以外的其他财产损害时所应承担的赔偿责任。

2. 行政法律责任

生产者、销售者违反产品质量义务，产品质量监督工作部门或工商行政管理部门可依法追究其行政责任。行政责任主要有责令改正、责令停止生产或销售、没收违法生产或销售的产品、没收违法所得、罚款、吊销营业执照等形式。

3. 刑事法律责任

生产者、销售者违反产品质量义务，情节严重，构成犯罪的，要承担刑事责任。我国《刑法》专门规定生产、销售伪劣商品罪及其刑事责任。主要涉及以下方面。在产品中掺杂、掺假，以假充真，以次充好，或以不合格产品冒充合格产品，销售金额在5万元以上；生产、销售假药、劣药，已经或足以严重危害人体健康；生产、销售不符合卫生标准的食品，足以造成严重食物中毒事故或其他严重食源性疾患；生产、销售掺入有毒、有害物质的食品；生产、销售不符合保障人体健康和保障人身、财产安全的国家标准、行业标准的医疗器械、医用卫生材料、电器、压力容器、易燃易爆产品等，造成严重危害后果的；生产、销售假农药、假兽药、假化肥、假种子，使农业生产遭受较大损失；生产、销售不符合卫生标准的化妆品，造成严重后果的。

5.2 消费者权益保护法

5.2.1 消费者权益保护法概述

1. 消费者

消费者是指为满足生活需求而购买、使用商品或接受服务的个人。消费者的特征有以下几个方面。

（1）消费性质为生活消费，是获取生活资料，满足自身生活消费需要的个人。

（2）消费的客体为商品和服务。商品就是用于交换的劳动产品。服务是指那些提供非实物产品为主的行业，服务业在我国被称为第三产业。

（3）消费活动表现为购买、使用商品和接受服务，即通过商品交换形式，获取生活消

费资料和接受生活消费服务。

（4）消费者主要指个人消费者。《消费者权益保护法》中所指的"消费者"原则上仅限于自然人，而不应当包括单位，单位因消费而购买商品或接受服务，应当受《合同法》调整。

2.《消费者权益保护法》

消费者权益保护法是调整国家、经营者和消费者三者之间在保护消费者权益的过程中发生的社会关系的法律规范的总称。消费者权益是指消费者依法享有的权利及该权利受到保护时而给消费者带来的应得利益。其核心是消费者的权利。狭义的《消费者权益保护法》是指1993年10月通过并公布的《中华人民共和国消费者权益保护法》，自1994年1月1日起施行。

5.2.2 消费者权利

1. 保障安全权

《消费者权益保护法》第7条规定，消费者在购买、使用商品和接受服务时享有人身、财产安全不受损害的权利。消费者有权要求经营者提供的商品和服务，符合保障人身、财产安全的要求。

保障安全权是消费者的第一权利。对于所有的消费者来说，在进行消费活动时，首先考虑的便是商品和服务的安全、卫生等因素。如果这方面存在问题，轻则使消费者产生某种疾病，或者身体某一部位受到伤害，重则造成财产毁损或者导致残疾甚至死亡。因此，商品和服务是否符合保障人身、财产安全的要求，是消费者最为关心的问题。

安全权包括两方面内容，一是人身安全权；二是财产安全权。人身安全权的范围，除生命健康权外，还包括姓名权、名誉权、荣誉权、肖像权等。《消费者权益保护法》所称的人身安全权，仅指生命健康权不受损害，因为只有生命健康，才存在是否安全的问题。具体来说，安全权是指消费者在购买、使用商品和接受服务时，享有保持身体各器官及其机能的完整以及生命不受危害的权利。至于财产安全权，同样受到法律的保护，如果消费者的财产安全得不到保障，消费者的生活就要受到一定程度的影响。《消费者权益保护法》所称的财产安全，并不仅仅是指消费者购买、使用的商品或接受的服务本身的安全，还包括除购买、使用的商品或接受的服务之外的其他财产的安全。

2. 知悉真情权

知悉真情权简称知情权。《消费者权益保护法》第8条规定，消费者享有知悉其购买、使用的商品或者接受的服务的真实情况的权利。消费者有权根据商品或者服务的不同情况，要求经营者提供商品的价格、产地、生产者、用途、性能、规格、等级、主要成分、生产日期、有效期限、检验合格证明、使用方法说明书、售后服务，或者服务的内容、规格、费用等有关情况。

对消费者来讲，知悉真情权是自己的一项重要权利。对经营者来说，提供给消费者有关商品的真实情况，则是自己应尽的义务。只有把商品的价格、性能、用途、规格、等级、主要成分告知消费者，才能保证消费者进行有效的选择，从而使消费者避免重复购买或所买非需，从而达到自己的购买目的。消费者了解到有关商品的产地、生产者、生产日期、有效期限、检验合格证明等真实情况后，也可以辨别经营者所提供商品的真伪，判断商品的优劣，从而防止上当受骗。

3. 自主选择权

《消费者权益保护法》第9条规定，消费者享有自主选择商品或者服务的权利。消费者有权自主选择提供商品或者服务的经营者，自主选择商品品种或者服务方式，自主决定购买或者不购买任何一种商品、接受或者不接受任何一项服务。消费者在自主选择商品或者服务时，有权进行比较、鉴别和挑选。

消费者的自由选择是消费者获得称心如意的商品和服务的基本保证。消费者在购买商品或者接受服务时，选择商品和服务的行为必须是自愿的，不必以经营者的意愿为自己的意志，主动权应牢牢掌握在自己的手中，有权要求经营者介绍有关商品或服务的知识，以便作出购买商品或接受服务的决定。同时，消费者自主选择商品和服务的行为必须是合法的，必须在法律允许的范围内运用自主选择权，而不能把自主选择权建立在侵害国家、集体和他人的合法权益之上。此外，自主选择权通常只能限定在购买商品或者接受服务的范围内，不能扩大到使用商品上。

4. 公平交易权

《消费者权益保护法》第10条规定，消费者享有公平交易的权利。消费者在购买商品或者接受服务时，有权获得质量保障、价格合理、计量正确等公平交易条件，有权拒绝经营者的强制交易行为。

在消费法律关系中，消费者与经营者的法律地位平等，他们之间所产生的行为属市场交易行为，因而应当遵循市场交易的基本原则，即自愿、平等、公平、诚信的原则，从而保证公平交易的实现。客观地讲，消费者和经营者进行交易，都享有公平交易的权利，但从消费活动的全过程看，消费者购买商品或者接受服务时，往往由于多种因素的影响而处于弱势地位，因此更需要突出强调其公平交易权，以便从法律上给予特别保护。在市场交易中，经营者如果违背自愿、平等、公平、诚实信用的原则进行交易，就侵犯了消费者的公平交易权。

5. 依法求偿权

《消费者权益保护法》第11条规定，消费者因购买、使用商品或者接受服务而受到人身、财产损害的，依法享有获得赔偿的权利。消费者受到人身、财产损害的情形，包括以下三种情况。一是在购买商品的过程中发生的。二是在使用商品的过程中发生的。三是在接受服务的过程中发生的。

6. 依法结社权

《消费者权益保护法》第12条规定，消费者享有依法成立维护自身合法权益的社会团体的权利。赋予消费者以结社权，使消费者通过有组织的活动，维护自身合法权益，是非常必要而且有效的，也是国家鼓励全社会共同保护消费者合法权益的体现。

7. 求教获知权

求教获知权也称受教育权。《消费者权益保护法》第13条规定，消费者享有获得有关消

费和消费者权益保护方面的知识的权利。消费者应当努力掌握所需商品或者服务的知识和使用技能，正确使用商品，提高自我保护意识。只有在消费者掌握了充分的消费知识的情况下，他们才能正确地使用商品、接受服务，防止损害事件的发生。消费者受教育权作为一项权利，它首先意味着消费者可以通过适当方式获得有关商业服务消费知识和消费者保护知识的要求是合理的，消费者可以以一定方式来实现这一要求。其次，作为一项权利，它还意味着政府、社会应当努力保证消费者能够接受这种教育。除督促经营者充分客观地披露有关商品、服务的信息外，还必须通过各种措施促进有关知识及时传播，保障消费者受教育的权利能够实现。

8. 维护尊严权

《消费者权益保护法》第14条规定，消费者在购买、使用商品和接受服务时，享有其人格尊严、民族风俗习惯得到尊重的权利。人格尊严是消费者的人身权的重要组成部分，包括姓名权、名誉权、荣誉权、肖像权等。

9. 监督批评权

《消费者权益保护法》第15条规定，消费者享有对商品和服务以及保护消费者权益工作进行监督的权利。消费者有权检举、控告侵害消费者权益的行为和国家机关及其工作人员在保护消费者权益工作中的违法失职行为，有权对保护消费者权益工作提出批评、建议。通过消费者的监督，可以促使经营者提高商品和服务质量以及经营水平，促使从事保护消费者权益的国家机关及其工作人员改进工作作风，全心全意为消费者服务。

5.2.3 经营者义务

1. 依法定或约定履行的义务

《消费者权益保护法》第16条规定，经营者向消费者提供商品或者服务，应当依照《中华人民共和国产品质量法》和其他有关法律、法规的规定履行义务。经营者和消费者有约定的，应当按照约定履行义务，但双方的约定不得违背法律、法规的规定。

2. 听取意见和接受监督的义务

《消费者权益保护法》第18条规定，经营者应当保证其提供的商品或者服务符合保障人身、财产安全的要求。对可能危及人身、财产安全的商品和服务，应当向消费者作出真实的说明和明确的警示，并说明和标明正确使用商品或者接受服务的方法以及防止危害发生的方法。经营者发现其提供的商品或者服务存在严重缺陷，即使正确使用商品或者接受服务仍然可能对人身、财产安全造成危害的，应当立即向有关行政部门报告和告知消费者，并采取防止危害发生的措施。

3. 保障人身、财产安全的义务

《消费者权益保护法》第25条规定，经营者不得对消费者进行侮辱、诽谤，不得搜查消费者的身体及其携带的物品，不得侵犯消费者的人身自由。具体来讲，经营者应当做到以下几点。

（1）尊重消费者的尊严和信仰，不得采用谩骂、讽刺、造谣、挑衅、威胁等手段侮

辱、诽谤消费者。

（2）维护消费者的财产权，不得搜查消费者随身携带的物品。

（3）维护消费者的人身自由权，不得搜查消费者的身体，不得限制消费者的人身自由，不得侵犯消费者的人身健康和安全。

4. 不作虚假宣传的义务

《消费者权益保护法》第19条规定，经营者应当向消费者提供有关商品或者服务的真实信息，不得作引人误解的虚假宣传。经营者对消费者就其提供的商品或者服务的质量和使用方法等问题提出的询问，应当作为真实、明确的答复。《消费者权益保护法》第20条规定，经营者应当标明其真实名称和标记。租赁他人柜台或者场地的经营者，也应当标明其真实名称和标记。

5. 出具相应的凭证和单据的义务

《消费者权益保护法》第21条规定，经营者提供商品或者服务，应当按照国家有关规定或者商业惯例向消费者出具购货凭证或者服务单据；消费者索要购货凭证或者服务单据的，经营者必须出具。众所周知，除了一些有特殊商业习惯，或者小额的零售业，经营者可以不提供发票或其他购物凭证外，其他的都应当提供。如果消费者主动索取，则经营者必须提供。

6. 提供符合要求的商品或服务的义务

《消费者权益保护法》第22条规定，经营者应当保证在正常使用商品或者接受服务的情况下其提供的商品或者服务应当具有的质量、性能、用途和有效期限；但消费者在购买该商品或者接受该服务前已经知道其存在瑕疵的除外。经营者以广告、产品说明、实物样品或者其他方式表明商品或者服务的质量状况的，应当保证其提供的商品或者服务的实际质量与表明的质量状况相符。

《消费者权益保护法》第23条规定，经营者提供商品或者服务，按照国家规定或者与消费者的约定，承担包修、包换、包退或者其他责任的，应当按照国家规定或者约定履行，不得故意拖延或者无理拒绝。

7. 不得从事不公平、不合理的交易的义务

《消费者权益保护法》第24条规定，经营者不得以格式合同、通知、声明、店堂告示等方式作出对消费者不公平、不合理的规定，或者减轻、免除其损害消费者合法权益应当承担的民事责任。格式合同、通知、声明、店堂告示等含有前述所列内容的，其内容无效。经营者的公平交易义务的主要内容包括以下方面。

（1）交易行为的发生是在合理的条件下进行的。所谓合理条件是指经营者不得有强制性的或者歧视性的交易行为；同时在商品的质量担保、公正的价格和准确、真实的计量条件下从事交易。

（2）交易的结果可以达到消费者预期的目的。所谓预期的目的，是指消费者的消费欲望变成现实，并且是可以接受的公平的交易中使其付出的货币换取等价的商品或者服务。

（3）公平交易是交易双方协作完成的。所谓协作完成，是指交易双方在交易中都以诚

实可信的态度对待对方，并且都获得了不同目的的结果。

8. 不得侵犯消费者的人身权的义务

《消费者权益保护法》是为了消费者的利益而制定的法律，消费者权益保护法的实施关系到一个消费者的利益。因此，保证《消费者权益保护法》能够得以遵守和执行，不仅是国家的重要职责，也是消费者自己的重要任务。消费者是广泛的社会力量，每一个人都可能成为消费者，并且，消费者权益保护工作进行得好坏与每一个消费者都有一定的利害关系，他们对自己的利益最关心，因而，必然会发挥最有效的监督作用。《消费者权益保护法》第17条规定，经营者应当听取消费者对其提供的商品或者服务的意见，接受消费者的监督。

5.2.4 消费者协会

消费者协会是依法成立的对商品和服务进行社会监督的保护消费者合法权益的社会团体。1984年12月26日，中国消费者协会在北京全国政协礼堂举行成立庆祝大会，正式宣告中国消费者协会成立。1985年1月，国务院正式发文批准同意中国消费者协会成立。根据《消费者权益保护法》第32条规定，消费者协会履行下列几方面职能。

（1）向消费者提供消费信息和咨询服务。

（2）参与有关行政部门对商品和服务的监督、检查。

（3）就有关消费者合法权益的问题，向有关行政部门反映、查询，提出建议。

（4）受理消费者的投诉，并对投诉事项进行调查、调解。

（5）投诉事项涉及商品和服务质量问题的，可以提请鉴定部门鉴定，鉴定部门应当告知鉴定结论。

（6）就损害消费者合法权益的行为，支持受损害的消费者提起诉讼。

（7）对损害消费者合法权益的行为，通过大众传播媒介予以揭露、批评。

《消费者权益保护法》还规定，消费者组织不得从事商品经营和营利性服务，不得以牟利为目的向社会推荐商品和服务。各级人民政府对消费者协会履行职能应当予以支持。

5.2.5 消费者权益争议解决途径

根据《消费者权益保护法》第34条规定，消费者和经营者发生消费者权益争议的，可以通过下列途径解决。

1. 与经营者协商和解

协商和解是指消费者与经营者双方在平等自愿的基础上，互相交换意见，协商解决争议。这种方式具有速度快、履行率高等特点。如果经营者讲信誉，讲质量，或者纠纷的标的额比较小，用这种方法解决比较快，结果也比较圆满。目前许多经营单位都建立并制定了为消费者服务的机构和规章制度，越来越重视对消费者权益的保护，协商和解这种方式将使用得越来越普遍。但是这种方式有一个缺点就是缺少强制性的约束，究竟经营者承担责任与否完全出于自愿，如果经营者无视法律的规定，就容易发生推诿、应付的情况。

2. 请求消费者协会调解

消费者协会是专门保护消费者利益的群众性组织。消费者协会在进行调解的过程中必须遵守两项原则，一是自愿；二是合法。消费者协会进行调解的过程如下所述：①消费者的投诉。消费者在购买、使用商品或者接受服务时其权益受到侵害的，可以写信或当面递交材料，向消费者协会投诉。投诉的材料要详细说明有关情况，留下联系地址。②消费者协会要求经营者处理、答复。消费者协会收到投诉信后，根据投诉反映的问题将投诉信转交被投诉的经营者，要求他们作出处理和答复。③组织调解。在消费者协会了解情况后，如果双方都愿意调解，消费者协会就可以主持调解。在调解达成协议后如果一方当事人反悔，或者经营者不履行协议，消费者就需要采取别的解决方式。

3. 向有关行政部门申诉

消费者与经营者发生争议后，在与经营者协商得不到解决时，可直接向有关行政部门申诉，这种方式具有高效、快捷、力度强等特点。

我国没有专门的从事消费者权益保护工作的政府机构，但是许多部门实际上履行着保护消费者合法权益的职能。保护消费者的行政机关主要有工商、物价、技术、监督、商检、医药、卫生、食品监督等机关。消费者在向有关行政部门申诉时，应依照商品和服务的性质向相关职能的部门投诉，不能向其他行政机关申诉。如消费者买到变质的食品，就应当向食品卫生监督机关进行申诉。相关部门在接到申诉材料后，应当迅速进行调查，对经营者的违法行为，除责令其赔偿有关的消费者外，还要给予相应的行政处罚。

4. 提请仲裁机构仲裁

仲裁是指各方当事人根据已达成的仲裁协议，将案件提交有关仲裁机构进行裁决的活动。仲裁具有以下特点。

（1）自愿性，即是否提交仲裁完全取决于当事人的意思，当事人将争议提交仲裁机构时要有书面达成的仲裁协议。如果没有仲裁协议，仲裁机关不受理案件。

（2）自主性。当事人在仲裁协议中，可以自主选择所提交的仲裁机构，双方可以各指定1名仲裁员，另外1名仲裁员由仲裁委员会主任指定。

（3）终局性。当事人在仲裁庭的主持下先进行调解，如果调解后达成协议，则仲裁程序结束，如果调解后达不成协议，则由仲裁机构作出裁决，仲裁机构的调解协议和裁决书具有终局效力，当事人必须履行。否则，另外一方当事人可向人民法院提出申请，要求强制执行仲裁机构的裁决。仲裁有其特殊性，既具有强制性的一面，又兼有司法和行政的双重性质。

5. 向人民法院提起诉讼

向法院诉讼是解决消费争议的司法手段。在消费者向人民法院起诉后，人民法院代表国家对案件行使审判权，依法对消费纠纷案件进行裁决，以解决双方当事人的争议，维护当事人的合法权益。根据最高人民法院《关于适用〈中华人民共和国民事诉讼法〉若干问题的意见》中关于"因产品质量不合格造成他人财产、人身损害提起的诉讼，产品制造地、产品销售地、侵权行为地和被告住所地的人民法院都有管辖权"的规定，受害的消费者在致害产品的生产者、销售者拒绝赔偿时，可以向产品制造地、产品销售地、侵权行为地和被告住所地的人民法院提起产品责任诉讼，要求赔偿损失。

5.2.6　损害消费者权益赔偿责任主体的确定

1. 由生产者、销售者、服务者承担

（1）消费者在购买、使用商品时，其合法权益受到损害的，可以向销售者要求赔偿。销售者赔偿后，属于生产者的责任或者属于向销售者提供商品的其他销售者的责任的，销售者有权向生产者或者其他销售者追偿。

（2）消费者或者其他受害人因商品缺陷造成人身、财产损害的，可以向销售者要求赔偿，也可以向生产者要求赔偿。属于生产者责任的，销售者赔偿后，有权向生产者追偿。属于销售者责任的，生产者赔偿后，有权向销售者追偿。

（3）消费者在接受服务时，其合法权益受到损害的，可以向服务者要求赔偿。

（4）消费者在展览会、租赁柜台购买商品或者接受服务，其合法权益受到损害的，可以向销售者或者服务者要求赔偿。展览会结束或者柜台租赁期满，也可以向展览会的举办者、柜台的出租者要求赔偿。展览会的举办者、柜台的出租者赔偿后，有权向销售者或者服务者追偿。

2. 由变更后的企业承担

消费者在购买、使用商品或者接受服务时，其合法权益受到损害，而原企业分立、合并的，可以由变更后承担其权利义务的企业赔偿。

3. 由营业执照的使用人或持有人承担

使用他人营业执照的违法经营者提供商品或者服务，损害消费者合法权益的，消费者可以向其要求赔偿，也可以向营业执照的持有人要求赔偿。

4. 由从事虚假广告行为的经营者和广告的经营者承担

《消费者权益保护法》第39条规定，消费者因经营者利用虚假广告提供商品或者服务，其合法权益受到损害的，可以向经营者要求赔偿。广告的经营者发布虚假广告的，消费者可以请求行政主管部门予以惩处。广告的经营者不得提供经营者的真实名称、地址的，应当承担赔偿责任。

📂 训练路径

1. 背景资料

（1）《中华人民共和国产品质量法》（1993年2月22日第七届全国人民代表大会常务委员会第三十次会议通过，2000年7月8日第九届全国人民代表大会常务委员会第十六次会议修正）

（2）《中华人民共和国消费者权益保护法》（第八届全国人民代表大会常务委员会第四次会议于1993年10月31日通过，自1994年1月1日起施行）

（3）《中华人民共和国标准化法》（1988年12月29日第七届全国人民代表大会常务委员会第五次会议通过，自1989年4月1日起施行）

（4）《中华人民共和国计量法》（1985年9月6日第六届全国人民代表大会常务委员会

第十二次会议通过，1986年7月1日起施行）

（5）《中华人民共和国广告法》（第八届全国人民代表大会常务委员会第十次会议于1994年10月27日通过，自1995年2月1日起施行）

2. 实训目标

通过本章的学习，着重掌握《产品质量法》规定的生产者和销售者的义务，掌握《消费者权益保护法》规定的消费者的权利和经营者的义务，尤其是对企业质量体系认证、产品质量认证等的流程、规则和技能要结合实践深入掌握。

3. 组织实施

（1）分小组搜集、讨论产品质量和消费者权益保护典型案例，让学生结合相关法律规定进行分析和交流。

（2）安排学生模拟企业质量体系认证的流程，模拟训练消费者争议的解决途径。

4. 操作提示

着重训练产品质量管理制度，如企业质量体系认证制度、产品质量认证制度、工业品生产许可制度、计量制度等，这些内容与企业实际工作关系紧密，具有较严谨的技能要求。

5. 成果检测

可以采用以形成性考核为主的相关形式，着重测评生产者和销售者的义务、消费者的权利。

教学建议

（1）围绕"3·15"消费者权益保护主题，组织学生搜集、观看诸如中央电视台"3·15晚会"等相关资料，强化消费者权益保护意识。

（2）结合"3C"、"QS"、"绿色食品"、"GMP"等内容，深入剖析国家产品质量管理制度。

（3）模拟训练产品包装与标识的设计，拟写消费者维权索赔的仲裁申请书、起诉状。

复习思考题

1. 关于国家产品质量监督检查制度的规定有哪些种类？

2. 《产品质量法》规定的生产者的产品质量义务有哪些方面？

3. 《产品质量法》规定的销售者的产品质量义务有哪些内容？

4. 《消费者权益保护法》规定了消费者的哪些权利？

5. 《消费者权益保护法》规定了消费者权益争议的哪几种解决途径？

第6章　竞争法律制度

能力目标

（1）能够正确理解、识别反不正当竞争法规定的不正当竞争行为的类别及其内涵，以便在实践中正确处理相关的社会关系。

（2）能够正确判断反垄断法中规定的垄断行为，熟悉垄断行为调查的程序与步骤。

任务分析

（1）了解反不正当竞争法的概念和调整对象，掌握反不正当竞争法规定的不正当竞争行为的类别及其表现形式；了解反不正当竞争法的法律责任。

（2）了解垄断的概念、特点及其危害，掌握反垄断法中规定的垄断行为的类别及其构成条件；掌握对涉嫌垄断行为的调查的程序与步骤；了解反垄断法的法律责任。

引导案例

1. 某旅游城市内有两家生产宾馆、招待所用的一次性塑料拖鞋的厂家，即长江旅游商品厂和曼顿旅游商品厂。两家厂的产品质量相差无几，生产能力也相当，竞争十分激烈。2008年5月，当地新开了一家四星级玫瑰苑宾馆。长江旅游商品厂和曼顿旅游商品厂都认为这将是它们的大客户，应想方设法让宾馆购买自己的产品。

6月的某天下午，玫瑰苑宾馆采购部的黄经理正在犹豫买哪家的一次性塑料拖鞋，恰巧碰到以前读大学时的同窗好友老陈来访。在交谈中，黄经理得知老陈现正在一家商品调剂中介公司工作，对宾馆用品采购十分熟悉。于是黄经理就请老陈为其决定购买哪家的产品。老陈和长江旅游商品厂的张经理是老邻居，因而向黄经理推荐长江旅游商品厂的产品，并表示愿意代劳与厂家联系。当天晚上，老陈找到张经理，告之白天向玫瑰苑宾馆推荐其产品的情况。张经理非常高兴，表示事成后要付给老陈中介费。很快，长江旅游商品厂和玫瑰苑宾馆达成了协议，以每双0.42元的价格订货40 000双，6月26日交货，买方若在3天内付款可享受3%的折扣……长江旅游商品厂如约交货后，第三天就收到了货款。于是按约将货款的3%返还给宾馆。张经理于6月29日给老陈中介费2000元，厂里会计如实入账。老陈将钱交给公司的财务入账，并按公司的规定提取了其中的15%作为奖金。数月后，玫瑰苑宾馆又向长江旅游商品厂购买了50 000双，在上次价格的基础上打九五折，双方在财务上均如实作了反映。

曼顿旅游商品厂一直想把玫瑰苑宾馆拉过来。2009年5月，玫瑰苑宾馆黄经理辞职，由李立接替经理职务。曼顿旅游商品厂遂派出业务员赵敏进行公关，约定暗地里（不入账）给李立每次货款5%的回扣作为咨询费，并允诺为其一家三口提供澳门五日游。李立于是借口长江旅游商品厂的产品有质量问题而不再与其继续合作，以每双0.43元的价格与曼顿旅游商品厂达成长期合作协议。

请你思考：老陈、长江旅游商品厂、曼顿旅游商品厂的行为在性质上有何区别？理由是什么？

2. 2008年9月18日，商务部收到可口可乐公司收购中国汇源公司的经营者集中申报材料。经申报方补充，申报材料达到《中华人民共和国反垄断法》（以下简称《反垄断法》）第23条规定的要求，11月20日商务部对此项集中予以立案审查，12月20日决定在初步审查基础上实施进一步审查。

商务部依据《反垄断法》的相关规定，从市场份额及市场控制力、市场集中度、集中对市场进入和技术进步的影响、集中对消费者和其他有关经营者的影响及品牌对果汁饮料市场竞争产生的影响等几个方面对此项集中进行了审查。审查工作严格遵循相关法律、法规的规定。审查过程中，充分听取了有关方面的意见。

经审查，商务部认定：此项集中将对竞争产生不利影响。集中完成后可口可乐公司可能利用其在碳酸软饮料市场的支配地位，搭售、捆绑销售果汁饮料，或者设定其他排他性的交易条件，集中限制果汁饮料市场竞争，导致消费者被迫接受更高价格、更少种类的产品。同时，由于既有品牌对市场进入的限制作用，潜在竞争难以消除该等限制竞争效果。此外，集中还挤压了国内中小型果汁企业的生存空间，给中国果汁饮料市场竞争格局造成不良影响。

为了降低集中对竞争产生的不利影响，商务部与可口可乐公司就附加限制性条件进行了商谈，要求申报方提出可行的解决方案。可口可乐公司对商务部提出的问题表述了自己的意见，提出初步解决方案及其修改方案。经过评估，商务部认为修改方案仍不能有效降低此项集中对竞争产生的不利影响。据此，根据《反垄断法》第28条的规定，商务部作出禁止此项集中的决定。

请你思考：商务部禁止可口可乐收购汇源的意义是什么？

6.1 反不正当竞争法

6.1.1 认识不正当竞争行为

不正当竞争是指经营者违反国家反不正当竞争法的规定，损害其他经营者的合法权益，扰乱社会经济秩序的行为。不正当竞争行为有广义和狭义之分，广义的不正当竞争行为包括垄断、限制竞争行为在内的所有破坏竞争的行为。狭义的不正当竞争，则是指垄断和限制竞争行为之外的破坏竞争的行为。不正当竞争行为的特征包括如下几个方面。

（1）不正当竞争行为的主体是经营者。所谓经营者是指从事商品经营或营利性服务的法人、其他经济组织和个人。非经营者不是竞争行为的主体，所以也不能成为不正当竞争行为的主体。但是在有些情况下，非经营者的某些行为也会妨害经营者的正当经营活动，侵害经营者的合法权益，这种行为也是反不正当竞争法的规制对象。比如，政府及其所属部门滥用行政权力妨害经营者的正当竞争行为就属于这种类型。

（2）不正当竞争行为是违法行为。不正当竞争行为的违法性，主要表现在违反了反不正当竞争法的规定。经营者的某些行为虽然表面上难以确认为该法明确规定的不正当竞争行为，但是只要违反了自愿、平等、公平、诚实信用原则或违反了公认的商业道德，损害了其他经营者的合法权益，扰乱了社会经济秩序，也应认定为不正当竞争行为。

（3）不正当竞争行为侵害的客体是其他经营者的合法权益和正常的社会经济秩序。不正当竞争行为的破坏性主要如下：危害公平竞争的市场秩序；阻碍技术进步和社会生产力的发展；损害其他经营者的正常经营和合法权益，使守法经营者蒙受物质上和精神上的双重损害。有些不正当竞争行为，如虚假广告和欺骗性有奖销售活动，还可能损害广大消费者的合法权益。另外，不正当竞争行为还有可能给我国的对外开放政策带来消极影响，严重损害国家利益。

6.1.2 不正当竞争行为类别

1. 假冒行为

假冒行为是指经营者在市场经营活动中，以种种不实手法对自己的商品或服务作虚假表示、说明或承诺，或不当利用他人的智力劳动成果推销自己的商品或服务，使用户或者消费者产生误解，扰乱市场秩序、损害同业竞争者的利益或者消费者利益的行为。《中华人民共和国反不正当竞争法》（以下简称《反不正当竞争法》）第5条规定，经营者不得采用下列不正当竞争手段从事市场交易，损害竞争对手。

（1）假冒他人的注册商标。

（2）擅自使用知名商品特有的名称、包装、装潢，或者使用与知名商品近似的名称、包装、装潢，造成和他人的知名商品相混淆，使购买者误认为是该知名商品。

（3）擅自使用他人的企业名称或者姓名，引人误认为是他人的商品。

（4）在商品上伪造或者冒用认证标志、名优标志等质量标志，伪造产地，对商品质量作引人误解的虚假表示。

2. 商业贿赂行为

商业贿赂是指经营者为争取交易机会，暗中给予交易对方有关人员和能够影响交易的其他相关人员以财物或其他好处的行为。《反不正当竞争法》第8条规定，经营者不得采用财物或者其他手段进行贿赂以销售或者购买商品。在账外暗中给予对方单位或者个人回扣的，以行贿论处；对方单位或者个人在账外暗中收受回扣的，以受贿论处。经营者销售或者购买商品，可以以明示方式给对方折扣，可以给中间人佣金。经营者给对方折扣、给中间人佣金的，必须如实入账。接受折扣、佣金的经营者必须如实入账。

3. 虚假宣传行为

虚假宣传行为是指经营者利用广告和其他方法，对产品的质量、性能、成分、用途、

产地等所作的引人误解的不实宣传。《反不正当竞争法》第9条规定，经营者不得利用广告和其他方法，对商品的质量、制作成分、性能、用途、生产者、有效期限、产地等作引人误解的虚假宣传。广告的经营者不得在明知或者应知的情况下，代理、设计、制作、发布虚假广告。《广告法》第3条规定，广告应当真实合法，符合社会主义精神文明建设的要求；广告不得含有虚假的内容，不得欺骗和误导消费者。

4. 侵犯商业秘密行为

商业秘密是指不为公众所知悉，能为权利人带来经济利益，具有实用性并经权利人采取保密措施的技术信息和经营信息。侵犯商业秘密行为是指以不当手段获取、披露、使用他人商业秘密的行为。《反不正当竞争法》规定，经营者不得采用下列手段侵犯商业秘密。

（1）以盗窃、利诱、胁迫和其他不正当手段获取权利人的商业秘密。

（2）披露、使用或者允许他人使用以前项手段获取的权利人的商业秘密。

（3）根据法律和合同，有义务保守商业秘密的人（包括与权利人有业务关系的单位、个人，在权利人单位就职的职工）披露、使用和允许他人使用其所掌握的商业秘密。第三人明知或应知前述所列违法行为，获取、使用或者披露他人的商业秘密，视为侵犯商业秘密。

5. 低价倾销行为

低价倾销行为是以排挤竞争对手为目的，以低于成本价格销售商品的行为。低价倾销行为严重损害了其他经营者的合法利益，扰乱了正常的市场经济秩序，构成不正当竞争。《反不正当竞争法》第11条规定，经营者不得以排挤竞争对手为目的，以低于成本的价格销售商品。《价格法》第14条也规定，经营者不得为排挤对手或独占市场，以低于成本的价格倾销，扰乱正常的生产经营秩序，损害国家利益或者其他经营者的合法权益。

另外，《反不正当竞争法》第11条规定了四种除外情况，即下列情形低于成本价销售的销售行为不属于不正当竞争行为。

（1）销售鲜活商品。

（2）处理有效期限即将到期的商品或者其他积压的商品。

（3）季节性降价。

（4）因清偿债务、转产、歇业降价销售商品。

6. 搭售或附加其他不合理条件行为

搭售及附加其他不合理条件指的是经营者利用其在经济和技术等方面的优势地位，在销售某种产品时强迫交易相对人购买其不需要、不愿购买的商品，或者接受其他不合理的条件。《反不正当竞争法》第12条规定，经营者销售商品，不得违背购买者的意愿搭售商品或者附加其他不合理的条件。

搭售行为违反了公平销售的原则，妨碍了市场的竞争自由，影响了交易相对人自由选购商品的经营活动，还会导致使竞争对手的交易机会相对减少的结果，因而具有明显的反竞争性质。这种行为在技术转让中十分明显，如技术补充或供应限制，即转让方要求受让方只能购买其提供的技术或供应的设备、原材料及零部件，而不允许从其他来源取得相应的补充和供应。再如技术使用限制，即转让方限制受让方发展和改进该技术或者要求受让方对该技术的改进知识和经验必须转让给输出方等。

7. 不正当有奖销售行为

不正当有奖销售是指经营者在销售商品或提供服务时，以欺骗或其他不正当手段，附带提供给用户和消费者金钱、实物或其他好处，作为对交易的奖励。其方式大致可分为两种，一种是奖励给所有购买者的附赠式有奖销售；一种是奖励部分购买者的抽奖式有奖销售。《关于禁止有奖销售活动中不正当竞争行为的若干规定》规定，禁止以下列方式进行有奖销售。

（1）谎称有奖销售或对所设奖的种类、中奖概率、最高奖金额、总金额、奖品种类、数量、质量、提供方法等作虚假不实的表示。

（2）采取不正当手段故意让内定人员中奖。

（3）故意将设有中奖标志的商品、奖券不投放市场或不与商品、奖券同时投放，或者故意将带有不同奖金金额或奖品标志的商品、奖券按不同时间投放市场。

（4）抽奖式的有奖销售最高奖的金额超过5000元的，以非现金的物品或者其他经济利益作为奖励的，按照同期市场同类商品或者服务的正常价格折算其金额。

（5）利用有奖销售手段推销质次价高的商品。

（6）其他欺骗性有奖销售行为。

8. 诋毁商誉行为

商誉，英文为"goodwill"，在现代市场经济条件下，它是经营者良好信誉的体现，意味着无限的商机和丰厚的市场回报。它既是企业的财富和荣誉，也是企业立足市场进行竞争的无形资本，对企业生存和发展起着至关重要的作用。

诋毁商誉行为是指经营者捏造、散布虚假事实、损害竞争对手的商业信誉、商品声誉，从而削弱其竞争力，为自己取得竞争优势的行为。《反不正当竞争法》第14条规定，经营者不得捏造、散布虚假事实，损害竞争对手的商业信誉、商品声誉。

9. 公用企业或其他依法享有独占地位经营者的限制竞争行为

公用企业是指涉及公用事业的经营者，包括供水、供电、供热、供气、邮政、电信、交通运输等行业的经营者。公用企业应当遵守国家法律的规定，不得利用自身的优势地位妨碍其他经营者的公平竞争，也不得侵害消费者的合法权益。按照《关于禁止公用企业限制竞争行为的若干规定》第4条的规定，公用企业在市场交易中，不得实施下列限制竞争的行为。

（1）限定用户或消费者只能购买和使用其附带提供的相关商品，而不得购买和使用其他经营者提供的符合技术标准的同类商品。

（2）限定用户或消费者只能购买和使用其指定的经营者生产或经销的商品，而不得购买和使用其指定的经营者生产或经销的商品，而不得购买和使用其他经营者提供的符合技术标准的同类商品。

（3）强制用户、消费者购买其提供的不必要的商品及配件。

（4）强制用户、消费者购买其指定的经营者提供的不必要的商品。

（5）以检验商品质量、性能等借口，阻碍用户、消费者购买、使用其他经营者提供的符合技术标准要求的其他商品。

（6）对不接收其不合理条件的用户、消费者拒绝、中断或削减供应相关商品，或滥收费用。

（7）其他限制竞争的行为。

10. 串通投标行为

串通投标的不正当竞争行为是指招标、投标者违反《反不正当竞争法》第15条的规定，招标者串通投标，抬高标价或者压低标价，投标者与招标者相互勾结，以排挤竞争对手的公平竞争的行为。串通投标的不正当竞争行为有以下几个情形。

（1）抬高或者压低投标标价。

（2）轮流以高价位或者低价位中标。

（3）其他损害招标者利益或者社会公共利益的手段。

（4）擅自开启标书，获取其他投标者的报价或者其他投标条件。

（5）非法获取或者泄露招标底价等暂不公开的信息。

（6）通过贿赂等不正当手段，在审查、评选标书时，对同样的标书实行差别对待。

6.1.3　不正当竞争行为的法律责任

1. 民事法律责任

根据《反不正当竞争法》的规定，假冒其他企业的注册商标，擅自使用知名商品持有的名称、包装、装潢等，以排挤竞争对手为目的以低于成本的价格销售商品，侵犯他人商业秘密等行为，均得责令其停止侵害他人的不正当竞争行为，并给被侵害人消除影响、恢复名誉。

行为人的不正当竞争行为给他人造成经济损失的，行为人应当给予经济赔偿。赔偿的数额，以被侵害人实际发生的可计算的实际损失为限。如果损失难以计算的赔偿额为侵权人在侵权期间因侵权所获得的利润。除此之外，侵害人还应当承担被侵害的经营者因调查该经营者侵害其合法权益行为所支付的合理费用。

2. 行政责任

根据《反不正当竞争法》的规定，经营者实施反不正当竞争行为应当承担下列几方面的行政法律责任。

（1）强制行为人停止不正当竞争行为。比如强制停止虚假广告宣传行为、停止以低于成本的价格销售商品等。

（2）没收非法所得。对假冒名优商品、商标、擅自使用知名商品特有的名称、包装、装潢、制作、发布虚假广告等行为，所得利润，应予以没收。

（3）处以罚款。对擅自制作知名商品特有的名称、包装、装潢，对采用财物或其他手段进行贿赂，对违反规定的有奖销售，对侵犯他人商业秘密等不正当竞争行为给予金额不等的罚款。

（4）吊销营业执照。不正当竞争行为者经教育不改，给他人造成经济损失或其他影响的，可以吊销其营业执照。

3. 刑事法律责任

不正当竞争行为情节严重，造成重大损失的，应当承担刑事责任。《反不正当竞争法》中规定，销售伪劣商品，采用贿赂手段以销售或购买商品，情节严重，构成犯罪的，依法追究刑事责任。监督检查部门工作人员，滥用职权，玩忽职守和徇私舞弊，故意包庇犯罪行为人不受追诉，构成犯罪的依法追究其刑事责任。我国新《刑法》中还规定了侵害他人商业信誉、商品声誉罪、虚假广告罪、串通投标罪、侵犯商业秘密罪，这些都是对《反不正当竞争法》刑事责任的补充。

6.2 反垄断法

6.2.1 认识垄断

经济学上的垄断指的是少数大企业或经济组织之间为获取高额利润，利用正当或不正当竞争手段，彼此达成协议以独占某种商品的生产和销售。法学中的垄断是指经营者以独占或有组织的联合行动等方式，凭借经济优势或行政权力，操纵或支配市场，限制和排斥竞争的行为。垄断行为具有以下几个特征。

（1）形成垄断的主要方式是独占或有组织的联合行动。垄断者凭借自己在市场中的独占地位，靠操纵市场来牟取非法利润；不具有独占地位的经营者则依靠有组织的联合性行为，通过不合理的企业规模和减少竞争者数量以及对具有竞争性的企业实行控制等方式排挤竞争对手，控制市场。

（2）垄断者之所以能形成垄断实力凭借的是经济优势或行政权力。凭借经济优势形成的垄断属经济性垄断，凭借行政权力形成的垄断属行政性垄断。不管是经济性垄断还是行政性垄断都是为了操纵或支配市场，获得垄断利润。

（3）垄断行为限制和排斥了竞争。垄断使竞争机制作用失效，从而限制和排斥了竞争。2007年8月，十届全国人大常委会第29次会议表决通过《中华人民共和国反垄断法》（以下简称《反垄断法》），自2008年8月1日起施行。《反垄断法》的施行，开创了我国反垄断的新纪元。

6.2.2 垄断行为

1. 垄断协议

垄断协议是指经营者之间达成旨在排除、限制竞争或者实际上具有排除、限制竞争效果的协议、决定或者其他协同一致的行为。

（1）垄断协议行为类别

垄断协议是一种联合限制竞争行为，国际上将其称为"卡特尔"。这种垄断行为最为常见、危害极为明显。根据我国《反垄断法》的规定，下列经营者的行为属于法律禁止的垄断协议行为。

① 统一确定、维持或者变更商品的价格。

② 限制商品的生产或者销售数量。

③ 分割销售市场或者原材料采购市场。

④ 限制购买或者开发新技术、新设备。

⑤ 联合抵制交易。

⑥ 经营者在招投标过程中串通招投标，排除或者限制其他经营者的公平竞争，损害国家利益和社会公共利益的。

⑦ 经营者在向其他经营者提供商品时限制其与第三人交易的价格或其他条件的。

⑧ 其他排除、限制竞争的协议。

（2）正当垄断协议行为

根据《反垄断法》的规定，并非所有的垄断协议都是法律所禁止和打击的。经营者之间的协议不会严重限制相关市场的竞争，能够使消费者分享由此产生的利益的，有利于国民经济发展或符合社会公共利益的，经反垄断主管机构许可，可以不认定为是违法的垄断协议行为，具体包括下列情形。

① 为改进技术、研究开发新产品的。

② 为提高产品质量、降低成本、提高效率，统一产品规格、标准的。

③ 为提高中小经营者经营效率，增强中小经营者竞争力的。

④ 为实现节约能源、保护环境、救灾救助等社会公共利益的。

⑤ 为保障对外贸易和经济合作中的正当利益的。

⑥ 在经济不景气时期，为缓解销售量严重下降或者生产明显过剩的。

⑦ 其他有可能排除或者限制竞争，但有利于国民经济发展和社会公共利益的。

（3）垄断协议的申请与审批

经营者之间订立协议的，应当在协议订立之日起法定期限内向反垄断主管机构提出申请，并提交下列文件。

① 协议。

② 申请报告。

③ 经营者的基本资料。

反垄断主管机构应当自收到申请材料之日起法定期限内对经营者的申请作出决定。逾期未作决定的，视为同意。经营者申报时所提交资料不全的，反垄断主管机构应当要求其限期补交材料；商务部反垄断主管机构收到申报资料的日期以收到补交资料之日为准。逾期不补交的，视为放弃申请。

反垄断主管机构作出许可决定时，应当规定期限，说明理由，并可以附加限制条件。一般来讲，许可期限一般不得超过3年。经营者如有正当理由，可于期限届满前，以书面形式向反垄断主管机构申请延期。

协议经许可后，有下列情形之一的，反垄断主管机构可以撤销许可、变更许可条件，责令经营者停止或者改正其行为。

① 经济形势发生重大变更的。

② 许可事由消失的。

③ 经营者违反了许可决定附加条件的。

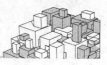

④ 许可决定是基于经营者提供的虚假信息作出的。

⑤ 经营者滥用许可的。

2. 滥用市场支配地位

市场支配地位是指一个或者几个经营者在特定市场内拥有控制价格或者排除、限制竞争的能力。具体来讲，市场支配地位就是指经营者在相关市场上没有竞争者，或者相对于其他竞争者具有明显的或者突出的优势，从而有能力在相关市场控制商品价格、数量或者能够阻碍其他经营者进入相关市场。对市场支配地位，我国《反垄断法》的基本态度是不禁止经营者具有市场支配地位本身，特别是不禁止经营者通过合法的、合理的竞争来获取市场支配地位；但是严格禁止具有市场支配地位的经营者滥用市场支配地位排除和限制竞争。

（1）认定经营者具有市场支配地位的因素

一般来讲，市场支配地位是指经营者在特定市场内独家经营的、居于优势地位，其他经营者难以进入的；或者在特定市场内虽然存在两个以上的经营者，但他们之间无实质性竞争的。反垄断主管机构在认定或推定经营者的市场支配地位时，应当考虑以下因素。

① 该经营者在相关市场的市场份额，以及相关市场的竞争状况。

② 该经营者控制销售市场或者原材料采购市场的能力。

③ 该经营者的财力和技术条件。

④ 其他经营者对该经营者在交易上的依赖关系及其程度。

⑤ 其他经营者进入相关市场的难易程度。

⑥ 与该经营者市场支配地位有关的其他因素。

计算市场占有率所需的资料，应当以反垄断主管机构调查所得资料或者其他公共机构记载资料为准。经营者在特定市场的占有率达到下列情形之一的，可以推定其具有市场支配地位。

① 一个经营者的市场占有率达到1/2以上的。

② 二个经营者的市场占有率达到2/3以上的（但所涉及的经营者之一在该特定市场的占有率未达1/10的除外）。

③ 三个经营者的市场占有率达到3/4以上的（但所涉及的经营者之一在该特定市场的占有率未达1/10的除外）。

（2）滥用市场支配地位行为的表现

经营者不得滥用其市场支配地位，排除或限制竞争。根据《反垄断法》的规定，经营者滥用市场支配地位的行为包括下列情形。

① 以不公平的高价销售商品或者以不公平的低价购买商品的。

② 没有正当理由，以低于成本的价格销售商品。

③ 没有正当理由，拒绝与交易相对人进行交易。

④ 强制交易相对人与其进行交易，或者没有正当理由，限定交易相对人只能与其进行交易或者只能与其指定的经营者进行交易。

⑤ 违背交易相对人的意愿，搭售商品或者在其交易时附带其他不合理的交易条件。

⑥ 没有正当理由，对条件相同的交易相对人在交易价格等交易条件上实行差别待遇。

⑦ 反垄断执法机构认定的其他滥用市场支配地位的行为。

（3）滥用市场支配地位的法律责任

滥用市场支配地位的构成要件如下。首先，经营者拥有市场支配地位，这是市场支配地位滥用的先决条件。其次，经营者实施了滥用行为即经营者实施了反垄断法所列举禁止的垄断协议行为。最后，造成了限制和排除竞争的后果，损害了有效竞争的公共利益，扰乱了竞争秩序。

经营者违反《反垄断法》的规定，滥用市场支配地位的，由反垄断执法机构责令停止违法行为，没收违法所得，并处上一年度销售额1%以上10%以下的罚款。反垄断执法机构确定具体罚款数额时，应当考虑违法行为的性质、程度和持续的时间等因素。

3. 经营者集中

经营者集中是指经营者通过合并、资产购买、股份购买、合同约定、人事安排、技术控制等方式取得对其他经营者的控制权或者能够对其他经营者施加决定性影响的情形。由于经济力量的过度集中，市场上往往只存在几个甚至一个经营者，经营者集中改变了市场结构，大大增加了滥用市场支配地位行为和垄断协议行为发生的危险性，使其他竞争者的处境更为不利，潜在竞争者进入市场的难度也大大提高，减少了新的竞争者参与市场竞争的机会。经营者集中使少数支配地位企业的垄断地位稳固，而使市场竞争结构愈加不合理，阻碍了市场竞争功能的有效发挥及市场竞争结构的合理动态。当然，经营者集中也具有调节生产，优化资源配置，增强企业实力与竞争力，推动经济和技术发展的积极作用。

（1）经营者集中行为的表现

根据《反垄断法》的规定，经营者集中行为包括以下几个方面。

① 经营者合并。

② 经营者通过收购其他经营者的股份或者资产取得对其他经营者的控制权。

③ 经营者通过委托经营、联营等方式形成控制与被控制的关系。

④ 经营者直接或间接控制其他经营者的业务或人事。

（2）不需要提出申报的经营者集中的情形

基于有些经营者集中不会造成竞争结构的重大变化，《反垄断法》第22条规定，经营者集中有下列情形之一的，可以不向国务院反垄断执法机构申报。

① 参与集中的一个经营者拥有其他每个经营者50%以上有表决权的股份或者资产的。

② 参与集中的每个经营者50%以上有表决权的股份或者资产被同一个未参与集中的经营者拥有的。

（3）申报集中需要提交的文件及资料

经营者向国务院反垄断执法机构申报集中，应当提交下列文件、资料。

① 申报书。

② 集中对相关市场竞争状况影响的说明。

③ 集中协议。

④ 参与集中的经营者经会计师事务所审计的上一会计年度财务会计报告。

⑤ 国务院反垄断执法机构规定的其他文件、资料。

申报书应当载明参与集中的经营者的名称、住所、经营范围、预定实施集中的日期和国务院反垄断执法机构规定的其他事项。

经营者提交的文件、资料不完备的，应当在国务院反垄断执法机构规定的期限内补交文件、资料。经营者逾期未补交文件、资料的，视为未申报。

（4）经营者集中审查的期限

国务院反垄断执法机构应当自收到经营者提交的符合反垄断法规定的文件、资料之日起30日内，对申报的经营者集中进行初步审查，作出是否实施进一步审查的决定，并书面通知经营者。国务院反垄断执法机构作出决定前，经营者不得实施集中。

国务院反垄断执法机构作出不实施进一步审查的决定或者逾期未作出决定的，经营者可以实施集中。

国务院反垄断执法机构决定实施进一步审查的，应当自决定之日起90日内审查完毕，作出是否禁止经营者集中的决定，并书面通知经营者。作出禁止经营者集中的决定，应当说明理由。审查期间，经营者不得实施集中。

有下列情形之一的，国务院反垄断执法机构经书面通知经营者，可以延长上述审查期限，但最长不得超过60日。①经营者同意延长审查期限的。②经营者提交的文件、资料不准确，需要进一步核实的。③经营者申报后有关情况发生重大变化的。

国务院反垄断执法机构逾期未作出决定的，经营者可以实施集中。

（5）审查经营者集中应考虑的因素

根据《反垄断法》的规定，反垄断执法机构对经营者集中的审查审查经营者集中，应当考虑下列因素。

① 参与集中的经营者在相关市场的市场份额及其对市场的控制力。

② 相关市场的市场集中度。

③ 经营者集中对市场进入、技术进步的影响。

④ 经营者集中对消费者和其他有关经营者的影响。

⑤ 经营者集中对国民经济发展的影响。

⑥ 国务院反垄断执法机构认为应当考虑的影响市场竞争的其他因素。

经营者集中具有或者可能具有排除、限制竞争效果的，国务院反垄断执法机构应当作出禁止经营者集中的决定。但是，经营者能够证明该集中对竞争产生的有利影响明显大于不利影响，或者符合社会公共利益的，国务院反垄断执法机构可以作出对经营者集中不予禁止的决定。

对不予禁止的经营者集中，国务院反垄断执法机构可以决定附加减少集中对竞争产生不利影响的限制性条件。国务院反垄断执法机构应当将禁止经营者集中的决定或者对经营者集中附加限制性条件的决定，及时向社会公布。

对外资并购境内企业或者以其他方式参与经营者集中，涉及国家安全的，除依照《反垄断法》规定进行经营者集中审查外，还应当按照国家有关规定进行国家安全审查。

（6）经营者集中的法律责任

国际上对违反《反垄断法》而实施经营者集中的情形采取的法律救济手段一般有三类。一是禁止，即不批准合并的进行，如果擅自集中就要进行全面解散或者拆分已合并的企业。二是对影响竞争结构而造成垄断结构的部分企业或股权结构予以分解，以消除其阻

碍竞争的情况，随后允许合法部分继续集中。三是控制并购后经营者的行为，防止阻碍竞争后果的出现。由于我国实行的是事先申报的控制制度，因此没有对全部拆分及部分拆分的控制手段予以规定，违法的经营者集中仅有事先不申报而擅自集中这种情况。《反垄断法》第48条规定："经营者违反本法规定实施集中的，由国务院反垄断执法机构责令停止实施集中、限期处分股份或者资产、限期转让营业以及采取其他必要措施恢复到集中前的状态，可以处50万元以下的罚款。"

4. 滥用行政权力行为

（1）滥用行政权力排除、限制竞争行为及特征

滥用行政权力排除、限制竞争主要是指政府及其所属部门滥用行政权力，排斥、扭曲或限制市场竞争的行为。滥用行政权力排除、限制竞争行为有以下几方面特点。

① 实施主体为政府及其所属部门，而非市场竞争者。

② 形成滥用行政权力排除、限制竞争的凭借力量是行政权力，而非经济优势。

③ 滥用行政权力排除、限制竞争有抽象与具体之分，既存在强制买卖、限制市场准入等通过具体行政行为而实施的垄断，也存在制定含有排除或者限制竞争内容的一般规定等通过抽象行政行为而实施的垄断。

④ 滥用行政权力排除、限制竞争的强制性比经济垄断明显。

⑤ 本质上，滥用行政权力排除、限制竞争是一种滥用行政权力的行政违法行为。

滥用行政权力排除、限制竞争实质上是一种超经济垄断，完全摆脱了市场规则的束缚，任何市场主体都不具有行政部门的种种实效性权力，都无法与滥用行政权力排除、限制竞争相抗衡，所以其对经济发展和相关主体利益的危害也最大。

（2）滥用行政权力排除、限制竞争的成因

① 体制转轨过程中形成的政府及其所属部门深入经济生活过甚、对经济干预过度，是滥用行政权力排除、限制竞争产生的根本原因。当然，行政干预经济是一个十分普遍的现象，即便是放眼世界，绝大多数西方发达国家的政府也都在不同程度上介入了市场经济的运行。问题不在于政府是否需要干预经济，而在于政府干预经济的效能如何，以及我们如何根据这种认识来设计、完善相关的制度安排。我国原有计划经济体制扭曲了政府与企业之间的应有关系，而体制改革过程中政企分离的进度又不平衡，致使某些领域企业经营机制的转换、政府职能的转变比较缓慢，非必要的行政权力一时无法完全从经济领域中撤除。

② 利益驱动也是形成滥用行政权力排除、限制竞争的重要原因。各级政府既然是地方利益的代表者，并享有利益行为的实施权，就必然会作出有利于自己和其辖区利益的政策选择。某些地方政府无法树立正确的利益观、缺乏整体意识，是其实施滥用行政权力排除、限制竞争的重要原因。

（3）滥用行政权力的表现

滥用行政权力排除、限制竞争有抽象与具体之分。抽象滥用行政权力排除、限制竞争行为是指政府及其所属部门滥用行政权力，制定含有排除或者限制竞争内容的规定，妨碍建立和完善全国统一市场体系，损害公平竞争环境的行政违法行为。具体滥用行政权力排除、限制竞争行为在现实中表现多样，它仅针对特定市场主体或仅实施特定行为，不以决

定等规范性文件的形式表现出来，如政府限定交易、限制市场准入等。抽象滥用行政权力排除、限制竞争行为的危害性更大，具体滥用行政权力排除、限制竞争行为背后往往有抽象滥用行政权力排除、限制竞争行为作支撑。因此，作为《反垄断法》规制对象的滥用行政权力排除、限制竞争行为，不仅包括具体滥用行政权力排除、限制竞争行为，更应对抽象垄断行为作出规制。

根据我国《反垄断法》的规定，禁止行政主体实施下列滥用行政权力排除、限制竞争的行为。

① 行政机关和法律、法规授权的具有管理公共事务职能的组织不得滥用行政权力限定或者变相限定单位或者个人经营、购买、使用其指定的经营者提供的商品。

② 行政机关和法律、法规授权的具有管理公共事务职能的组织不得滥用行政权力，实施下列行为，妨碍商品在地区之间的自由流通：对外地商品设定歧视性收费项目、实行歧视性收费标准，或者规定歧视性价格；对外地商品规定与本地同类商品不同的技术要求、检验标准，或者对外地商品采取重复检验、重复认证等歧视性技术措施，限制外地商品进入本地市场；采取专门针对外地商品的行政许可，限制外地商品进入本地市场；设置关卡或者采取其他手段，阻碍外地商品进入或者本地商品运出；妨碍商品在地区之间自由流通的其他行为。

③ 行政机关和法律、法规授权的具有管理公共事务职能的组织不得滥用行政权力，以设定歧视性资质要求、评审标准或者不依法发布信息等方式，排斥或者限制外地经营者参加本地的招标投标活动。

④ 行政机关和法律、法规授权的具有管理公共事务职能的组织不得滥用行政权力，采取与本地经营者不平等待遇等方式，排斥或者限制外地经营者在本地投资或者设立分支机构。

⑤ 行政机关和法律、法规授权的具有管理公共事务职能的组织不得滥用行政权力，强制经营者从事本法规定的垄断行为。

⑥ 行政机关不得滥用行政权力，制定含有排除、限制竞争内容的规定。

（4）滥用行政权力排除和限制竞争行为的法律责任

由于我国的行政体系的特殊性，在《反垄断法》中仅规定了追究其行政责任，《反垄断法》第51条规定，行政机关和法律、法规授权的具有管理公共事务职能的组织滥用行政权力，实施排除、限制竞争行为的，由上级机关责令改正；对直接负责的主管人员和其他直接责任人员依法给予处分。反垄断执法机构可以向有关上级机关提出依法处理的建议。法律、行政法规对行政机关和法律、法规授权的具有管理公共事务职能的组织滥用行政权力实施排除、限制竞争行为的处理另有规定的，依照其规定。

6.2.3　垄断行为调查

1. 反垄断主管机构职责与职权

国家反垄断主管机构依法对市场竞争实行监督管理，维护竞争秩序，履行下列职责。①制定反垄断政策、法律、行政法规及规章。②受理并审议本法有关反垄断的事项。③依法对违反反垄断法律、行政法规的案件进行调查、处理。④监控市场竞争状况。⑤与国外

反垄断主管机构和国际组织进行交流合作，负责有关竞争的多双边国际协定谈判。⑥反垄断的其他事项。反垄断主管机构可以根据履行职责的需要，设置派出机构。

反垄断执法机构调查涉嫌垄断行为，可以采取下列措施。①进入被调查的经营者的营业场所或者其他有关场所进行检查。②询问被调查的经营者、利害关系人或者其他有关单位和个人，要求其说明有关情况。③查阅、复制或者要求被调查的经营者、利害关系人或者其他有关单位和个人提供有关单证、协议、会计账簿、业务函电、电子数据等文件、资料。④查封、扣押相关证据。⑤查询经营者的银行账户。采取上述规定的措施，应当向反垄断执法机构主要负责人书面报告，并经批准。

2. 调查事项

反垄断主管机构依职权或举报，可以依法对下列事项进行调查。①垄断协议、决定或其他协同一致的行为。②滥用市场支配地位的行为。③经营者集中。④行政性垄断行为。⑤市场竞争状况。⑥需要调查的其他事项。

3. 调查程序

（1）调查通知。反垄断执法机构调查涉嫌垄断行为，执法人员不得少于二人，并应当出示执法证件。反垄断主管机构决定展开调查的，应当向被调查的经营者发出开始调查程序的书面通知，载明被调查的经营者涉嫌违反的有关法律规定。

（2）调查方式。反垄断主管机构可以采取询问、问卷调查、实地调查、委托调查、听证会等方式进行调查。

实地调查是指反垄断主管机构可以对经营者的住所、营业场所或者其他场所进行实地调查以获取一切必要的证据。

反垄断主管机构认为必要时，可以召开听证会。反垄断主管机构应在听证会举行前法定期限内通知被调查的经营者，同时可以邀请利害关系方、各有关政府部门代表、行业协会代表和有关专家参加。听证会应当公开举行。但涉及国家秘密、商业秘密或个人隐私的，商务部反垄断主管机构可以决定采取其他形式进行听证。

被调查的经营者、利害关系方或其他有关个人或机构负有如实陈述意见、提供材料和相关信息的义务。反垄断主管机构认为举报人对可能存在的违法行为的举报事实依据不足的，可以要求举报人提供进一步的材料或接受商务部反垄断主管机构的询问。

反垄断主管机构提出提供材料和信息的要求时，应当明确提供材料的范围、内容和期限。反垄断主管机构依法履行职责时，有权查封、扣押相关证据，查询经营者的银行账户。反垄断主管机构冻结经营者的银行账户及行使必要的搜查权时，应当经人民法院许可。

反垄断主管机构就有关事项进行调查时，应当制作调查笔录。调查中获得的有关资料，资料提供方认为需要保密的，可以向反垄断主管机构申请对该资料保密处理。反垄断主管机构认为保密有正当理由的，应当对资料提供方提供的资料按保密资料处理，同时要求资料提供方提供一份非保密的资料概要。反垄断主管机构及其工作人员对其在反垄断调查中知悉的商业秘密负有保密义务。

（3）陈述与申辩。反垄断主管机构在依照反垄断法作出最终决定前，应当给被调查的经营者陈述意见和提出申辩的充分机会。反垄断主管机构应当充分听取被调查的经营者的

意见，对其提出的实事、理由和证据，应当进行复核。被调查的经营者提出的实事、理由和证据成立的，商务部反垄断主管机构应当予以采纳。

（4）调查的中止。反垄断执法机构调查的涉嫌垄断行为，被调查的经营者予以承认，并承诺在一定期限内采取具体措施消除垄断行为后果的，反垄断执法机构可以决定中止调查。中止调查的决定应当载明被调查的经营者承诺的具体内容。

反垄断执法机构决定中止调查的，应当对经营者履行承诺的情况进行监督。经营者履行承诺的，反垄断执法机构可以决定终止调查，并可以决定减轻或者免除处罚。有下列情形之一的，反垄断执法机构应当恢复调查：经营者未履行承诺的；作出中止调查决定所依据的事实发生重大变化的；中止调查的决定是基于经营者所提供的不完整或者不真实的信息作出的。

（5）决定与公告。反垄断执法机构对涉嫌垄断行为调查核实后，认为构成垄断行为的，应当依法作出处理，并可以向社会公布。经营者、利害关系人对反垄断执法机构作出的决定不服的，可以依法申请行政复议；对行政复议不服的，可以依法提起行政诉讼。

6.2.4 垄断法律责任

1. 行政法律责任

经营者违反《反垄断法》规定，达成并实施垄断协议的；经营者违反《反垄断法》规定，滥用市场支配地位，排除、限制竞争的；经营者违反规定实施集中的，由反垄断执法机构责令停止违法行为，课处罚款，并没收违法所得。经营者主动向反垄断执法机构报告达成垄断协议的有关情况并提供重要证据的，反垄断执法机构可以酌情减轻或者免除对该经营者的处罚。

经营者拒绝或者阻碍调查，拒不提供有关材料、信息或者提供虚假材料、信息，隐匿、销毁、转移证据，构成违反治安管理行为的，由公安机关依法给予治安管理处罚。

行政机关和公共组织滥用行政权力，实施排除、限制竞争行为的，由上级机关责令改正；情节严重的，由同级或者上级机关对直接负责的主管人员和其他直接责任人员，依法给予处分。法律、行政法规对行政机关和公共组织滥用行政权力实施排除、限制竞争行为的处理另有规定，依照其规定。

2. 民事法律责任

经营者实施垄断行为，给他人造成损失的，依法承担民事责任。

3. 刑事法律责任

经营者实施垄断行为，构成犯罪的，依法追究刑事责任。经营者拒绝或者阻碍调查，拒不提供有关材料、信息或者提供虚假材料、信息，隐匿、销毁、转移证据，构成犯罪的，依法追究刑事责任。

反垄断执法机构工作人员在执法过程中，滥用职权、玩忽职守、徇私舞弊或者泄露执法过程中知悉的经营者的商业秘密，构成犯罪的，依法追究刑事责任。

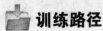 **训练路径**

1. 背景资料

（1）《中华人民共和国反不正当竞争法》（第八届全国人民代表大会常务委员会第三次会议于1993年9月2日通过，自1993年12月1日起施行）

（2）《中华人民共和国反垄断法》（2007年8月十届全国人大常委会第29次会议表决通过，自2008年8月1日起施行）

（3）《中华人民共和国广告法》（第八届全国人民代表大会常务委员会第十次会议于1994年10月27日通过，自1995年2月1日起施行）

（4）《中华人民共和国民法通则》（第六届全国人民代表大会第四次会议于1986年4月12日通过，自1987年1月1日起施行）

2. 实训目标

通过本章的学习和训练，着重促使学生掌握不正当竞争行为、垄断行为的表现，明确上述行为的法律后果和责任。

3. 组织实施

（1）分小组搜集、讨论不正当竞争、垄断的典型案例，课堂交流。

（2）结合实际模拟训练反垄断调查的流程。

（3）模拟训练设计商业秘密保护方案、有奖销售方案。

4. 操作提示

重点要求学生理解和掌握不正当竞争行为的类别和垄断行为的表现，特别是垄断行为判断要素的构成要件。

5. 成果检测

本章重点内容突出，除了传统的测验模式之外，还可以通过企业营销相关方案设计（如价格方案、有奖销售方案、商业秘密保护方案、商誉保护方案等），来检验学生们理解、掌握的程度和学以致用的状况。

 教学建议

（1）结合我国当前经济发展实际和立法进展状况，正确理解和处理《反不正当竞争法》和《反垄断法》两者之间的关系。

（2）安排学生搜集或向学生讲解欧、美国家和地区在实施反不正当竞争、反垄断方面的制度设计内容和经验。

 复习思考题

1. 反不正当竞争法的调整对象是什么？

2. 我国法律规定的不正当竞争行为的表现有哪些类型？

3. 不正当竞争行为人的法律责任是什么？

4. 如何理解垄断行为的性质和内容？

5. 反垄断调查的程序包括哪些方面？

第7章　工业产权法律制度

能力目标

（1）能够正确掌握专利申请、授予的程序和获得专利的条件，并能完成专利的申请工作的相关资料。

（2）能够依法正确判断商标注册的条件，并能够依法定程序完成商标注册的申请工作。

任务分析

（1）了解专利的概念、特征和种类，掌握专利权的主体的类别与专利权的归属；掌握专利权取得的条件、程序和内容；了解专利侵权行为的表现形式及其法律责任。

（2）了解商标的概念、特征和种类，掌握商标权取得的条件、程序和内容；掌握商标侵权行为的表现形式及认定驰名商标应考虑的因素。

引导案例

1. 2008年10月3日，日本某公司向中国知识产权局提交了一份发明专利的申请书，该专利名称为"防眼疲劳镜片"。该专利申请已经在2008年5月7日以相同主题的内容向日本专利管理机关提出了专利申请。日本某公司在向中国知识产权局提交该专利申请的同时，提交了要求优先权的书面声明。2008年12月25日，该公司又向中国知识产权局提交了第一次在日本提出的专利申请文件的副本。该申请专利的眼镜镜片能有效地防止因长时间观看电视所造成的眼睛疲劳和眼睛损伤。

我国某光学研究所于2008年7月也研制成功一种镜片，可以用于减轻因长时间观看电视荧屏所造成的眼睛疲劳。这种镜片和日本某公司的镜片在具体结构、技术处理以及技术效果等方面都是相同的。该光学研究所于2008年9月10日向中国知识产权局提交该镜片的发明专利申请，名称为"保健镜片"。该光学研究所的专利申请与日本某公司的专利申请的主题相同，其申请日早于日本某公司在中国申请的申请日。

经中国知识产权局审查，该镜片具备新颖性、创造性和实用性特点，可以授予专利权。日本某公司和中国某光学研究所均认为根据申请在先原则自己能够获得专利权。中国和日本又都是《保护工业产权巴黎公约》的缔约国。

请你思考： 这项专利权到底该授予谁？

2. 1996年2月至1997年2月间，山东烟台某葡萄酿酒公司在青岛销售了200多箱葡

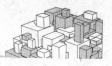

萄酒。这些葡萄酒的外包装上印有"大香槟"的字样。青岛市工商行政管理局接到群众的举报后，对该葡萄酿酒公司进行检查，证明其上述销售行为后，对该公司给予了行政处罚，收缴了其1000多箱香槟酒商标标识，罚款4.5万元。该葡萄酿酒公司不服，认为香槟酒是葡萄酒的一种通用名称，而通用名称无专用权，使用不构成侵权，遂提起行政诉讼。

据查，国家工商行政管理局早在1989年就发出过通知。"香槟"是法文"Champagne"的译音，指产于法国香槟省的一种葡萄酒，不是酒的通用名称，而是原产地名称。我国的企事业单位和个体工商户，以及在中国的外国（法国除外）企业均不得在酒类商品上使用"Champagne"或者"香槟"（包括大香槟、小香槟、女士香槟、槟香等）字样，否则将视为违反《商标法》的侵权行为。

我国有不少生产酒的企业用过"香槟"等名称，先后都被制止和制裁。很多厂家认为，它们生产的葡萄酒不出口仅在中国境内销售，而且销售量不大，更何况中国的生产厂家都在商品上标明生产者的名称，消费者不会误认，应该不构成侵权。

请你思考：这些企业用"香槟"作名称违反了《商标法》什么规定？

7.1 专利法

7.1.1 专利权主体

1. 发明设计人

（1）发明人。发明人即完成发明创造的人。专利法所称的发明人是指对发明创造的实质性特点作出创造性贡献的人。在完成发明创造过程中，只负责组织工作的人，不应当被认为是发明人。只有自然人才能成为发明人。发明人在发明创造活动中处于核心地位。

（2）职务发明人。《中华人民共和国专利法》（以下简称《专利法》）把发明人分为两类，即非职务发明人和职务发明人。对职务发明人完成的职务发明创造，申请专利的权利属于发明人所在的单位；非职务发明创造，申请专权利属于发明人。

（3）共同发明人。当一项发明创造由两人或两人以上共同完成的，这些完成发明创造的人即为共同发明人，其所完成的发明创造称为共同发明。共同发明人就其非职务发明有申请专利的权利。

2. 发明设计人的单位

职务发明创造是指执行本单位的任务或者主要是利用本单位的物质技术条件所完成的发明创造。职务发明创造分为两类。

（1）执行本单位任务所完成的发明创造。包括三种情况：在本职工作中作出的发明创造；履行本单位交付的本职工作之外的任务所作出的发明创造；退职、退休或者调动工作后1年内作出的，与其在原单位承担的本职工作或者原单位分配的任务有关的发明创造。在第三种情况下，只有同时具备两个条件，才构成职务发明创造。其一，该发明创造必须是发明人或设计人从原单位退职、退休或者调动工作后1年内作出的。其二，该发明创造

与发明人或设计人在原单位承担的本职工作或者原单位分配的任务有联系。

（2）主要利用本单位的物质技术条件所完成的发明创造。"本单位的物质技术条件"是指本单位的资金、设备、零部件、原材料或者是不对外公开的技术资料等。如果仅仅是少量利用了本单位的物质技术条件，且这种物质条件的利用，对发明创造的完成无关紧要，则不能因此认定是职务发明创造。

职务发明创造的专利申请权和取得的专利权归发明人或设计人所在的单位所有。发明人或设计人享有署名权和获得奖金、报酬的权利，即发明人和设计人有权在专利申请文件及有关专利文献中写明自己是发明人或设计人。被授予专利权的单位应当按规定向对职务发明创造的发明人或者设计人发给奖金。在发明创造专利实施后，单位应根据其推广应用的范围和取得的经济效益，对发明人或者设计人给予合理的报酬。发明人或设计人的署名权可以通过书面声明放弃。

3. 受让人

受让人是指通过合同或继承而依法取得专利权的单位或个人。专利申请权转让之后，如果获得了专利，那么受让人就是该专利权的主体。专利权转让后，受让人成为该专利权的新主体。

两个以上单位或者个人合作完成的发明创造、一个单位或者个人接受其他单位或者个人委托所完成的发明创造，如果双方约定发明创造的申请专利权归委托方，从其约定，申请被批准后，申请的单位或者个人为专利权人。如果单位或者个人之间没有协议，构成委托开发的，申请专利权以及取得的专利权归受托人，但委托人可以免费实施该专利技术。

继受了专利申请权或专利权之后，受让人并不因此而成为发明人、设计人，该发明创造的发明人、设计人也不因发明创造的专利申请权或专利权转让而丧失其特定的人身权利。

4. 外国人

外国人包括具有外国国籍的自然人和法人。在中国有经常居所或者营业所的外国人，享有与中国公民或单位同等的专利申请权和专利权。在中国没有经常居所或者营业所的外国人、外国企业或者外国其他组织在中国申请专利的，依照其所属国同中国签订的协议或者共同参加的国际条约，或者依照互惠原则，可以申请专利，但应当委托国务院专利行政部门指定的专利代理机构办理。

7.1.2 专利权客体

1. 发明

发明是指对产品、方法或者其改进所提出的新的技术方案。我国《专利法》将发明分为产品发明、方法发明和改进发明三种。产品发明是关于新产品或新物质的发明。方法发明是指为解决某特定技术问题而采用的手段和步骤的发明。改进发明是对已有的产品发明或方法发明所作出的实质性革新的技术方案。

2. 实用新型

实用新型是指对产品的形状、构造或者其结合所提出的适于实用的新的技术方案。

3. 外观设计

外观设计又称为工业产品外观设计是指对产品的形状、图案或者其结合以及色彩与形状、图案相结合所作出的富有美感并适于工业上应用的新设计。外观设计的载体必须是产品。

4.《专利法》不予保护的对象

根据《专利法》第25条的规定，对下列各项，不授予专利权。

（1）科学发现。

（2）智力活动的规则和方法。

（3）动物和植物品种。

（4）疾病的诊断和治疗方法。

（5）用原子核变换方法获得的物质。

（6）对平面印刷品的图案、色彩或者二者的结合作出的主要起标识作用的设计。

（7）违反法律、社会公德或妨害公共利益的发明创造。

7.1.3　专利权取得

1. 发明或者实用新型专利的授权条件

（1）新颖性。新颖性是指在申请日以前没有同样的发明或者实用新型在国内外出版物上公开发表过、在国内公开使用过或者以其他方式为公众所知，也没有同样的发明或者实用新型由他人向专利局提出过申请并且记载在申请日以后公布的专利申请文件中。申请专利的发明或者实用新型满足新颖性的标准，必须不同于现有技术，同时还不得出现抵触申请。

现有技术是在申请日以前已经公开的技术。技术公开的方式有三种。一是出版物公开，即通过出版物在国内外公开披露技术信息，其地域标准是国际范围。二是使用公开，即在国内通过使用或实施方式公开技术内容，其地域标准是在我国境内。三是其他方式的公开，即以出版物以外的方式公开，主要指口头方式公开，如通过口头交谈、讲课、做报告、讨论发言、在广播电台或电视台播放等方式，使公众了解有关技术内容，其地域标准是在国内。

抵触申请是指一项申请专利的发明或者实用新型在申请日以前，已有同样的发明或者实用新型由他人向专利局提出过申请，并且记载在该发明或实用新型申请日以后公布的专利申请文件中。先申请被称为后申请的抵触申请。设立抵触申请是为了防止专利重复授权。

申请专利的发明、实用新型和外观设计在申请日以前6个月内，有下列情形之一的，不丧失新颖性：在中国政府主办或者承认的国际展览会上首次展出的；在国务院有关主管部门和全国性学术团体组织召开的学术会议或者技术会议上首次发表的；他人未经申请人同意而泄露其内容的。

（2）创造性。创造性是指同申请日以前已有的技术相比，该发明有突出的实质性特点和显著的进步，该实用新型有实质性特点和进步。

（3）实用性。实用性是指该发明或者实用新型能够制造或者使用，并且能够产生积极效果。它有两层含义：第一，该技术能够在产业中制造或者使用；第二，必须能够产生积极的效果。

2. 外观设计专利的授权条件

（1）新颖性。授予专利权的外观设计，应当同申请日以前在国内外出版物上公开发表过或者国内公开使用过的外观设计不相同和不相近似。

（2）实用性。授予专利权的外观设计必须适于工业应用。这要求外观设计本身以及作为载体的产品能够以工业的方法重复再现，即能够在工业上指导生产。

（3）富有美感。授予专利权的外观设计必须富有美感。

（4）不得与他人在先取得的合法权利相冲突。这里的在先权利包括了商标权、著作权、企业名称权、肖像权、知名商品特有包装装潢使用权等。

7.1.4 专利权授予的程序

1. 专利权的申请

（1）专利申请的原则

在提出专利申请时，应遵守"一发明一专利"的原则。一件发明或实用新型专利申请应仅限于一项发明或实用新型。属于一个总的发明构思的两项以上的发明或实用新型，可以作为一件申请提出。一件外观设计专利申请应当限于一种产品所使用的一项外观设计。用于同一类别并且成套出售或使用的产品的两项以上的外观设计，可以作出一件申请提出。

（2）专利申请文件

申请发明或实用新型专利的，应当提交请求书、说明书及其摘要和权利要求书等文件。申请外观设计专利的，应当提交请求书以及该外观设计的图片或照片等文件，并且应当写明使用该外观设计的产品及其所属的类别。

（3）专利申请日的确定

申请日是指提出专利申请的日期。申请日的确定具有重要意义：申请日是审查发明创造新颖性和创造性的时间界限；同样的发明创造如有两个或两个以上的申请人分别提出，申请日便是确定专利权归属的客观标准；此外，申请日也是确定优先权的依据，专利权的有效期限也从申请日开始计算。专利局收到专利申请文件之日为申请日。如果申请文件是邮寄的，以寄出的邮戳日为申请日。

（4）优先权声明

申请人自发明或实用新型在外国第一次提出专利申请之日起12个月内，或自外观设计在外国第一次提出专利申请之日起6个月内，又在中国就相同主题提出专利申请的，依照该外国同中国签订的协议或共同参加的国际条约，或依照相互承认优先权的原则，可以享有优先权。申请人自发明或实用新型在中国第一次提出专利申请之日起12个月内，又向专利局就相同主题提出专利申请的，可以享有优先权。申请人要求优先权的，应当在申请的时候提出书面申请，并且在3个月内提出第一次提出的专利申请文件的副本；未提出书面声明或逾期未提交专利申请文件副本的，视为未要求优先权。

（5）专利申请的修改和撤回

① 专利申请的修改。发明专利申请人在办理专利申请手续过程中，在提出实质审查请

求或在对专利局第一次实质审查意见作出答复时，可以主动对其专利申请文件进行修改。实用新型或外观设计专利申请人自申请日起3个月内，可以对实用新型或外观设计专利申请主动提出修改。但是，对发明和实用新型专利申请文件的修改不得超出原说明书和权利要求书记载的范围，对外观设计专利申请文件的修改不得超出原图片或照片表示的范围。专利局对专利申请文件中的发明创造名称、摘要或请求书的明显错误可以予以修改，并通知申请人。

② 专利申请的撤回。专利申请人可以在被授予专利权之前随时撤回其专利申请。发明专利申请人自申请日起3年内，不向专利局提出实质审查请求的，该发明专利申请即被视为撤回。

2. 专利申请的审批

（1）发明专利申请的审批

一项发明专利申请经过受理、初步审查、公布、实质审查等程序才可能被授予专利权。

① 初步审查。专利局在受理发明专利申请后，应对该申请在形式上是否符合专利法的规定进行审查。初步审查的内容主要包括发明专利申请是否具备专利法规定的专利申请文件，这些文件是否符合规定的格式；申请专利的发明是否明显属于专利法规定的违反国家法律、社会公德或妨害公共利益的发明创造；申请专利的发明是否明显属于专利法规定的不授予专利权的范围；在中国没有经常居所或营业所的外国人、外国企业或其他组织是否有资格在中国申请专利，是否按规定委托了专利代理机构；发明专利申请是否采取一项发明一个专利申请；申请人对专利申请文件的修改是否符合专利法的规定，是否明显超出原说明书和权利要求书记载的范围。

专利局在初步审查后，应将审查意见通知申请人，要求其在指定的期限内陈述意见或补正；申请人期满未答复的，其申请被视为撤回。申请人陈述意见或补正后，专利局仍认为不符合专利法规定的形式要求的，应当予以驳回。

② 早期公布。专利局收到发明专利申请后，经初步审查认为符合《专利法》要求的，自申请日起满18个月，即行公布。专利局可根据申请人的请求早日公布其申请。申请人请求早日公布其发明专利申请的，应当向专利局声明。专利局对该申请进行初步审查后，除予以驳回的，应当立即将申请予以公布。

③ 实质审查。发明专利申请自申请日起3年内，专利局可以根据申请人随时提出的请求，对其申请进行实质审查，申请人无正当理由逾期请求实质审查的，该申请即被视为撤回。专利局认为必要的时候，可以自行对发明专利申请进行实质审查，但应当通知申请人。发明专利的申请人请求实质审查的时候，应当提交在申请日前与其发明有关的参考资料。发明专利已在外国提出过申请的，申请人请求实质审查的时候，应当提交该国为审查其申请进行检索的资料或审查结果的资料；无正当理由不提交的，该申请即被视为撤回。专利局对发明专利申请进行实质审查后，认为不符合《专利法》规定的，应当通知申请人，要求其在指定的期间内陈述意见，或对其申请进行修改；无正当理由逾期不答复的，该申请即被视为撤回。

发明专利申请经实质审查后没有发现驳回理由的，专利局将作出授予发明专利权的决

定，发给发明者专利证书，并予以登记和公告。

（2）实用新型和外观设计专利申请的审批

实用新型和外观设计专利申请经初步审查没有发现驳回理由的，专利局应作出授予实用新型专利权或外观设计专利的决定，发给相应的专利证书，并予以登记和公告。实用新型和外观设计专利申请只有初步审查，没有实质审查。

（3）专利申请的驳回、复审和无效宣告

① 专利申请的驳回。发明专利申请经实质审查，在下列情况下应予驳回：①申请不符合《专利法实施细则》第2条第1款有关发明的规定。②申请属于《专利法》第5条规定的违反国家法律、社会公德或妨害公共利益的发明创造；或属于《专利法》第25条规定的不授予专利权的情况；或不符合《专利法》第22条，《专利法实施细则》第22条规定的新颖性、创造性和实用性的要求；或依照《专利法》第9条规定不能取得专利权的。③申请不符合《专利法》第26条规定，没有提供符合专利法要求的说明书或权利请求书的；或不符合《专利法》第31条规定的一发明一专利原则要求的。④申请的修改或方案的申请超出原说明书和权利要求书记载范围的。

② 专利复审。对专利局驳回申请的决定不服，或对专利局撤销或维持专利决定不服的，可以自收到通知之日起3个月内，向专利复审委员会请求复审。专利复审委员会进行复审后，认为复审请求不符合专利法规定的，应通知复审请求人，要求其在指定期限内陈述意见；期满未答复的，该复审请求被视为撤回。请求人陈述意见后，专利复审委员会经审查认为仍然不符合专利法规定的，则作出驳回该复审请求的决定。申请人对复审委员会的复审决定不服的，可以自收到通知之日起3个月内向人民法院提出诉讼。但专利复审委员会对请求人关于实用新型、外观设计的复审请求所作出的决定为终局决定。

③ 专利的复审和无效宣告。专利权被宣告无效后，专利权视为自始即不存在。宣告专利权无效的决定，对在宣告专利权无效前人民法院作出并已执行的专利侵权的判决、裁定，已经履行或者强制执行的专利侵权纠纷处理决定，以及已经履行的专利实施许可合同和专利权转让合同，不具有追溯力。但是因专利权人的恶意给他人造成的损失，应当给予赔偿。如果依照上述规定，专利权人或者专利权转让人不向被许可实施专利人或者专利权受让人返还专利使用费或者专利权转让费，明显违反公平原则，专利权人或者专利权转让人应当向被许可实施专利人或者专利权受让人返还全部或者部分专利使用费或者专利权转让费。

7.1.5　专利权的内容

1. 专利权人的权利

（1）独占实施权。发明和实用新型专利权被授予后，除《专利法》另有规定的以外，任何单位或者个人未经专利权人许可，都不得实施其专利，即不得为生产经营目的制造、使用、许诺销售、销售、进口其专利产品，或者使用其专利方法以及使用、许诺销售、销售、进口依照该专利方法直接获得的产品。

（2）实施许可权。它是指专利权人可以许可他人实施其专利技术并收取专利使用费。

专利实施许可包括以下三种类型。

一是独占实施许可是指在一定时间和地域范围内，专利权人只许可一个被许可人实施其专利，专利权人也不得实施该专利。

二是排他实施许可是指在一定时间和地域范围内，专利权人只许可一个被许可人实施其专利，但专利权人有权实施该专利。

三是普通实施许可是指在一定时间和地域范围内，专利权人可以许可多个被许可人实施其专利，专利权人自己也可实施该专利。

（3）转让权。专利权可以转让。转让专利权的，当事人应当订立书面合同，并向国务院专利行政部门登记，由国务院专利行政部门予以公告，专利权的转让自登记之日起生效。中国单位或者个人向外国人转让专利权的，必须经国务院有关主管部门批准。

（4）标示权。它是指专利权人享有在其专利产品或者该产品的包装上标明专利标记和专利号的权利。

2. 专利权人的义务

专利权人应当自被授予专利权的当年开始缴纳年费。未按规定交纳年费的，将导致专利权终止。

在授予专利权后，单位应当按照规定对发明人或设计人进行奖励；专利实施后，根据其推广应用所取得的经济效益，应按规定对发明人或者设计人发给合理的报酬。

3. 专利权的期限

专利权的期限，又称专利保护期。根据我国《专利法》规定，发明专利权的期限是20年，实用新型专利权和外观设计专利权的保护期限是10年，均自申请日起计算。

4. 专利权的限制

（1）强制许可

① 不实施时的强制许可。具备实施条件的单位以合理的条件请求发明或者实用新型专利权人许可实施其专利，而未能在合理长的时间内获得这种许可时，国务院专利行政部门根据该单位的申请，可以给予实施该发明专利或者实用新型专利的强制许可。请求国务院专利行政部门给予强制许可的，只有在专利权被授予之日起满3年后才可以申请。

② 根据公共利益需要的强制许可。在国家出现紧急状态或者非常情况时，或者为了公共利益的目的，国务院专利行政部门可以给予实施发明专利或者实用新型专利的强制许可。

③ 从属专利的强制许可。一项取得专利权的发明或者实用新型比前已经取得专利权的发明或者实用新型具有显著经济意义的重大技术进步，其实施又有赖于前一发明或者实用新型的实施的，国务院专利行政部门根据后一专利权人的申请，可以给予实施前一发明或者新型的强制许可。

（2）不视为侵犯专利权的行为

《专利法》第63条规定，有下列情形之一的，不视为侵犯专利权。

① 专利权人制造、进口或者经专利权人许可而制造、进口的专利产品或者依照专利方法直接获得的产品售出后，使用、许诺销售或者销售该产品的。

② 在专利申请日前已经制造相同产品、使用相同方法或者已经做好制造、使用的必要准备，并且仅在原有范围内继续制造、使用的。

③ 临时通过中国领陆、领水、领空的外国运输工具，依照其所属国同中国签订的协议或者共同参加的国际条约，或者依照互惠原则，为运输工具自身需要而在其装置和设备中使用有关专利的。

④ 专为科学研究和实验而使用有关专利的。

7.1.6 专利侵权行为

1. 专利权的保护范围

作为《专利法》的保护对象的发明创造是一种无形财产，它的保护范围不能依其本身来确定。我国《专利法》第26条规定，专利申请人应当提交权利要求书，说明请求专利保护的范围。同时《专利法实施细则》第20条规定，权利要求书应当说明发明或者实用新型的技术特征，清楚并简要地表述请求保护的范围。发明和实用新型专利权的保护范围以权利要求书的记载为准，说明书及附图可用于解释权利的要求。外观设计的保护范围根据权利要求书记载的产品名称、类别和图片或照片显示的形象来确定。

2. 专利侵权行为

专利侵权行为是指在专利权有效期内，行为人未经专利权人许可又无法律依据，以营利为目的实施他人专利的行为。专利侵权行为的构成要件包括如下几方面。

（1）侵害的对象是有效的专利。

（2）必须有侵害行为，即行为人在客观上实施了侵害他人专利的行为。

（3）以生产经营为目的。非生产经营目的的实施，不构成侵权。

（4）违反了法律的规定，即行为人实施专利的行为未经专利权人的许可，又无法律依据。

3. 专利侵权行为形式

（1）直接侵权行为

直接侵权行为的表现形式包括如下。①未经许可制造发明、实用新型、外观设计专利产品的行为。②未经许可使用发明、实用新型专利产品的行为。③许诺销售侵犯发明、实用新型专利产品的行为。④销售侵犯发明、实用新型或外观设计专利产品的行为。⑤进口侵犯发明、实用新型、外观设计专利产品的行为。⑥使用侵犯专利方法以及使用、许诺销售、销售、进口依照该专利方法直接获得的产品的行为。⑦假冒他人专利的行为等。

为生产经营目的的使用或者销售不知道是未经专利权人许可而制造并售出的专利产品或者依照专利方法直接获得的产品，能证明其产品是合法来源的，仍然属于侵犯专利权的行为，需要停止侵害但不承担赔偿责任。

（2）间接侵权行为

间接侵权行为是指行为人本身的行为并不直接构成对专利权的侵害，但实施了诱导、怂恿、教唆、帮助他人侵害专利权的行为。常见的表现形式有行为人销售专利产品的零部

件、专门用于实施专利产品的模具或者用于实施专利方法的机械设备；行为人未经专利权人授权或者委托，擅自转让其专利技术的行为等。

7.2 商标法

7.2.1 认识商标

商标是商品生产者或销售者在其生产、制造、加工、拣选或经销的商品上使用的，用于区别其他商品生产者或销售者商品的一种由文字、图形或其组合构成的具有显著特征的标志。商标的种类包括如下几方面。

（1）平面商标和立体商标。平面商标是指由文字、图形、字母、数字、色彩的组合或前述要素的相互组合构成的商标。立体商标是由产品的容器、包装、外形以及其他具有立体外观的三维标志构成的商标。

（2）商品商标和服务商标。商品商标是指使用于各种商品上，用来区别不同的生产者和经营者的商标。服务商标是指使用于服务项目，用来区别服务提供者的商标。

（3）集体商标和证明商标。集体商标是指以团体、协会或者其他组织名义注册，供该组织成员在商事活动中使用，以表明使用者是该组织的成员资格的标志。证明商标是指由对某种商品或者服务具有监督能力的组织所控制，而由该组织以外的单位或者个人使用于其商品或者服务，用以证明商品或者服务的原产地、原料、制造方法、质量或者其他特定品质的标志。

7.2.2 商标权取得

1. 取得商标权途径

根据《中华人民共和国商标法》（以下简称《商标法》）第3条规定，商标权的原始取得，应按照商标注册程序办理。商标注册人对注册商标享有专用权，受法律保护，继受取得应按合同转让和继承注册商标的程序办理。自然人、法人或者其他组织对其生产、制造、加工、拣选或经销的商品或者对其提供的服务项目，需要取得商标专用权的，应当向商标局申请商标注册。两个以上的自然人、法人或者其他组织可以共同向商标局申请注册同一商标，共同享有和行使该商标专用权。

2. 商标注册原则

（1）申请在先原则。申请在先原则又称注册在先原则是指两个或者两个以上的商标注册申请人，在同一种商品或者类似商品上，以相同或者近似的商标申请注册的，申请在先的商标，其申请人可获利商标专用权，在后的商标注册申请予以驳回。如果是同一天申请，初步审定并公告使用在先的商标，驳回其他人的申请，不予公告；同日使用或均未使用的，申请人之间可以协商解决，协商不成的，由各申请人抽签决定。

《商标法》第31条规定：申请商标注册不得损害他人现有的在先权利，也不得以不正当手段抢先注册他人已经使用并有一定影响的商标。

（2）自愿注册原则。自愿注册原则是指商标使用人是否申请商标注册取决于自己的意愿。在自愿注册原则下，商标注册人对其注册商标享有专用权，受法律保护。未经注册的商标，可以在生产服务中使用，但其使用人不享有专用权，无权禁止他人在同种或类似商品上使用与其商标相同或近似的商标（驰名商标除外）。目前必须使用注册商标的商品是烟草制品，包括卷烟、雪茄烟和有包装的烟丝。

3. 商标注册条件

（1）商标的必备条件

商标注册的必备条件包括以下两个方面。

第一，应当具备法定的构成要素。任何能够将自然人、法人或者其他组织的商品与他人的商品区别开来的可视性标志，包括文字、图形、字母、数字、三维标志和颜色组合，以及上述要素的组合，均可作为商标申请注册。

第二，商标应当具有显著特征。商标的显著特征可以通过两种途径获得：一是标志本身固有的显著性特征；二是通过使用获得显著特征。

（2）商标的禁止条件

商标的禁止条件也称商标的消极要件，是指注册商标的标记不应当具有的情形。

第一，不得侵犯他人的在先权利或合法利益。主要内容包括以下几点。

① 不得在相同或类似商品上与已注册或申请在先的商标相同或近似。

② 就相同或者类似商品申请注册的商标是复制、摹仿或者翻译他人未在中国注册的驰名商标，容易导致混淆的，不予注册并禁止使用。

③ 就不相同或者不相类似商品申请注册的商标复制、摹仿或者翻译他人已经在中国注册的驰名商标，误导公众，致使该驰名商标注册人的利益可能受到损害的，不予注册并禁止使用。

④ 未经授权，代理人或者代表人以自己的名义将被代理人或者被代表人的商标进行注册，被代理人或者被代表人提出异议的，不予注册并禁止使用。

⑤ 不得侵犯他人的其他在先权利，如外观设计专利权、著作权、姓名权、肖像权、商号权、特殊标志专用权、奥林匹克标志专用权、知名商品特有名称、包装、装潢专用权等。

第二，不得违反商标法禁止注册或使用某些标志的条款。具体包括以下几个方面。

① 禁止作为商标注册和使用的标志。《商标法》第10条规定，下列标志不得作为商标使用：a. 同中华人民共和国的国家名称、国旗、国徽、军旗、勋章相同或者近似的，以及同中央国家机关的特定地点名称或标志性建筑物的名称、图形相同的；b. 同外国的国家名称、国旗、国徽、军旗相同或者近似的，但该国政府同意的除外；c. 同政府间国际组织的旗帜、徽记、名称相同或者近似的，但经该组织同意或者不易误导公众的除外；d. 与表明实施了控制、予以保护的官方标志、检验印记相同或者近似的，但经授权的除外；e. 同"红十字"、"红新月"、"红水晶"的标志、名称相同或者近似的；f. 带有民族歧视性的；g. 夸大宣传并带有欺骗性的；h. 有害于社会主义道德风尚或者有其他不良影响的。

县级以上行政区划名称或者公众知晓的地名，但该地名具有其他含义或者作为集体商标、证明商标组成部分的除外，已经注册的使用地名的商标继续有效；商标中有商品的地理标志，而该商品并非来源于该标志所标示的地区，误导公众的，不予注册并禁止使用；

但是，已经善意取得注册的继续有效。

② 禁止作为商标注册的标志。《商标法》规定，下列标志不得作为商标注册：a. 仅有本商品的通用名称、图形、型号的；b. 仅仅直接表示商品的质量、主要原料、功能、用途、重量、数量及其他特点的；c. 以三维申请注册商标的，仅由商品自身的性质产生的形状、为获得技术效果而需有的商品形状或者使商品具有实质性价值的形状，不得注册。

4. 商标注册程序

（1）申请的代理

商标注册的国内申请人可以自己直接到商标局办理注册申请手续，也可以委托商标代理组织办理。外国人或者外国企业在我国申请注册商标和办理其他商标事宜的，应当委托国家工商行政管理总局认可的商标代理组织代理。

当事人委托商标代理组织申请商标注册或者办理其他商标事宜，应当提交代理委托书。借委托书应当载明代理内容及权限；外国人或者外国企业的代理委托书还应当载明委托人的国籍。

（2）注册申请

首次申请商标注册，申请人应当提交商标注册申请书、商标图样、证明文件并交纳申请费。申请人用药品商标注册，应当附送卫生行政部门发给的药品生产企业许可证或者药品经营企业许可证副本，申请烟草制品的商标注册的，应当附送国家烟草主管机关批准生产的证明文件。

注册商标在使用过程中，需要扩大使用范围的，不论扩大使用的商品是否与原注册商标使用的商品属于同一类，都必须另行提出注册申请；注册商标需要改变其标志的，应当重新提出注册申请；注册商标需要变更注册人的名义、地址或者其他注册事项的，应当提出变更申请。

在实行申请在先原则的情形下，申请日期的确定具有很重要的意义。申请日期一般以商标局收到申请文件的日期为准。申请人享有优先权的，优先权日申请日。《商标法》规定了可以享有优先权的两种情况：其一，商标注册申请人自其商标在外国第一次提出商标注册申请之日起 6 个月内，又在中国就相同商品以同一商标提出商标注册申请的，依照该外国同中国签订的协议或者共同参加的国际条约，或者按照相互承认优先权的原则，可以享有优先权；其二，商标在中国政府主办的或者承认的国际展览会展出的商品上首次使用的，自该商品展出之日起 6 个月内，该商标的注册申请人可以享有优先权。

（3）审查和核准

商标局对受理的商标注册申请，依法进行审查，对符合规定的或者在部分指定商品上使用商标的注册申请符合规定的，予以初步审定，并予以公告；对不符合规定或者在部分指定商品上使用商标的注册申请不符合规定的，予以驳回或者驳回在部分指定商品上使用商标的注册申请，书面通知申请人并说明理由。商标注册申请人对驳回申请不服的，可依法向商标评审委员会申请复审，对复审决定不服的，可依法在收到通知之日起30日内提起行政诉讼。

对初步审定的商标，自公告之日起 3 个月内，任何人均可以提出异议。商标局依法对

提起的异议进行裁定，当事人对该裁定不服的，可依法提起复审，当事人对复审裁定不服的，可依法提起诉讼。

当事人对公告期满无异议的，予以核准注册，发给商标注册证，并予公告。经裁定异议不能成立而核准注册的，商标注册申请人取得商标专用权的时间自初审公告3个月期满之日起计算。经异议核准注册的商标，自该商标异议期满之日起至异议裁定生效前，对他人在同一种或者类似商品上使用与该商标相同或者近似的标志的行为不具有追溯力；但是，因该使用人的恶意给商标注册人造成的损失，应当给予赔偿。

7.2.3 商标权内容

1. 专有使用权

专用权是指商标权主体对其注册商标依法享有的自己在指定商品或服务项目上独占使用的权利。注册商标的专用权，以核准注册的商标和核定使用的商品为限。商标权人依法享有的禁止他人不经过自己的许可而使用注册商标和与之相近似的商标的权利。

2. 许可他人使用权

许可权是指商标权人可以通过签订商标使用许可合同许可他人使用其注册商标的权利。许可人应当监督被许可人使用其注册商标的商品质量，被许可人必须在使用该注册商标的商品上标明被许可人的名称和商品产地。商标使用许可合同应当报商标局备案，商标使用许可合同未经备案的，不影响该许可合同的效力，但当事人另有约定的除外。商标使用许可合同未在商标局备案的，不得对抗善意第三人。商标的使用许可的类型主要有独占使用许可、排他使用许可、普通使用许可等。

3. 转让权

商标转让权是指商标权人依法享有的将其注册商标依法定程序和条件，转让给他人的权利。

4. 续展权

续展权是指商标权人在其注册商标有效期届满时，依法享有申请续展注册，从而延长其注册商标保护期的权利。注册商标的有效期为10年，自核准注册之日起计算。注册商标有效期满，需要继续使用的，应当在期满前6个月内申请续展注册；在此期间未能提出申请的，可以给予6个月的宽展期。每次续展注册的有效期为10年，自该商标上一届有效期满次日起计算。宽展期满仍未提出申请的，注销其注册商标。

5. 标记权

商标注册人使用注册商标，有权标明"注册商标"字样或者注册标记。在商品上不便标明的，可以在商品包装或者说明书以及其他附着物上标明。

7.2.4 商标权消灭

1. 注销注册商标

《商标法》规定，在下列情况下，商标局可以注销注册商标。

（1）注册商标法定期限届满，未续展和续展未获批准的。

（2）商标注册人申请注销其注册商标或者注销其商标在部分指定商品上的注册的，该注册商标专用权或者该注册商标专用权在该部分指定商品上的效力自商标局收到其注销申请之日起终止。

（3）商标注册人死亡或者终止，自死亡或者终止之日起1年期满，该注册商标没有办理转移手续的，任何人可以向商标局申请注销该注册商标。提出注销申请的，应当提交有关该商标注册人死亡或者终止的证据。注册商标因商标注册人死亡或者终止而被注销的，该注册商标专用权自商标注册人死亡或者终止之日起终止。

2. 撤销注册商标

注册商标的撤销是商标局或商标评审委员会依法强制取消已经注册的商标。

（1）注册无效商标的撤销

根据《商标法》规定，注册无效的撤销，包括以下几点。

① 注册商标争议的撤销。在先申请注册的商标注册人认为他人在后申请注册的商标与其在同一种或者类似商品上的注册商标相同或者近似，在先申请注册的商标注册人可以在后申请注册的商标注册之日起 5 年内，向商标评审委员会申请裁定撤销。

② 注册不当的撤销。已经注册的商标，违反《商标法》规定的，或者是以欺骗手段或者其他不正当手段取得注册的，由商标局撤销该注册商标；其他单位或者个人可以请求商标评审委员会裁定撤销该注册商标。已经注册的商标，违反《商标法》规定的，自商标注册之日起 5 年内，商标所有人或者利害关系人可以请求商标评审委员会裁定撤销该注册商标。对恶意注册的，驰名商标所有人不受 5 年的时间限制。

商标评审委员会作出维持或者撤销注册商标的裁定后，应当书面通知有关当事人。当事人对商标评审委员会的裁定不服的，可以自收到通知之日起30日内向人民法院起诉。人民法院应当通知商标裁定程序的对方当事人作为第三人参加诉讼。

因注册商标争议或注册不当而被撤销的，由于这类商标本来就属于不能被注册的违法商标，因而其商标权视为自始不存在。有关撤销注册商标的决定或者裁定，对在撤销前人民法院作出并已执行的商标侵权案件的判决、裁定，工商行政管理部门作出并已执行的商标侵权案件的处理决定，以及已经履行的商标转让或者使用许可合同，不具有追溯力；但是，因商标注册人恶意给他人造成的损失，应当给予损害赔偿。

（2）违法使用商标的撤销

根据《商标法》规定，商标注册人有下列行为之一的，由商标局责令限期改正或者撤销其注册商标。

① 自行改变注册商标的。

② 自行改变注册商标的注册人名义、地址或者其他注册事项的。

③ 自行转让注册商标的。

④ 连续 3 年停止使用的。

⑤ 使用注册商标，其商品粗制滥造，以次充好，欺骗消费者的。

对商标局撤销注册商标的决定，当事人不服的，可以自收到通知之日起15日内向商标评审委员会申请复审，由商标评审委员会作出决定，并书面通知申请人。当事人对商标评审委员会的决定不服的，可以自收到通知之日起30日内向人民法院起诉。注册商标因为违法使用被撤销的，该注册商标专用权自商标局的撤销决定生效之日起终止。

7.2.5 商标侵权行为

商标侵权行为是指违反《商标法》规定，假冒或仿冒他人注册商标，或者从事其他损害商标权人合法权益的行为。

1. 商标侵权行为表现形式

（1）假冒或仿冒行为。这类侵权行为可以具体分解为以下四种：在同一种商品上使用与他人注册商标相同的商标；在同一种商品上使用与他人注册商标相近似的商标；在类似商品上使用与注册商标相同的商标；在类似商品上使用与他人注册商标相近似的商标。

（2）销售侵犯商标权的商品。

（3）伪造、擅自制造他人注册商标标识或者销售伪造、擅自制造的注册商标标识的。

（4）未经商标注册人同意，更换其注册商标并将该更换商标的商品又投入市场的。构成这种侵权行为必须具备两个要件：一是行为人未经商标所有人同意而擅自更换商标；二是撤换商标的商品又投入市场进行销售。

（5）给他人的注册商标专用权造成其他损害的。给他人的注册商标专用权造成其他损害的商标侵权行为包括在同一种或者类似商品上，将与他人注册商标相同或者近似的标志作为商品名称或者商品装潢使用，误导公众的；故意为侵犯他人注册商标专用权行为提供仓储、运输、邮寄、隐藏等便利条件的；将与他人注册商标相同或者相近似的文字作为企业的字号在相同或者类似商品上突出使用，容易使相关公众产生误认的；复制、摹仿或者翻译他人注册的驰名商标或其主要部分在不相同或者不相类似商品上作为商标使用，误导公众，致使该驰名商标注册人的利益可能受到损害的；将与他人注册商标相同或者相近似的文字注册为域名，并且通过该域名进行相关商品交易的电子商务，容易使相关公众产生误认的。

2. 正当使用行为

《商标法》规定，注册商标中含有本商品的通用名称、图形、型号，或者直接标示商品的质量、主要原料、功能、用途、重量、数量及其他特点或者含有地名，注册商标专用权人无权禁止他人正当使用。对他人的正当使用行为不能作为商标侵权行为查处。

7.2.6 驰名商标保护

1. 驰名商标认定

驰名商标是指在一定地域范围内具有较高知名度并为相关公众知晓的商标。国家工商行政管理部门负责驰名商标的认定与管理工作，驰名商标的认定以当事人申请为原则，行政机关根据商标注册和管理工作的需要，也可主动认定。行政机关认定的驰名商标有效期为3年。人民法院在审理商标纠纷案件中，根据当事人的请求和案件的具体情况，可以对涉及的注册商标是否驰名依法作出认定。认定驰名商标应当考虑下列几方面因素。

（1）相关公众对该商标的知晓程度。

（2）该商标使用的持续时间。

（3）该商标的任何宣传工作的持续时间、程度和地域范围。

（4）该商标作为驰名商标受保护的记录。

（5）该商标驰名的其他因素。

2. 驰名商标保护

《商标法》规定，复制、摹仿或者翻译他人未在我国注册的驰名商标或者主要部分，在相同或者类似商品上使用，容易导致混淆的，应当承担停止侵害的民事法律责任；申请注册的，不予注册并禁止使用。就不相同或者不相类似商品申请注册的商标是复制、摹仿或者翻译他人已经在中国注册的驰名商标，误导公众，致使该驰名商标注册人的利益可能受到损害的，不予注册并禁止使用。

 训练路径

1. 背景资料

（1）《中华人民共和国专利法》（1984年3月12日第六届全国人民代表大会常务委员会第四次会议通过，第十一届全国人民代表大会常务委员会第六次会议于2008年12月27日修正通过，自2009年10月1日起施行）

（2）《中华人民共和国专利法实施细则》（2001年7月1日起施行）

（3）《中华人民共和国商标法》（1982年8月23日第五届全国人民代表大会常务委员会第二十四次会议通过，2001年10月27日第九届全国人民代表大会常务委员会第二十四次会议第二次修正）

（4）《中华人民共和国商标法实施条例》（2002年9月15日起施行）

2. 实训目标

通过《专利法》和《商标法》的学习和训练，能够掌握专利申请、商标注册的条件、程序、注意事项等相关技能。

3. 组织实施

（1）分小组讨论搜集、分析典型案例，课堂交流。

（2）安排学生模拟训练专利申请、商标注册的流程。

（3）模拟训练专利申请文件、商标注册申请文件的准备工作。

4. 操作提示

重点让学生理解透专利申请、商标注册的实质要件和形式要件，特别是优先权制度、强制许可制度等特别规定的内容。

5. 成果检测

专利制度和商标制度是工业产权法的集中代表，是人们形成知识产权观念的重要制度来源。可以通过课堂测验，案例分析讲演等形式灵活把握本章知识掌握的情况。

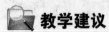

办公管理法律实务

教学建议

（1）结合我国加入世界贸易组织后知识产权保护的新要求，重点讲解《专利法》和《商标法》修订的内容及我国工业产权保护变化趋势。

（2）工业产权立法是法制国际性、一体化最突出的法域之一，应向学生概括介绍《保护工业产权巴黎公约》、《与贸易有关的知识产权的协议》、《专利合作条约》等代表性国际条约以及世界知识产权组织的概况。

复习思考题

1. 简述专利的保护对象。

2. 论述授予发明专利的实质条件。

3. 简述专利权的内容和《专利法》有关专利权保护期限的规定。

4. 简述商标权取得的原则和程序。

5. 商标权的内容包括哪些方面？

6. 认定驰名商标应当考虑哪些因素？

第8章 税收法律制度

能力目标

（1）能够基本掌握增值税、消费税、营业税、企业所得税、个人所得税的计税工作。

（2）能够按照国家税收征收管理法的规定完成税务登记、纳税申报等相关工作。

任务分析

（1）了解税收的概念、特征和作用，掌握税法的概念、构成要素以及税法的调整对象。

（2）了解流转税、所得税所包含的税目，掌握增值税、消费税、营业税、企业所得税、个人所得税的纳税主体、征税环节、税率与计税依据、减免税等的基本规定。

（3）了解我国税收征收管理体制，掌握税务管理、税款征收、税务检查的基本内容。

引导案例

2002年4月，北京市公安局以北京某文化艺术有限责任公司自1996年以来采取不列或少列收入、多列支出、虚假申报等手段偷逃巨额税款，涉嫌偷税犯罪为由进行立案侦查。刘某某妹夫靖某、公司会计方某、刘某某的妹妹和刘某某先后被依法逮捕。

2002年6月20日，刘某某因所办公司涉嫌偷税，被公安机依法刑事拘留。7月24日经北京市人民检察院第二分院批准，被依法逮捕。被正式逮捕后，刘某某家人就已经向有关部门申请了取保候审，直到2003年8月，刘某某因有悔过表现和筹款补缴税款的愿望，终于被取保候审。2003年9月，刘某某被取保候审后立即高调复出，接拍多部剧集，以还清税款。到2004年1月，某文化艺术发展有限公司已补缴税款和滞纳金1646万元，税款已经全部缴清。

2003年9月，某公司律师团接到法院公诉书。起诉书认定刘某某公司偷税52宗，金额840万元，其中偷逃所得税700多万元。2003年12月12日偷税案开庭审理。2004年4月，北京朝阳法院以偷税罪判处北京某文化艺术有限责任公司罚金人民币710万元，以偷税罪判处被告人靖某有期徒刑三年。

请你思考：通过本案例说明税收有哪些特点？

8.1 税法概述

8.1.1 认识税收

税收是指国家为实现其职能的需要，按照法律规定，以国家政权体现者参与国民收入分配和再分配，强制地向纳税人无偿征收货币或实物而形成特定分配关系的活动。税收是实现国家政治、经济、文化等职能的物质基础，是国家财政收入的主要来源。税收有以下各方面特征。

1. 强制性

税收的征税主体是国家，国家征税的依据是政治权力而不是财产权力。国家总是通过制定强制性法律规范为主的税法赋予征税机关征税权，故法律的强制力构成了税收的强制性。纳税人必须依法纳税，否则将受到相应的法律制裁。税收的这种强制性使税收同国有企业上缴利润、同自愿平等的其他分配方式区别开来。

2. 无偿性

国家向纳税人征税不以支付任何代价为前提，货币或实物一经作为税款被征收即为国家财政收入，国家不承担返还的义务。税收的无偿性使税收有别于按期归还的债务收入和其他等价有偿的分配方式。

3. 固定性

国家在开征某一税种之前总是先制定和颁布税法，规定征税的范围、标准和环节。税收的固定性具体表现为作为征税对象的各种收入、财产、流转额或行为是经常的、普遍存在的，而且一经税法规定为征税对象则相对明确、稳定。

4. 普遍性

符合税法规定纳税条件的社会组织、自然人均为纳税人，无论这些社会组织、公民是否从纳税中直接受益。税收的这种普遍性使税收区别于向特定范围内的受益人所收取的各种费用。

8.1.2 税收的分类

由于研究的目的不同，对税收分类可以采用各种不同的标准，从而形成不同的分类方法。概括来讲，税收的分类主要有以下几种。

（1）以征税对象为标准，分为流转税、收益税、资源税、财产税、行为课税。

（2）以计税依据为标准，分为从价税和从量税。

（3）以税收与价格的关系为标准，分为价外税和价内税。所谓价外税是指在销售价款中不包含的税，现在我国的价外税只有增值税一种，其他税都为价内税。价内税是指在销售价款中已经包含的税，例如营业税、消费税等。

（4）以税收负担是否易于转嫁为标准，分为直接税与间接税。直接税是指纳税义务人同时是税收的实际负担人，纳税人不能或不便于把税收负担转嫁给别人的税种。属于直接税的这类纳税人，不仅在表面上有纳税义务，而且实际上也是税收承担者，即纳税人与负税人一致。间接税是指纳税义务人不是税收的实际负担人，纳税义务人能够用提高价格或提高收费标准等方法把税收负担转嫁给别人的税种。属于间接税的纳税人，虽然表面上负有纳税义务，但是实际上已将自己的税款加于所销售商品的价格上由消费者负担或用其他方式转嫁给别人，即纳税人与负税人不一致。

（5）以税收的管理和支配权限的归属为标准，分为中央税、地方税和中央地方共享税。

8.1.3 税收法律关系构成

税收关系是指代表国家的征税机关与企事业单位、个人之间按照法律规定所形成的征税、纳税关系，以及国家权力机关与其授权的行政机关在税收管理中形成的关系等。税法所调整的税收关系具体包括以下方面的内容。

（1）国家权力机关之间、行政机关之间以及权力机关与行政机关之间在税法的制定及解释、税的停征及减免、税收监督等方面的权限、分工及责权关系。

（2）征税机关与负有纳税义务的单位和个人相互之间因征税、纳税而发生的征纳关系，主要包括税收征管机关与国有企业、集体企业、私营企业、外商投资企业和外国企业、联营企业、股份制企业、其他国家机关、事业单位、城乡个体工商户、公民个人之间的经济关系。

（3）税务机关与国家行政、事业单位之间因预算外收入发生的在征纳税过程中形成的经济关系。

8.1.4 税法构成要素

1. 税法主体

税法主体是指税法规定的享有权利和承担义务的当事人，包括征税主体和纳税主体。征税主体是指法律、行政法规规定代表国家行使征税权的征税机关，包括各级税务机关、财政机关和海关等。纳税主体是指法律、行政法规规定负有纳税义务的单位和个人。此外，还有与征纳税有关的扣缴义务人，它是指法律、行政法规规定负有代扣代缴、代收代缴税款义务的单位和个人。

2. 征税对象

征税对象也称征税客体，是指征税主体和纳税主体共同指向的对象。征税对象是各个税种之间相互区别的根本标志。根据征税范围不相交叉的原则设计出来的各个税种都有其各自的征税对象，并通过税法予以明确界定。因此，征税对象决定各个单行税法不同的特点和作用。征税对象按其性质的不同，通常划分为流转额、所得额、财产及行为等。

3. 税种与税目

税种是基本的征税单元。根据征税对象的不同，可以将税收划分成不同的种类。因此，不同的征税对象是一个税种区别于另一个税种的主要标志。税种的名称一般以征税对象来命名，如对增值额征收的税种称为增值税，对所得额征收的税种称为所得税，对房产征收的税种称为房产税。

税目是征税客体的具体化，代表着征税界限或征税范围的广度。例如，我国的个人所得税，就规定了11个项目的个人所得要征税。不是所有的税种都要规定税目，有些税种征税对象简单、明确，就不用规定税目，如房产税等。对于征税对象比较复杂的税种，由于其内部不同的征税对象需要采取不同的税率档次，则有必要规定具体的税目。

4. 计税依据

计税依据是指计算应纳税额的依据，即根据什么来计算纳税人应缴纳的税额。计税依据与征税对象虽然同样是反映征税的客体，但两者要解决的问题不相同。征税对象解决对什么征税的问题，计税依据则是确定了征税对象之后，解决如何计量的问题。有些税种的征税对象和计税依据是一致的，如各种所得税，征税对象和计税依据都是应税所得额。但是有些税种则不一致，如消费税，征税对象是应税消费品，计税依据则是消费品的销售收入。

计税依据分为从价计征和从量计征两种类型。从价计征的税收，以征税对象的自然数量与单位价格的乘积作为计税依据；从量计征的税收，以征税对象的自然实物量作为计税依据，该项实物量以税法规定的计量标准（重量、体积、面积等）计算。

5. 税率

税率是按照计税依据征税的比例或者额度。税收的固定性特征是通过税率体现的。税率是税收制度的核心要素，是计算应纳税额的尺度。在计税依据已经确定的前提下，国家征税的数量和纳税人的负担水平就取决于税率，国家一定时期的税收政策也体现在税率方面。科学合理地设计税率是正确处理国家、企业和个人之间的分配关系，充分发挥税收调节作用的关键。我国税率基本形式有下列三种类型。

（1）定额税率是按照单位征税对象直接规定固定的税额。如220元/吨、0.8元/升。一般适用于从量计征的税种，如资源税、城镇土地使用税、耕地占用税等。

（2）比例税率是指对同一征税对象，不分数额大小，均规定相同的征收比例。例如，我国增值税的一般纳税人，不论其销售额的大小，规定适用17%的基本税率或13%的低税率。

（3）累进税率是指同一征税对象，随数额的增大，征收比例也随之提高的税率。

累进税率又分为全额累进税率、超额累进税率和超率累进税率。现行税法只采用超额累进税率和超率累进税率。超额累进税率是指将同一征税对象划分为若干个等级，每个等级规定相应的税率，分别计算税额，一定数量的征税对象，可以同时适用几个等级部分的税率。例如，我国个人所得中的工资薪金所得、个体工商户的生产经营所得以及个人所得、个体工商户的生产经营所得以及个人对企事业单位的承包、承租经营所得等都采用这种税率。超率累进税率是指将征税对象数额的相对率划分成若干个等级，每个等级规定相应的税率，一定数量的征税对象，可以同时适用几个等级部分的税率，如我国现行土地增值税就采用这种税率。

6. 纳税环节

纳税环节是指商品在整个流转过程中按照税法规定应当缴纳税款的阶段。纳税环节解决的就是在整个商品流转过程中征几道税以及在哪个环节征税的问题。它关系到税收由谁负担、税款能否足额及时入库以及纳税人纳税是否便利的问题。

7. 纳税期限与纳税地点

纳税期限是税法规定的纳税主体向税务机关缴纳税款的具体时间。纳税期限是衡量征纳双方是否按时行使征税权力和履行纳税义务的尺度，是税收的强制性和固定性特征在时间上的体现。除了法律、法规、规章规定的特殊情况，在纳税期限之前税务机关不能提前征税，纳税人也不得在纳税期限届满后拖延纳税。合理规定和严格执行纳税期限，对于国家财政收入及时入库起着重要的保障作用。纳税期限一般分为按次征收和按期征收两种。在现代税制中，一般还将纳税期限分为申报期限和缴税期限，但也可以将申报期限内含于缴税期限之中。

纳税地点是指法律、行政法规规定的纳税人申报缴纳税款的地点。一般实行属地管辖，纳税地点为纳税人的所在地，但有些情况下，纳税地点为口岸地、营业行为地、财产所在地，等等。纳税地点关系到税收管辖权和是否便利纳税等问题，在税法中明确规定纳税地点有助于防止漏征或重复征税。

8. 税收优惠

税收优惠是对某些纳税人或征税对象给予鼓励或照顾的一种特殊规定。目前我国税法规定的税收优惠形式主要包括减税、免税、退税、再投资抵免、加速折旧、亏损弥补和延期纳税等。

9. 税收法律责任

税收法律责任是税收法律关系的主体因违反税法所应当承担的法律后果。税法规定的法律责任形式主要有三种。一是经济责任，包括补缴税款、加收滞纳金等。二是行政责任，包括吊销税务登记证、罚款、税收保全及强制执行等。三是刑事责任，对违反税法情节严重构成犯罪的行为，要依法承担刑事责任。

8.2 流转税法

8.2.1 增值税

增值税是对在我国境内销售货物或者提供加工、修理修配劳务以及进口货物的企业单位和个人，就其货物销售或提供劳务的增值额和货物进口金额为征税对象所课征的一种流转税。增值税是随着社会经济发展的客观需要而产生的一个新税种，于1954年在法国首次推出，目前已被世界许多国家所采用，并在很多国家的税制结构中处于主体税种地位。

1. 增值税特征

（1）实现普遍征税与多环节征税。普遍征税是指对纳入增值税范围的具有增值因素的经营收入都可以征税。多环节征税指可以对应税产品的生产、批发、零售各个环节征收增值税。因此，增值税的征收范围广泛，能够保证国家获得充足的财政收入，并且能够保证国家税收及时入库。另一方面，增值税并不是对销售收入的全额征收，而只是对销售额中尚未征税的那部分增值额征税，因此，避免了重复征税的弊端。

（2）税收负担不受流转环节的影响，对经济活动具有中性效应。不论生产经营经过多少环节，只要该商品的最后售价相同，该种商品的增值税总负担保持不变。这样，企业就不会因为增值税而改变其既定生产经营方式。同时，增值税对绝大多数商品和劳务采用同一比例税率，实行等比负担，因而其干预及诱导能力大大减弱，为市场机制发挥其对资源的基本主导作用提供了有利条件。此外，增值税的普遍与多环节征收使税收负担趋于公平合理，消除了生产者与经营者之间、全能企业与专业企业之间在流转税上存在的税负不公平的现象，有利于生产经营的专业化分工和促进生产要素的优化配置。

（3）增值税是一种典型的间接税，税收负担具有转嫁性。从过程上看，增值税后一阶段的纳税人总是前一段纳税人已交税款的负担者。当税赋随着商品的流转推移到最终销售环节时，消费者便成为增值税的最终承担者。所以，增值税具有明显的转嫁性。

2. 纳税人

增值税纳税义务人是指在中华人民共和国境内销售货物或提供加工、修理修配劳务以及进口货物的单位和个人。增值税的纳税人分为一般纳税人和小规模纳税人，划分标准如下。

（1）在年应征增值税销售额（以下简称年应税销售额）的大小为准。凡从事货物生产或提供应税劳务的纳税人，以及以从事货物生产或提供劳务为主，并兼营货物批发或零售的纳税人，年应税销售额在100万元以上的，为一般纳税人；以下为小规模纳税人。凡从事货物批发或零售的纳税人，年应税销售额在180万元以上的，为一般纳税人；以下为小规模纳税人。另外，年应税销售额超过小规模纳税人标准的个人、非企业性单位、不经常发生应税行为的企业，视同小规模纳税人。

（2）以财务制度是否健全为标准。财务制度健全的，为一般纳税人；不健全的为小规模纳税人。

3. 征税范围

为销售货物或提供加工、修理修配劳务以及进口货物。这里的货物，是指有形动产，包括电力、热力和气体在内。提供加工、修理修配劳务，是指有偿提供加工、修理修配劳务，但不包括单位或个体经营者聘用的员工为本单位或雇主提供加工、修理修配劳务。

4. 税率

增值税的税率分为以下两种情况。

（1）一般纳税人适用的税率。17%基本税率适用于除实行低税率和零税率以外的所有货物和应税劳务。13%低税率适用于纳税人销售或进口下列货物：粮食、食用植物油；自来水、暖气、冷气、热气、煤气、石油液化气、天然气、沼气、居民用煤炭制品；图书、报纸、杂志；饲料、化肥、农机、农膜；国务院规定的其他货物。后来国家又陆续将一些货物的税率由17%调整为13%，包括农机产品；经简单加工的粮食制品；金属矿采选产品和非金属矿采选产品；农用水泵、农用柴油机。零税率适用于出口货物。

（2）小规模纳税人适用的征收率。小规模纳税人销售货物或提供应税劳务，适用6%的征收率。但从1998年7月1日起，商业企业小规模纳税人增值税的征收率由6%调减为4%。

5. 增值税应纳税额的计算

一般纳税人销售货物或者提供应税劳务应纳税额为当期销项税额抵扣当期进项税额后

的余额。应纳税额的计算公式是：

$$应纳税额=当期销项税额-当期进项税额$$

$$销项税额=销售额\times税率$$

小规模纳税人销售货物或者应税劳务，实行简易办法计算应纳税额，即：

$$应纳税额=销售额\times征收率$$

纳税人进口货物应纳税额的计算公式是：

$$应纳税额=组成计税价格\times税率$$

$$组成计税价格=关税完税价格+关税+消费税税额$$

6. 税收减免

根据有关规定，增值税的免税项目主要包括农业（包括种植业、养殖业、林业、牧业、水产业）生产单位和个人销售的资产初级农业产品；来料加工复出的货物；国家鼓励、支持发展的外商投资项目和国内投资项目投资总额内进口的自用设备（国家另有规定的除外）；利用外国政府贷款和国际金融组织贷款项目进口的设备；避孕药品和用具；向社会收购的古旧图书；国家规定的科研机构和学校，在合理数量的范围内，进口国内不能生产的科研和教学用品，直接用于科研或者教学的；外国政府、国际组织无偿援助的进口物资和设备；符合国家规定的进口供残疾人专用的物品；个人（不包括个体经营者）销售自己使用过的物品；企业生产的金、银；国有粮食企业销售的政策粮食和植物油；军事工业企业、军队和公安、司法等部门所属企业和一般企业生产的规定军警用品；专供残疾人使用的假肢、轮椅、矫形器；个体残疾劳动者提供的加工和修理修配劳务；符合国家规定的利用废渣生产的建材产品。

8.2.2　消费税法

1. 消费税的特征

消费税是对我国境内从事生产、委托加工和进口应税消费品的单位和个人，就其销售额或销售数量，在特定环节征收的一种税。消费税有以下特征。

（1）选择性征收。它是指从消费税征税范围看，只是选择部分消费品或消费行为征税。

（2）单环节课征。它是指消费品从生产到消费的整个流转过程，只规定一个环节征税。

（3）税率、税额的差别。它是指对消费税应税项目规定高低不等的税率、税额，以体现消费税的个别调节。

（4）税收转嫁性。它是指消费税可通过消费品的销售转嫁给消费者。

2. 纳税人

凡在我国境内生产、委托加工和进口应税消费品的单位和个人都是消费税的纳税义务人，也包括三资企业。消费税纳税人具体包括生产应税消费品的单位和个人；进口应税消费品的单位和个人；委托加工应税消费品的单位和个人。其中委托加工的应税消费品由受托方提货时代扣代缴，但受托方如为个体经营者，则应由委托方回委托方所在地申报纳税。自产自得应税消费品，由自产自用单位和个人在移送使用时缴纳消费税。

3. 征税范围

消费税的征税范围是指在中华人民共和国境内生产、委托加工和进口的应税消费品。根据《消费税条例》的规定，具体包括烟、酒及酒精、化妆品、贵重首饰及珠宝玉石、鞭炮和焰火、成品油、汽车轮胎、摩托车、小汽车、高尔夫球及球具、高档手表、游艇、木制一次性筷子、实木地板等税目。

4. 税目和税率

消费税税率采用的是比例税率和定额税率。甲类卷烟的税率为45%，乙类卷烟和烟丝税率为30%，雪茄烟税率为5%；白酒税率为20%，黄酒单位税额为240元/吨，啤酒单位税额为220元/吨，其他酒税率为10%，酒精税率为5%；鞭炮、焰火税率为15%；贵重首饰及珠宝玉石的税率为5%和10%；化妆品税率是30%；高尔夫球及球具税率为10%；高档手表税率为20%；游艇税率为10%；木制一次性筷子税率为5%；实木地板税率为5%；无铅汽油、石脑油、溶剂油、润滑油，单位税额为1.0元/升；含铅汽油的单位税额为1.4元/升；柴油、燃料油、航空煤油，单位税额为0.8元/升；汽车轮胎的税率为3%；摩托车税率为3%和10%两档；自2008年9月1日起，排气量在4.0升以上的乘用车，税率调至40%；排气量在3.0升以上至4.0升（含4.0升）的乘用车，税率调至25%；2.5升至3.0升（含）的乘用车税率为12%；2.0升至2.5升（含）的乘用车税率为9%；1.0升至1.5升（含）的乘用车税率为3%；排气量在1.0升（含1.0升）以下的乘用车，税率调至1%。

5. 消费税应纳税额的计算

消费税实行从价定率或者从量定额的办法计算应纳税额。应纳税额的计算公式是：

$$应纳税额=销售额×税率$$
$$应纳税额=销售数量×单位税额$$

6. 税收减免

消费税的目的是调节和控制消费，一般不予减免。为了鼓励出口，我国借鉴国际惯例，对纳税人出口的应税消费品免征消费税，但不包括国家限制出口的消费品。

8.2.3 营业税

营业税是指对在中华人民共和国境内提供应税劳务、转让无形资产和销售不动产的单位和个人就其营业额征收的一种税。目前我国调整营业税的法律文件主要是《中华人民共和国营业税暂行条例》（2009年）和《中华人民共和国营业税暂行条例实施细则》（2009年）。

1. 纳税人

营业税的纳税人是在中华人民共和国境内提供应税劳务、转让无形资产或者销售不动产的单位和个人。

2. 税目与税率

营业税共有9个税目，分别是交通运输业、建筑业、金融保险业、邮电通信业、文化体育业、娱乐业、服务业、转让无形资产、销售不动产。营业税的征税范围和税率如下。

（1）交通运输业、陆路运输、水路运输、航空运输、管道运输、装卸搬运，税率为3%。

（2）建筑业包括建筑、安装、修缮、装饰及其他工程作业，税率为3%。

（3）金融保险业，税率为5%。

（4）邮电通信业，税率为3%。

（5）文化体育业，税率为3%。

（6）娱乐业包括歌厅、舞厅、卡拉OK歌舞厅、音乐茶座、台球、高尔夫球、保龄球、游艺，税率为5%~20%；其中，夜总会、歌厅、舞厅、射击、狩猎、跑马、游戏、高尔夫球、保龄球、台球等营业税税率统一定为20%。

（7）服务业，包括代理业、旅店业、饮食业、旅游业、仓储业、广告业及其他服务业，税率为5%。

（8）转让无形资产，包括转让土地使用权、专利权、非专利技术、商标权、著作权、商誉，税率为5%。

（9）销售不动产，包括销售建筑物及其他土地附着物的，税率为5%。

3. 营业税的计税依据和应纳税额的计算

营业税的计税依据是提供应税劳务的营业额，转让无形资产的转让额或者销售不动产的销售额，统称为营业额。它是纳税人向对方收取的全部价款和在价款之外取得的一切费用，如手续费、服务费、基金等。

营业税应纳税额的计算公式是：

$$应纳税额 = 营业额 \times 税率$$

纳税人的营业额为纳税人提供应税劳务、转让无形资产或者销售不动产向对方收取的全部价款和价外费用，但是，下列情形除外。

（1）运输企业自中华人民共和国境内运输旅客或者货物出境,在境外改由其他运输企业承运乘客或者货物的,以全程运费减去付给该承运企业的运费后的余额为营业额。

（2）旅游企业组织旅游团到中华人民共和国境外旅游,在境外改由其他旅游企业接团的,以全程旅游费减去付给该接团企业的旅游费后的余额为营业额。

（3）建筑业的总承包人将工程分包或者转包给他人的,以工程的全部承包额减去付给分包人或者转包人的价款后的余额为营业额。

（4）转贷业务,以贷款利息减去借款利息后的余额为营业额。

（5）外汇、有价证券、期货买卖业务,以卖出价减去买入价后的余额为营业额。

（6）财政部规定的其他情形。

4. 税收减免

《中华人民共和国营业税暂行条例》第6条规定,下列项目免征营业税：托儿所、幼儿园、养老院、残疾人福利机构提供的育养服务,婚姻介绍,殡葬服务；残疾人员个人提供的劳务；医院、诊所和其他医疗机构提供的医疗服务；学校和其他教育机构提供的教育劳务,学生勤工俭学提供的劳务；农业机耕、排灌、病虫害防治、植保、农牧保险以及相关技术培训业务,家禽、牲畜、水生动物的配种和疾病防治；纪念馆、博物馆、文化馆、美术馆、展览馆、书画院、图书馆、文物保护单位举办文化活动的门票收入,宗教场所举办文

化、宗教活动的门票收入。除前款规定外，营业税的免税、减税项目由国务院规定。任何地区、部门均不得规定免税、减税项目。

8.2.4　关税

关税是指设置在一国边境、沿海口岸或者该国指定的其他水、陆、空国际交通通道的海关机关对进出境的货物或者物品征收的一种税。我国现行的《中华人民共和国进出口关税条例》是国务院于2003年11月23日公布，自2004年1月1日起施行的。

1. 纳税主体

关税的纳税人主要是进口货物的收货人、出口货物的发货人、进境物品的所有人。

2. 税率

我国已于2001年12月正式加入了世界贸易组织，根据我国的入世承诺，我国将大幅度降低关税。从2002年1月1日起，我国降低了五千三百多个税目的税率，我国的关税总水平由15.3%降至12%左右，到2005年下降至10%以下。我国的进口关税平均税率从2009年1月1日起降至9.8%，其中农产品平均税率为15.2%，工业品平均税率为8.9%。

8.3　所得税法

8.3.1　企业所得税

企业所得税是指中华人民共和国境内的企业和其他取得收入的组织就其来源于中国境内、境外的生产经营所得和其他所得课征的一种税。《中华人民共和国企业所得税法》（以下简称《企业所得税法》）已由中华人民共和国第十届全国人民代表大会第五次会议于2007年3月16日通过，自2008年1月1日起施行。

1. 纳税人

企业所得税的纳税人，为中华人民共和国境内设立的、取得应税所得、实行独立核算的企业或组织，但个人独资企业、合伙企业除外。

这里所说的企业，包括居民企业和非居民企业。居民企业，是指依法在中国境内成立，或者依照外国（地区）法律成立但实际管理机构在中国境内的企业。非居民企业，是指依照外国（地区）法律成立且实际管理机构不在中国境内，但在中国境内设立机构、场所的，或者在中国境内未设立机构、场所，但有来源于中国境内所得的企业。

2. 征税对象

居民企业应当就其来源于中国境内、境外的所得缴纳企业所得税。非居民企业在中国境内设立机构、场所的，应当就其所设机构、场所取得的来源于中国境内的所得，以及发生在中国境外但与其所设机构、场所有实际联系的所得，缴纳企业所得税。非居民企业在中国境内未设立机构、场所的，或者虽设立机构、场所但取得的所得与其所设机构、场所没有实际联系的，应当就其来源于中国境内的所得缴纳企业所得税。

3. 计税依据

企业每一纳税年度的收入总额，减除不征税收入、免税收入、各项扣除以及允许弥补

的以前年度亏损后的余额，为应纳税所得额。

（1）收入总额。《企业所得税法》第6条规定，企业以货币形式和非货币形式从各种来源取得的收入，为收入总额，包括销售货物收入；提供劳务收入；转让财产收入；股息、红利等权益性投资收益；利息收入；租金收入；特许权使用费收入；接受捐赠收入；其他收入。

（2）不征税收入。《企业所得税法》第7条规定，收入总额中的下列收入为不征税收入：财政拨款；依法收取并纳入财政管理的行政事业性收费、政府性基金；国务院规定的其他不征税收入。

（3）成本与费用的扣除。企业实际发生的与取得收入有关的、合理的支出，包括成本、费用、税金、损失和其他支出，准予在计算应纳税所得额时扣除。企业发生的公益性捐赠支出，在年度利润总额12%以内的部分，准予在计算应纳税所得额时扣除。在计算应纳税所得额时，下列支出不得扣除：①向投资者支付的股息、红利等权益性投资收益款项；②企业所得税税款；③税收滞纳金；④罚金、罚款和被没收财物的损失；⑤法定的捐赠支出；⑥赞助支出；⑦未经核定的准备金支出；⑧与取得收入无关的其他支出。

在计算应纳税所得额时，企业按照规定计算的固定资产折旧，准予扣除。但是，下列固定资产不得计算折旧扣除：①房屋、建筑物以外未投入使用的固定资产；②以经营租赁方式租入的固定资产；③以融资租赁方式租出的固定资产；④已足额提取折旧仍继续使用的固定资产；⑤与经营活动无关的固定资产；⑥单独估价作为固定资产入账的土地；⑦其他不得计算折旧扣除的固定资产。

在计算应纳税所得额时，企业按照规定计算的无形资产摊销费用，准予扣除。但是，下列无形资产不得计算摊销费用扣除：①自行开发的支出已在计算应纳税所得额时扣除的无形资产；②自创商誉；③与经营活动无关的无形资产；④其他不得计算摊销费用扣除的无形资产。

在计算应纳税所得额时，企业发生的下列支出作为长期待摊费用，按照规定摊销的，准予扣除：①已足额提取折旧的固定资产的改建支出；②租入固定资产的改建支出；③固定资产的大修理支出；④其他应当作为长期待摊费用的支出。

企业对外投资期间，投资资产的成本在计算应纳税所得额时不得扣除。企业使用或者销售存货，按照规定计算的存货成本，准予在计算应纳税所得额时扣除。企业转让资产，该项资产的净值，准予在计算应纳税所得额时扣除。

企业在汇总计算缴纳企业所得税时，其境外营业机构的亏损不得抵减境内营业机构的盈利。

4. 税率

企业所得税的税率为25%。非居民企业在中国境内未设立机构、场所的，或者虽设立机构、场所但取得的所得与其所设机构、场所没有实际联系的，适用税率为20%。《企业所得税法》第28条规定，对于符合条件的小型微利企业，减按20%的税率征收企业所得税。国家需要重点扶持的高新技术企业，减按15%的税率征收企业所得税。

5. 亏损弥补

纳税人发生年度亏损的，可以用下年度的所得弥补；下一纳税年度的所得不足弥补的，可以逐年连续弥补，但延续弥补期最长不得超过 5 年。

6. 纳税、申报期限

企业所得税按纳税年度计算。纳税年度自公历1月1日起至12月31日止。企业在一个纳税年度中间开业，或者终止经营活动，使该纳税年度的实际经营期不足12个月的，应当以其实际经营期为一个纳税年度。企业依法清算时，应当以清算期间作为一个纳税年度。

企业所得税分月或者分季预缴。企业应当自月份或者季度终了之日起15日内，向税务机关报送预缴企业所得税纳税申报表，预缴税款。企业应当自年度终了之日起5个月内，向税务机关报送年度企业所得税纳税申报表，并汇算清缴，结清应缴应退税款。

企业在年度中间终止经营活动的，应当自实际经营终止之日起60日内，向税务机关办理当期企业所得税汇算清缴。企业应当在办理注销登记前，就其清算所得向税务机关申报并依法缴纳企业所得税。

7. 纳税地点

除税收法律、行政法规另有规定外，居民企业以企业登记注册地为纳税地点；但登记注册地在境外的，以实际管理机构所在地为纳税地点。居民企业在中国境内设立不具有法人资格的营业机构的，应当汇总计算并缴纳企业所得税。

非居民企业取得的所得，以机构、场所所在地为纳税地点。非居民企业在中国境内设立两个或者两个以上机构、场所的，经税务机关审核批准，可以选择由其主要机构、场所汇总缴纳企业所得税。非居民企业取得的所得但未设机构和场所的，以扣缴义务人所在地为纳税地点。

《企业所得税法》规定，除国务院另有规定外，企业之间不得合并缴纳企业所得税。

8.3.2　个人所得税法

个人所得税是指对在中国境内有住所，或者无住所而在境内居住满1年的个人，从中国境内或境外取得的所得；或者在中国境内无住所又不居住或者无住所而在境内居住不满1年的个人，从中国境内取得的所得征收的一种税。目前我国调整个人所得税的法律文件主要是《中华人民共和国个人所得税法》（以下简称《个人所得税法》）。

1. 纳税人主体

个人所得税的纳税人分为居民纳税义务人和非居民纳税义务人。所谓居民纳税义务人，是指在中国境内有住所或者无住所而在中国境内居住满1年的个人，即负有居民纳税义务，就其从中国境内和境外取得的所得，都应缴纳个人所得税。所谓非居民纳税义务人，是指在中国境内没有住所又不居住或者无住所而在中国境内居住不满1年的个人，负有非居民纳税义务，其从中国境内取得的所得，都应缴纳个人所得税。

2. 征税范围

个人所得税的征税对象是个人取得的各项所得，即：工资、薪金所得；个体工商户的生产、经营所得；对企业单位的承包经营、承租经营所得；劳务报酬所得；稿酬所得；特许权使用费所得；利息、股息、红利所得；财产租赁所得；财产转让所得；偶然所得；经国务院财政部门确定征税的其他所得。

3. 计税依据

个人所得税的计税依据是指个人所得中的应纳税所得额。个人每项收入的应纳税额按照下列方法计算。

（1）工资、薪金所得，以每月收入额减除费用2 000元后的余额，为应纳税所得额。

（2）个体工商户的生产经营所得，以每一纳税年度的收入总额，减除成本、费用以及损失后的余额，为应纳税所得额。

（3）对企事业单位的承包经营、承租经营所得，以每一纳税年度的收入总额，减除必要费用后的余额，为应纳税所得额。

（4）劳务报酬所得、稿酬所得、特许权使用费所得、财产租赁所得，每次收入不超过4 000元的，减除800元；4 000元以上的，减除每次收入的20%，其余额为应纳税所得额。

（5）财产转让所得，以转让财产的收入额减除财产原值和合理费用后的余额，为应纳税所得额。

（6）利息、股息、红利所得，偶然所得和其他所得，以每次收入额，为应纳税所得额。

4. 税率

（1）工资、薪金按月合并计税，税率为5%~45%的九级超额累进税率，详细内容见个人所得税税率表（见表8-1）。

表8-1　个人所得税税率表

级　数	全月应纳税所得额	税率（%）	速算扣除数
1	不超过500元的	5	0
2	超过500元至2 000元的部分	10	25
3	超过2 000元至5 000元的部分	15	125
4	超过5 000元至20 000元的部分	20	375
5	超过20 000元至40 000元的部分	25	1 375
6	超过40 000元至60 000元的部分	30	3 375
7	超过60 000元至80 000元的部分	35	6 375
8	超过80 000元至100 000元的部分	40	10 375
9	超过100 000元的部分	45	15 375

（2）个体工商户的生产经营所得和对企事业单位的承包经营、承租经营所得，适用5%~35%的五级超额累进税率，详细内容见个人所得税税率表（见表8-2）。

表8-2 个人所得税税率表

级 数	全年应纳税所得额	税率（%）	速算扣除数
1	不超过5 000元的	5	0
2	超过5 000元至10 000元的部分	10	250
3	超过10 000元至30 000元的部分	20	1 250
4	超过30 000元至50 000元的部分	30	4 250
5	超过50 000元的部分	35	6 750

（3）劳务报酬所得、稿酬所得、特许权使用费所得、财产租赁所得、财产转让所得、利息、股息、红利所得，偶然所得和其他所得，均适用20%的比例税率。其中，稿酬所得，按应纳税额减征30%；劳务报酬奇高的，实行加成征收。

5. 征收方法

（1）个人所得税以所得人为纳税义务人，以支付所得的单位或者个人为扣缴义务人。个人所得超过国务院规定数额的，在两处以上取得工资、薪金所得或者没有扣缴义务人的，以及具有国务院规定的其他情形的，纳税义务人应当按照国家规定办理纳税申报。扣缴义务人应当按照国家规定办理全员全额扣缴申报。

（2）扣缴义务人每月所扣的税款，自行申报纳税人每月应纳的税款，都应当在次月7日内缴入国库，并向税务机关报送纳税申报表。

（3）工资、薪金所得应纳的税款，按月计征，由扣缴义务人或者纳税义务人在次月7日内缴入国库，并向税务机关报送纳税申报表。特定行业的工资、薪金所得应纳的税款，可以实行按年计算、分月预缴的方式计征，具体办法由国务院规定。

（4）个体工商户的生产、经营所得应纳的税款，按年计算，分月预缴，由纳税义务人在次月7日内预缴，年度终了后3个月内汇算清缴，多退少补。

（5）对企事业单位的承包经营、承租经营所得应纳的税款，按年计算，由纳税义务人在年度终了后30日内缴入国库，并向税务机关报送纳税申报表。纳税义务人在1年内分次取得承包经营、承租经营所得的，应当在取得每次所得后的7日内预缴，年度终了后3个月内汇算清缴，多退少补。

（6）从中国境外取得所得的纳税义务人，应当在年度终了后30日内，将应纳的税款缴入国库，并向税务机关报送纳税申报表。

6. 税收优惠

根据《个人所得税法》第4条的规定，下列各项所得免征个人所得税。

（1）各省人民政府、国务院部委和中国人民解放军军以上单位，以及外国组织、国际组织颁发的科学、教育、技术、文化、卫生、体育、环境保护等方面的奖金。

（2）国债和国家发行的金融债券利息。

（3）按照国家统一规定发给的补贴、津贴。

（4）福利费、抚恤金、救济金。

（5）保险赔款。

（6）军人的转业费、复员费。

（7）按照国家规定发给干部、职工的安家费、退职费、退休工资、离休工资、离休生活补助费。

（8）依照我国有关法律规定应予免税的各国驻华使馆、领事馆的外交代表、领事官员和其他人员的所得。

（9）中国政府参加的国际公约、签订的协议中规定免税的所得。

（10）经国务院财政部门批准免税的所得。

根据《个人所得税法》第5条的规定，有下列情形之一的，经批准可以减征个人所得税。

（1）残疾、孤寡人员和烈属的所得。

（2）因严重自然灾害造成重大损失的。

（3）其他经国务院财政部门批准减税的。

8.4 税收征收管理法

8.4.1 税务管理

1. 税务登记

纳税登记是指纳税人在开业、歇业前或其他生产经营期间发生的重大变动，在法定期间内向主管税务机关办理书面登记的一项制度。

（1）开业登记制度。从事生产、经营的纳税人自领取营业执照之日起30日内，持有关证件，向税务机关申报办理税务登记。税务机关应当自收到申报之日起30日内审核并发给税务登记证件。

（2）变更、注销登记制度。纳税人的税务登记内容发生变化的，应当自工商行政管理机关办理变更登记之日起30日内或者在向工商行政管理机关申请办理注销登记之前，持有关证件向税务机关申报办理变更或者注销税务登记。

（3）税务登记证件的使用制度。从事生产、经营的纳税人应当按照国家有关规定，持税务登记证件，在银行或者其他金融机构开立基本存款账户和其他存款账户，并将其全部账号向税务机关报告。银行和其他金融机构应当在从事生产、经营的纳税人的账户中登录税务登记证件号码，并在税务登记证件中登录从事生产、经营的纳税人的账户账号。税务机关依法查询从事生产、经营的纳税人开立账户的情况时，有关银行和其他金融机构应当予以协助。

纳税人按照国务院税务主管部门的规定使用税务登记证件。税务登记证件不得转借、涂改、损毁、买卖或者伪造。

2. 账簿凭证管理

账簿凭证管理制度包括账簿凭证的设置制度、财务会计制度、发票管理制度、账簿凭证的保管制度和税控装置制度等。

（1）账簿凭证的设置。《税收征收管理法》规定，纳税人、扣缴义务人按照有关法律、行政法规和国务院财政、税务主管部门的规定设置账簿，根据合法、有效凭证记账，进行核算。

（2）财务会计办法备案制度。从事生产、经营的纳税人的财务、会计制度或者财务、会计处理办法和会计核算软件，应当报送税务机关备案。

（3）发票管理制度。税务机关是发票的主管机关，负责发票印制、领购、开具、取得、保管、缴销的管理和监督。单位、个人在购销商品、提供或者接受经营服务以及从事其他经营活动中，应当按照规定开具、使用、取得发票。

增值税专用发票由国务院税务主管部门指定的企业印制；其他发票，按照国务院税务主管部门的规定，分别由省、自治区、直辖市国家税务局、地方税务局指定企业印制。未经法定的税务机关指定，不得印制发票。

（4）税控装置制度。国家根据税收征收管理的需要，积极推广使用税控装置。纳税人应当按照规定安装、使用税控装置，不得损毁或者擅自改动税控装置。

（5）账簿凭证的保管制度。从事生产、经营的纳税人、扣缴义务人必须按照国务院财政、税务主管部门规定的保管期限保管账簿、记账凭证、完税凭证及其他有关资料。账簿、记账凭证、完税凭证及其他有关资料不得伪造、变造或者擅自损毁。

3. 纳税申报

（1）纳税申报的方式。纳税人、扣缴义务人可以直接到税务机关办理纳税申报或者报送代扣代缴、代收代缴税款报告表，经税务机关批准，纳税人、扣缴义务人可以采取邮寄、数据电文方式办理纳税申报或者报送代扣代缴、代收代缴税款报告表。

（2）纳税申报表的内容和申报资料。纳税人、扣缴义务人的纳税申报或者代扣代缴、代收代缴税款报告表的主要内容包括税种、税目，应纳税项目或者应代扣代缴、代收代缴税款项目，计税依据，扣除项目及标准，适用税率或者单位税额，应退税项目及税额、应减免税项目及税额，应纳税额或者应代扣代缴、代收代缴税额，税款所属期限、延期缴纳税款、欠税、滞纳金等。

（3）延期申报。纳税人、扣缴义务人按照规定的期限办理纳税申报或者报送代扣代缴、代收代缴税款报告表确有困难，需要延期的，应当在规定的期限内向税务机关提出书面延期申请，经税务机关核准，在核准的期限内办理。纳税人、扣缴义务人因不可抗力，不能按期办理纳税申报或者报送代扣代缴、代收代缴税款报告表的，可以延期办理；但是，应当在不可抗力情形消除后立即向税务机关报告。税务机关应当查明事实，予以核准。

8.4.2 税款征收

1. 税款征收基本制度

税款征收基本制度主要包括征纳主体制度、征纳期限制度、退税制度、应纳税额的确定制度、税款入库制度和文书送达制度。

（1）征纳主体制度。征税主体是税务机关、税务人员以及经税务机关依照法律、行政法规委托的单位和人员，其他任何单位和个人不得进行税款征收活动。扣缴义务人依照法

律、行政法规的规定履行代扣、代收税款的义务。对法律、行政法规没有规定负有代扣、代收税款义务的单位和个人，税务机关不得要求其履行代扣、代收税款义务。

（2）征纳期限制度。征纳期限制度主要包括纳税主体的纳税期限和征税主体的征税期限。征税期限主要表现在征税机关的补征期和追征期上。纳税人因有特殊困难，不能按期缴纳税款的，经省、自治区、直辖市国家税务局、地方税务局批准，可以延期缴纳税款，但是最长不得超过3个月。纳税人的特殊困难包括：①因不可抗力，导致纳税人发生较大损失，正常生产经营活动受到较大影响的；②当期货币资金在扣除应付职工工资、社会保险费后，不足以缴纳税款的。

（3）退税制度。纳税人超过应纳税额缴纳的税款，税务机关发现后应当立即退还；纳税人自结算缴纳税款之日起3年内发现的，可以向税务机关要求退还多缴的税款并加算银行同期存款利息，税务机关及时查实后应当立即退还；涉及从国库中退库的，依照法律、行政法规有关国库管理的规定退还。

（4）应纳税额的确定制度。应纳税额的确定一般由征税机关根据纳税人的纳税申报来确定，在纳税人申报不实或未纳税申报时，税务机关享有核定权和调整权。《税收征收管理法》规定，纳税人有下列情形之一的，税务机关有权核定其应纳税额。①依照法律、行政法规的规定可以不设置账簿的。②依照法律、行政法规的规定应当设置账簿但未设置的。③擅自销毁账簿或者拒不提供纳税资料的。④设置账簿，但账目混乱或者成本资料、收入凭证、费用凭证残缺不全，难以查账的。⑤发生纳税义务，未按照规定的期限办理纳税申报，经税务机关责令限期申报，逾期仍不申报的。⑥纳税人申报的计税依据明显偏低，又无正当理由的。

（5）税款入库制度。国家税务局和地方税务局应当按照国家规定的税收征收管理范围和税款入库预算级次，将征收的税款缴入国库。

（6）文书送达制度。税务机关送达税务文书，应当直接送交受送达人。受送达人是公民的，应当由本人直接签收；本人不在的，交其同住成年家属签收。受送达人是法人或者其他组织的，应当由法人的法定代表人、其他组织的主要负责人或者该法人、组织的财务负责人、负责收件的人签收。受送达人有代理人的，可以送交其代理人签收。

送达税务文书应当有送达回证，并由受送达人或者法律规定的其他签收人在送达回证上记明收到日期，签名或者盖章，即为送达。

送达的方式包括直接送达、委托送达、留置送达、邮寄送达和公告送达。如果同一送达事项的受送达人众多，且采用其他送达方式无法送达的，可以公告送达，公告送达的期限为30日。

2. 税收减免制度

纳税人可以依照法律、法规的规定书面申请减税、免税。减税、免税的申请须经法律、行政法规规定的减税、免税审查批准机关审批。地方各级人民政府、各级人民政府主管部门、单位和个人违反法律、行政法规规定，擅自作出的减税、免税决定无效，税务机关不得执行，并向上级税务机关报告。法律、行政法规规定或者经法定的审批机关批准减税、免税的纳税人，应当持有关文件到主管税务机关办理减税、免税手续。减税、免税期满，应当自期满次日起恢复纳税。享受减税、免税优惠的纳税人，减税、免税条件发生变化的，应当自发生变化之日起15日内向税务机关报告；不再符合减税、免税条件的，应当依法履行纳税义务；未依法纳税的，税务机关应当予以追缴。

3. 税款征收保障制度

税款征收保障制度包括税收保全制度、税收强制执行制度和其他保障制度。

（1）税收保全制度。税收保全制度包括责令限期缴纳税款、冻结存款、扣押查封财产、税收代位权和撤销权等制度。

（2）税收强制执行制度。从事生产、经营的纳税人、扣缴义务人未按照规定的期限缴纳或者解缴税款，纳税担保人未按照规定的期限缴纳所担保的税款，由税务机关责令限期缴纳，逾期仍未缴纳的，经县以上税务局（分局）局长批准，税务机关可以采取下列强制执行措施：书面通知其开户银行或者其他金融机构从其存款中扣缴税款；扣押、查封、依法拍卖或者变卖其价值相当于应纳税款的商品、货物或者其他财产，以拍卖或者变卖所得抵缴税款。

（3）其他税收保障制度。其他税收保障制度主要包括税收优先权制度、纳税担保制度和离境清税制度等。

8.4.3 税务检查

税务检查制度是税收征管制度中的保障性制度，主要包括税务检查的事项、纳税人在税务检查中的义务和税务机关在税务检查中的权利义务。

1. 税务检查的事项

根据《税收征收管理法》第54条的规定，税务机关有权进行下列税务检查。

（1）检查纳税人的账簿、记账凭证、报表和有关资料，检查扣缴义务人代扣代缴、代收代缴税款账簿、记账凭证和有关资料。

（2）到纳税人的生产、经营场所和货物存放地检查纳税人应纳税的商品、货物或者其他财产，检查扣缴义务人与代扣代缴、代收代缴税款有关的经营情况。

（3）责成纳税人、扣缴义务人提供与纳税或者代扣代缴、代收代缴税款有关的文件、证明材料和有关资料。

（4）询问纳税人、扣缴义务人与纳税或者代扣代缴、代收代缴税款有关的问题和情况。

（5）到车站、码头、机场、邮政企业及其分支机构检查纳税人托运、邮寄应纳税商品、货物或者其他财产的有关单据、凭证和有关资料。

（6）经县以上税务局（分局）局长批准，凭全国统一格式检查存款账户许可证明，查询从事生产、经营的纳税人、扣缴义务人在银行或者其他金融机构的存款账户。

税务机关在调查税收违法案件时，经设区的市、自治州以上税务局（分局）局长批准，可以查询案件涉嫌人员的储蓄存款。

2. 纳税人在税务检查中的权利和义务

根据《税收征收管理法》规定，纳税人、扣缴义务人必须接受税务机关依法进行的税

务检查，如实反映情况，提供有关资料，不得拒绝、隐瞒。

根据《税收征收管理法》的规定，纳税人、扣缴义务人依法享有咨询权、知情权、要求保密权、陈述权、申辩权、要求回避权等权利。

3. 税务机关在税务检查中的权利和义务

根据《税收征收管理法》第56条的规定，税务机关依法进行税务检查时，有权向有关单位和个人调查纳税人、扣缴义务人和其他当事人与纳税或者代扣代缴、代收代缴税款有关的情况，有关单位和个人有义务向税务机关如实提供有关资料及证明材料。

税务机关派出的人员进行税务检查时，应当出示税务检查证和税务检查通知书，并有责任为被检查人保守秘密。未出示税务检查证和税务检查通知书的，被检查人有权拒绝检查。

训练路径

1. 背景资料

（1）《中华人民共和国税收征收管理法》（第九届全国人民代表大会常务委员会第二十一次会议于2001年4月28日修订通过，自2001年5月1日起施行）

（2）《中华人民共和国企业所得税法》（2007年3月16日第十届全国人民代表大会第五次会议通过，自2008年1月1日起施行）

（3）《中华人民共和国个人所得税法》（第十届全国人民代表大会常务委员会第三十一次会议于2007年12月29日修订通过，自2008年3月1日起施行）

（4）《中华人民共和国增值税暂行条例》（2008年11月5日国务院第34次常务会议修订通过，自2009年1月1日起施行）

（5）《中华人民共和国消费税暂行条例》（2008年11月5日国务院第34次常务会议修订通过，自2009年1月1日起施行）

（6）《中华人民共和国营业税暂行条例》（2008年11月5日国务院第34次常务会议修订通过，自2009年1月1日起施行）

2. 实训目标

通过本章的学习和训练，使学生掌握流转税、所得税中包括的不同税种的征税对象、税率和计税依据，能够独立完成在税收实务中的申报和计税工作。

3. 组织实施

（1）分小组搜集、分析和讨论税收违法典型案例，强化学生的税收法制观念。

（2）安排学生模拟训练税务登记、纳税申报的流程。

4. 操作提示

税收的实务性非常强，重点和难点在于应纳税额的计算，尤其是增值税、个人所得税等这些与每个人工作、生活息息相关的税种，要着力演练。

5.成果检测

通过课堂测验等方法,检验学生们的学习状况,对于薄弱环节给予重点补习。

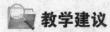 **教学建议**

(1)国家立法机关常常会根据经济发展的状况对税收制度做出调整和修订,一定要跟踪这些变化及时更新教学内容,使之与现实相符。

(2)限于篇幅,本章没有对我国当前的所有税种作介绍。教学过程中可以适当简单地介绍和说明,让学生对于国家税收制度有完整认识。

(3)可以着重让学生多做习题,切实理解和掌握流转税、所得税等不同税种的计税方法。

 复习思考题

1.税收的概念和特征是什么?

2.简述税法的构成要素。

3.简述增值税的纳税主体和计税依据。

4.简述企业所得税的计税依据与税率。

5.简述个人所得税的计税依据与减免范围。

6.论述税务管理的基本内容。

第9章　银行法律制度

能力目标

（1）能够掌握中央银行货币政策工具的内涵和适用条件，能够通过国家货币政策工具的变化判断经济发展状况和国家宏观调控信号。

（2）能够结合商业银行存款、贷款的业务规则，正确处理在实际工作中的相关业务关系。

任务分析

（1）掌握中国人民银行和银行业监督管理委员会的法律地位和监管职责，掌握中央银行货币政策工具的内容和适用货币政策的目标。

（2）掌握商业银行的特征、设立条件、经营规则、业务范围，尤其是存款、贷款业务规则。了解《商业银行法》规定的不同主体的法律责任。

引导案例

2003年8月，审计署向国务院报告了广东南海华光集团巨额贷款去向不明，10多亿元信贷资金面临损失的问题。国务院领导对此高度重视，立即要求监察部牵头、有关部门及广东省协助配合查处此案。经查，自1990年以来，冯某先后在境内外设立了南海华光装饰板材有限公司、南海粤华装饰板材厂、南海源益装饰材料有限公司等10多家关联企业，均由冯某出资、控制，对外统称"华光集团"。冯某通过弄虚作假，编造经营业绩，将连年亏损的华光集团炒作成为南海的"明星"民营企业，冯某本人也当选为市、区、镇三级人大代表。在这些光环的掩盖下，冯某采取各种欺诈手段大肆套取银行贷款和财政资金。从1990年至2003年8月止，华光集团向中国工商银行南海支行等7家金融机构累计贷款1125笔105亿余元。自1994年起，华光集团还通过南海区财政局属下香港某公司代开信用证和向财政局借用资金17亿余元。至案发止，华光集团在7家金融机构贷款金额100笔25.86亿元（其中工商银行南海支行70笔19.1亿元），未归还财政资金7.1亿元。由于华光集团已严重资不抵债，相关企业被依法宣告破产，造成银行贷款和财政资金的巨大损失。该案涉及党政机关、金融机构、企业及社会人员233人，其中厅级干部7人、处级干部13人。有关金融机构和地方政府部门共80名国家公职人员受到党纪、政纪处分；冯某等69人因涉嫌犯罪被司法机关依法追究刑事责任。（案例资料来源：《南海贷款诈骗案基本查结，80名国家公职人员受处分》，孙承斌，新华网，2005年1月16日。）

请你思考：商业银行在经营过程中该怎样应对金融风险？

9.1 中央银行法

9.1.1 中国人民银行法

1.中国人民银行法律地位

中国人民银行是1948年12月1日在华北银行、北海银行、西北农民银行的基础上合并组成的。1949年2月，中国人民银行由石家庄市迁入北京。1983年9月，国务院决定中国人民银行专门行使国家中央银行职能。中央银行在我国金融体系中处于主导地位，有权依法制定和推行国家货币信用政策，实施金融监管，以实现对经济发展的宏观调控。中国人民银行是我国的中央银行。人民银行法规定，中国人民银行在国务院领导下依法独立执行货币政策，履行职责，不受地方政府、各级政府部门、社会团体和个人的干涉。同时，根据人民银行法的规定，中国人民银行应当向全国人大常委会提交有关货币政策情况和金融监督管理情况的报告，即要受到最高国家权力机关的监督。

2.中国人民银行职责

根据人民银行法规定，中国人民银行的职责主要是保证国家货币政策的正确制定和执行，建立和完善中央银行宏观调控体系，加强对金融业的监督管理。具体而言，《中国人民银行法》（以下简称《人民银行法》）规定人民银行应依法履行下列职责。

（1）发布与履行其职责有关的命令和规章。

（2）依法制定和执行货币政策。

（3）发行人民币，管理人民币流通。

（4）监督管理银行间同业拆借市场和银行间债券市场。

（5）实施外汇管理，监督管理银行间外汇市场。

（6）监督管理黄金市场。

（7）持有、管理、经营国家外汇储备、黄金储备。

（8）经理国库。

（9）维护支付、清算系统的正常运行。

（10）指导、部署金融业反洗钱工作，负责反洗钱的资金监测。

（11）负责金融业的统计、调查、分析和预测。

（12）作为国家的中央银行，从事有关的国际金融活动。

（13）国务院规定的其他职责。

3.货币政策目标

《人民银行法》规定，中国人民银行为执行货币政策，可以运用法定的货币政策工具，其目标是保持货币币值的稳定，并以此促进经济的发展。执行货币政策是中国人民银行的一项重要的职能，其具体的货币政策工具有存款准备金、再贴现、向商业银行提供贷款、通过公开市场业务买卖政府债券及外汇。

4.中国人民银行的组织机构

根据我国中央银行法的规定，中国人民银行实行行长负责制。中国人民银行是国务院所属的国家行政机关，行长的人选要根据国务院总理的提名，由全国人民代表大会决定，由国家主席任免。副行长由国务院总理任免。中国人民银行行长、副行长及其他工作人员一律不得在任何金融机构、企业和基金会任职。中国人民银行设立货币政策委员会。该委员会是制定和咨询机构。其组成、职责和工作程序，由国务院另行规定，但要报全国人民代表大会备案。

中国人民银行根据履行职责的需要设立分支机构，作为中国人民银行的派出机构。中国人民银行对分支机构实行统一领导和管理。中国人民银行的分支机构根据中国人民银行的授权，维护本辖区的金融稳定，承办有关业务。据此，1998年11月中国人民银行管理体制实行了重大改革，撤销省级分行，跨省、自治区、直辖市设置九家分行，分别是天津分行、沈阳分行、上海分行、南京分行、济南分行、武汉分行、广州分行、成都分行、西安分行。撤销北京分行和重庆分行，由总行营业管理部履行所在地中央银行的职责。

5. 中央银行对人民币的管理

人民币是我国的法定货币。《人民银行法》规定，中华人民共和国的法定货币是人民币。以人民币支付中华人民共和国境内的一切公共的和私人的债务，任何单位和个人不得拒收。人民币的单位为元，人民币辅币单位为角、分。

中国人民银行管理人民币的印制、发行、兑换、收回和销毁。《人民银行法》规定，人民币由中国人民银行统一印制、发行。中国人民银行发行新版人民币，应当将发行时间、面额、图案、式样、规格予以公告。中国人民银行设立人民币发行库，在其分支机构设立分支库。分支库调拨人民币发行基金，应当按照上级库的调拨令办理。任何单位和个人不得违反规定，动用发行基金。残缺、污损的人民币，按照中国人民银行的规定兑换，并由中国人民银行负责收回、销毁。

根据《人民银行法》的规定，禁止任何破坏人民币正常流通的违法行为。具体包括禁止伪造、变造、毁损、非法使用人民币；禁止出售、购买伪造、变造的人民币；禁止故意毁损人民币；禁止在宣传品上非法使用人民币图样；禁止发行代币票券，以代替人民币在市场上流通等。

6. 中央银行的业务

中央银行的业务活动是其职责的具体化。根据《中国人民银行法》的规定，中央银行的法定业务包括以下几个方面。

（1）规定和集中存款准备金。所谓存款准备金是指具有存款业务的金融机构为应付储户提款而保留的库存现金和按照规定存入中央银行的存款。实行存款准备金制度，主要目的在于保护存款人的存款安全以及金融机构本身的安全，还有利于中央银行调节信用规模和控制货币供应量。

（2）确定中央银行基准利率。基准利率是指在多种利率并存的条件下起决定性作用的利率。基准利率变动，其他利率也相应变动。在我国基准利率是指中央银行对商业银行贷款的利率。中央银行通过基准利率的调整，可以有力地调控货币的供应量，实现宏观调控的目标。

（3）办理再贴现，即中央银行为在本行开立账户的商业银行办理再贴现业务。所谓的

贴现是指企业和其他生产经营者为取得现金，将未到期的票据交给商业银行，后者按规定的贴现率，扣去贴现日至票据到期日的贴现利息后，将票面金额支付给持票人（贴现人）的活动。票据到期后，商业银行凭票据向债务人兑取票款。再贴现是指商业银行将由企业转让的未到期的票据再转让给中央银行，以筹措资金。央行通过制定或调整再贴现利率来干预和影响市场利率及货币市场的供应与需求，从而调节市场货币供应量。

（4）向商业银行提供贷款。我国中央银行不办理普通银行的贷款业务，其贷款对象仅限于商业银行和其他金融机构。中央银行向商业银行提供贷款的目的并不是为了营利，而是为了调控货币供应量，宏观调节经济运行。中央银行必须依法对商业银行提供贷款。《中国人民银行法》规定，中国人民银行根据执行货币政策的需要，可以决定对商业银行贷款的数额、期限、利率和方式，但贷款的期限不得超过1年。

（5）公开市场业务。公开市场业务是指中央银行在公开市场上买进或者卖出有价证券的行为。公开市场业务有广义和狭义两种。广义的公开市场业务，是指中央银行除了在公开市场买卖国债和其他政府债券外，还买卖地方政府债券、政府担保的证券、银行承兑汇票等。狭义的公开市场业务，仅指中央银行在公开市场上买卖国债和其他政府债券。通过公开市场业务，中央银行可以根据国民经济的需要，在生产衰落、银根紧缩时，买入有价证券，相当于投放货币，以扩大信贷、刺激生产；当投资过度，生产过剩时，则卖出有价证券，回笼货币，紧缩银根，以抑制经济过热。中国人民银行还可以代理国务院财政部门向各金融机构组织发行、兑付国债和其他政府债券。

（6）经理国库。国库是国家金库，是负责办理国家预算资金的收入和支出的出纳机关。中国人民银行可以代理国务院财政部门向各金融机构组织发行、兑付国债和其他政府债券。

（7）清算服务。清算是指为了避免现款支付的不便，而以转账方式了结债权债务关系。金融机构之间的债权债务关系需要通过一个中枢机构办理转账结算，这种中枢机构一般由中央银行担任。中国人民银行应当组织或者协助组织金融机构相互之间的清算系统，协调金融机构相互之间的清算事项，提供清算服务。

同时，《人民银行法》对中央银行的活动作了禁止性规定，具体包括以下几个方面。

（1）禁止对金融机构透支。中国人民银行可以根据需要，为金融机构开立账户，但不得对金融机构的账户透支。

（2）禁止对政府财政透支及直接认购、包销国债和其他政府债券。中国人民银行不得对政府财政透支，不得直接认购、包销国债和其他政府债券。

（3）禁止向政府、非银行金融机构、个人提供贷款和担保。中国人民银行不得向地方政府、各级政府部门提供贷款，不得向非银行金融机构以及其他单位和个人提供贷款，但国务院决定中国人民银行可以向特定的非银行金融机构提供贷款的除外。中国人民银行不得向任何单位和个人提供担保。

7. 中央银行的财务会计

中国人民银行实行独立核算并纳入中央预算。《人民银行法》第38条规定，中国人民银行实行独立的财务预算管理制度。中国人民银行的预算经国务院财政部门审核后，纳入中

央预算，接受国务院财政部门的预算并执行监督。

中国人民银行的利润全部上缴中央财政，亏损也由中央财政拨款弥补。《人民银行法》规定，中国人民银行每一会计年度的收入减除该年度支出，并按照国务院财政部门核定的比例提取总准备金的净利润，全部上缴中央财政。中国人民银行的亏损由中央财政拨款弥补。

中国人民银行接受国务院审计机关和财政部门的审计和监督。《人民银行法》规定，中国人民银行的财务收支和会计事务，应当执行法律、行政法规和国家统一的财务会计制度，接受国务院审计机关和财政部门依法分别进行的审计和监督。

中国人民银行依法编制并公布财务会计报表。《人民银行法》规定，中国人民银行应当于每一会计年度结束后的3个月内，编制资产负债表、损益表和相关的财务会计报表，并编制年度报表，按照国家有关规定予以公布。中国人民银行的会计年度自公历1月1日起至12月31日止。

9.1.2 银行业监督管理法律制度

为了加强对银行业的监督管理，规范监督管理行为，防范和化解银行业风险，保护存款人和其他客户的合法权益，促进银行业健康发展，2003年12月第十届全国人民代表大会常务委员会第六次会议通过《银行业监督管理法》。国务院银行业监督管理机构负责对全国银行业金融机构及其业务活动监督管理的工作。国务院银行业监督管理机构根据履行职责的需要设立派出机构。国务院银行业监督管理机构对派出机构实行统一领导和管理。国务院银行业监督管理机构的派出机构在国务院银行业监督管理机构的授权范围内，履行监督管理职责。

1. 银监会监督管理职责

（1）制定金融监管规章。国务院银行业监督管理机构依照法律、行政法规制定并发布对银行业金融机构及其业务活动监督管理的规章、规则。

（2）对银行业金融机构的设立、变更、终止以及业务范围的监管。国务院银行业监督管理机构依照法律、行政法规规定的条件和程序，审查批准银行业金融机构的设立、变更、终止以及业务范围。申请设立银行业金融机构，或者银行业金融机构变更持有资本总额或者股份总额达到规定比例以上的股东的，国务院银行业监督管理机构应当对股东的资金来源、财务状况、资本补充能力和诚信状况进行审查。银行业金融机构业务范围内的业务品种，应当按照规定经国务院银行业监督管理机构审查批准或者备案。需要审查批准或者备案的业务品种，由国务院银行业监督管理机构依照法律、行政法规作出规定并公布。未经国务院银行业监督管理机构批准，任何单位或者个人不得设立银行业金融机构或者从事银行业金融机构的业务活动。国务院银行业监督管理机构对银行业金融机构的董事和高级管理人员实行任职资格管理。

国务院银行业监督管理机构应当在规定的期限内，对下列申请事项作出批准或者不批准的书面决定。①银行业金融机构的设立，自收到申请文件之日起6个月内。②银行业金融机构的变更、终止，以及业务范围和增加业务范围内的业务品种，自收到申请文件之日起3个月内。③审查董事和高级管理人员的任职资格，自收到申请文件之日起30日内。

（3）对银行业金融机构的业务活动及其风险状况监管。《银行业监督管理法》规定，银行业监督管理机构应当对银行业金融机构的业务活动及其风险状况进行非现场监管，建立银行业金融机构监督管理信息系统，分析、评估银行业金融机构的风险状况。银行业监督管理机构也应当对银行业金融机构的业务活动及其风险状况进行现场检查，并制定现场检查程序，规范现场检查行为。国务院银行业监督管理机构应当建立银行业金融机构监督管理评级体系和风险预警机制，根据银行业金融机构的评级情况和风险状况，确定对其现场检查的频率、范围和需要采取的其他措施。

（4）建立和执行突发事件的发现、报告岗位责任制和突发事件处置制度。国务院银行业监督管理机构应当建立银行业突发事件的发现、报告岗位责任制度。银行业监督管理机构发现可能引发系统性银行业风险、严重影响社会稳定的突发事件的，应当立即向国务院银行业监督管理机构负责人报告；国务院银行业监督管理机构负责人认为需要向国务院报告的，应当立即向国务院报告，并告知中国人民银行、国务院财政部门等有关部门。

国务院银行业监督管理机构应当会同中国人民银行、国务院财政部门等有关部门建立银行业突发事件处置制度，制定银行业突发事件处置预案，明确处置机构和人员及其职责、处置措施和处置程序，及时、有效地处置银行业突发事件。

（5）发布银行业金融机构的统计数据。《银行业监督管理法》规定，国务院银行业监督管理机构负责统一编制全国银行业金融机构的统计数据、报表，并按照国家有关规定予以公布。

（6）指导银行业自律。国务院银行业监督管理机构对银行业自律组织的活动进行指导和监督。银行业自律组织的章程应当报国务院银行业监督管理机构备案。

（7）参加国际交流。银行业监督管理法规定，国务院银行业监督管理机构可以开展与银行业监督管理有关的国际交流、合作活动。

2. 监督管理措施

（1）检查权。银行业监督管理机构根据履行职责的需要，有权要求银行业金融机构按照规定报送资产负债表、利润表和其他财务会计、统计报表、经营管理资料以及注册会计师出具的审计报告。银行业监督管理机构根据审慎监管的要求，可以采取下列措施进行现场检查。进入银行业金融机构进行检查；询问银行业金融机构的工作人员，要求其对有关检查事项作出说明；查阅、复制银行业金融机构与检查事项有关的文件、资料，对可能被转移、隐匿或者毁损的文件、资料予以封存；检查银行业金融机构运用电子计算机管理业务数据的系统。进行现场检查，应当经银行业监督管理机构负责人批准。现场检查时，检查人员不得少于2人，并应当出示合法证件和检查通知书；检查人员少于2人或者未出示合法证件和检查通知书的，银行业金融机构有权拒绝检查。

（2）调查权。银行业监督管理机构依法对银行业金融机构进行检查时，经设区的市一级以上银行业监督管理机构负责人批准，可以对与涉嫌违法事项有关的单位和个人采取下列措施。①询问有关单位或者个人，要求其对有关情况作出说明。②查阅、复制有关财务会计、财产权登记等文件、资料。③对可能被转移、隐匿、毁损或者伪造的文件、资料，予以先行登记保存。银行业监督管理机构采取前款规定措施，调查人员不得少于2人，并应当出示合法证件和调查通知书；调查人员少于2人或者未出示合法证件和调查通知书的，有

关单位或者个人有权拒绝。对依法采取的措施，有关单位和个人应当配合，如实说明有关情况并提供有关文件、资料，不得拒绝、阻碍或隐瞒。

（3）质询权。银行业监督管理机构根据履行职责的需要，可以与银行业金融机构董事、高级管理人员进行监督管理谈话，要求银行业金融机构董事、高级管理人员就银行业金融机构的业务活动和风险管理的重大事项作出说明。银行业监督管理机构可以责令银行业金融机构按照规定，如实向社会公众披露财务会计报告、风险管理状况、董事和高级管理人员变更以及其他重大事项等信息。

（4）行政强制权。银行业金融机构违反审慎经营规则的，国务院银行业监督管理机构或者其省一级派出机构应当责令其限期改正；逾期未改正的，或者其行为严重危及该银行业金融机构的稳健运行、损害存款人和其他客户合法权益的，经国务院银行业监督管理机构或者其省一级派出机构负责人批准，可以区别情形，采取下列措施。①责令暂停部分业务、停止批准开办新业务。②限制分配红利和其他收入。③限制资产转让。④责令控股股东转让股权或者限制有关股东的权利。⑤责令调整董事、高级管理人员或者限制其权利。⑥停止批准增设分支机构。银行业金融机构整改后，应当向国务院银行业监督管理机构或者其省一级派出机构提交报告。国务院银行业监督管理机构或者其省一级派出机构经验收，符合有关审慎经营规则的，应当自验收完毕之日起3日内解除对其采取的前款规定的有关措施。

经国务院银行业监督管理机关或者其省一级派出机构负责人批准，银行业监督管理机关有权查询涉嫌金融违法的银行业金融机构及其工作人员以及关联行为人的账户；对涉嫌转移或者隐匿违法资金的，经银行业监督管理机构负责人批准，可以申请司法机关予以冻结。

（5）接管、重组或者撤销权。银行业金融机构已经或者可能发生信用危机，严重影响存款人和其他客户合法权益的，国务院银行业监督管理机构可以依法对该银行业金融机构实行接管或者促成机构重组，接管和机构重组依照有关法律和国务院的规定执行。银行业金融机构有违法经营、经营管理不善等情形，不予撤销将严重危害金融秩序、损害公众利益，国务院银行业监督管理机关有权予以撤销。银行业金融机构被接管、重组或者被撤销的，国务院银行业监督管理机关有权要求该银行业金融机构的董事、高级管理人员和其他工作人员，按照国务院银行业监督管理机关的要求履行职责。在接管、机构重组或者撤销清算期间，经国务院银行业监督管理机关负责人批准，对直接负责的董事、高级管理人员和其他直接责任人员，可以采取下列措施：直接负责的董事、高级管理人员和其他直接责任人员出境将对国家利益造成重大损失的，通知出境管理机关依法阻止其出境；申请司法机关禁止其转移、转让财产或者对其财产设定其他权利。

9.2 商业银行法

9.2.1 设立商业银行

商业银行是指依照商业银行法和公司法设立的，吸收公众存款，发放贷款，办理结算等业务的企业法人，其组织形式包括有限责任公司和股份有限公司两种。

1. 设立商业银行的条件

设立商业银行，应当经国务院银行业监督管理机构审查批准。根据《中华人民共和国商业银行法》（以下简称《商业银行法》）的规定，设立商业银行应当具备下列条件。

（1）符合商业银行法和公司法规定的章程。章程是规定公司对外经营和对内管理各种权利能力的根本准则，是公司对外展示其权利能力，对内实行管理的依据。公司的行为是否违法，主要看公司是否违反了公司章程的规定。公司章程经审批部门批准后，就成为管理部门判断该公司行为合法与否的标准之一。因此，章程对公司的成立和存续行为都具有极其重要的意义。

（2）满足最低法定要求的注册资本。注册资本是指商业银行成立时，记载于银行章程并已经筹足的自有资本额的总和，是其经营所必需的财产基础，也是其对外承担民事责任的财产保障。商业银行的设立应经国务院银行业监督管理机构批准，有符合规定的最低资本实缴资本额（设有分支机构的全国性商业银行的注册资本最低限额为人民币10亿元，城市商业银行的注册资本最低限额为人民币为1亿元，农村商业银行的注册资本最低限额为人民币为5000万元）。并且要有法定验资机构出具的证明。

（3）有具备任职专业知识和业务工作经验的董事、高级管理人员。银行必须具有懂得金融专业知识、熟悉银行业务、拥有丰富工作经验的金融管理人员，否则就不能有效地开展经营活动。

（4）有健全的法人治理结构和比较完善的内部管理制度。

（5）有具备符合要求的营业场所、安全防范设备和与业务有关的其他设施。

2. 商业银行分支机构的设立

商业银行根据业务需要，可以在我国境内外设立分支机构，设立的主要条件包括如下。

（1）商业银行设立分支机构须报国务院银行业监督管理机构批准并公告，在境内的分支机构不按行政区域划定，而是根据业务需要而定。

（2）商业银行设立分支机构有一定的资金限制，应当按照规定拨付与其经营规模相适应的营运资金额。各商业银行总行拨付分支机构营运资金额的总和，不得超过总行资本金总额的60%。

商业银行的分支机构不具有法人资格，分支机构在总行的授权范围内依法开展业务，其民事责任由总行承担。总行对其分支机构实行全行统一核算，统一调度资金，分级管理的财务制度。

3. 商业银行的变更

根据《商业银行法》的有关规定，商业银行有下列变更事项之一的，应当由国务院银行业监督管理机构批准。①变更名称。②变更注册资本。③变更总行或者分支行所在地。④调整业务范围。⑤变更持有资本总额或者股份总额5%以上的股东。⑥修改章程。⑦国务院银行业监督管理机构规定的其他变更事项。更换董事长（行长）、总经理时，应当报经国务院银行业监督管理机构审查其任职条件。

商业银行的分立、合并，适用《公司法》的规定。商业银行的分立、合并，应当经国务院银行业监督管理机构审查批准。

9.2.2 商业银行业务范围

1. 商业银行的法定业务

按照我国《商业银行法》的规定，经国务院银行业监督管理机构批准，商业银行可以经营下列部分或全部业务。

（1）吸收公众存款。

（2）发放短期、中期和长期贷款。

（3）办理国内外结算。

（4）办理票据承兑与贴现。

（5）发行金融债券。

（6）代理发行、代理兑付、承销政府债券。

（7）买卖政府债券、金融债券。

（8）从事同业拆借。

（9）买卖、代理买卖外汇。

（10）从事银行卡业务。

（11）提供信用证服务及担保。

（12）代理收付款项及代理保险业务。

（13）提供保管箱服务。

（14）经国务院银行业监督管理机构批准的其他业务。

2. 负债业务

负债业务是商业银行通过一定的形式，组织资金来源的业务。其主要方式是吸收存款、发行金融债券、借款、应付款等。其中最主要的负债业务是吸收存款，包括活期存款、定期存款、教育储蓄存款、大额可转让定期存款、委托存款、保证金存款、通知存款等。在负债业务中，商业银行是债务人，各类存款人是债权人。

3. 资产业务

资产业务是商业银行运用其积聚的货币资金从事各种信用活动的业务，是商业银行取得收益的主要途径，包括发放贷款、进行投资、租赁业务、买卖外汇、票据贴现等。其中最主要的资产业务是贷款业务（含短期、中期、长期贷款）和投资业务。在资产业务中，商业银行是债权人，而借款人是债务人。此外，我国《商业银行法》第43条对商业银行的投资业务作了严格的限制，即商业银行在中华人民共和国境内不得从事信托投资和证券经营业务，不得向非自用不动产投资或者向非银行金融机构和企业投资。

4. 中间业务

中间业务是指商业银行并不运用自己的资金代理客户承办支付和其他委托事项并从中收取手续费的业务，包括办理国内外结算，代理发行、代理兑付、承销政府债券，代理买卖外汇，提供信用证服务及担保，代理收付款以及代理保险业务等。在经营中间业务时，商业银行并不运用自有资金或借入的资金，不会引起商业银行资产与负债比例的变化，商业银行既非债权人，亦非债务人，而是代理人或金融中介人。

5. 同业拆借业务

商业银行间的同业拆借应当遵守中国人民银行的规定。禁止利用拆入资金发放固定资产贷款或者用于投资。拆出资金限于交足存款准备金、留足备付金和归还中国人民银行到期贷款之后的闲置资金。拆入资金用于弥补票据结算、联行汇差头寸的不足和解决临时性周转资金的需要。

9.2.3　商业银行管理

1. 资产业务管理

（1）资产管理的范围。

资产管理指商业银行根据经济金融情况的变化，将银行的资产和负债在期限、结构、方式、数量和利率上进行不断的调整，以降低经营风险和增加获利机会，实现银行安全性、流动性和盈利性的经营管理目标，其中资产包括现金资产、证券资产、贷款资产、固定资产和无形资产。

（2）流动性管理和准备金管理。

商业银行的资产流动性是指银行在资产无损的情况下迅速变成现款的能力。准备金是指银行持有的现金资产和短期有价证券。

（3）投资管理

投资管理和贷款管理商业银行的投资主要是购入各种有价证券（不包括股票），以便在贷款效益低或风险较高时能够保住或者提高银行的利润。商业银行因行使抵押权和质权取得的不动产或者股票，应当自取得之日起1年内予以处置，以利于银行资产安全。

（4）贷款管理。

贷款的原则实行审贷分离，分级审批制度。审查的内容包括借款用途、偿还能力、还款方式等。对贷款项目实行贷前调查，贷时审查和贷后检查。任何单位和个人不得强令商业银行发放贷款或者提供担保。商业银行发放贷款，借款人应当提供担保，银行应当对保证人的偿还能力，抵押物、质物的权属和价值以及实现抵押权、质权的可行性进行严格的审查。

借款合同的主要内容包括贷款种类、用途、金额、利率、还款期限、还款方式、违约责任以及双方约定的其他事项。

2. 负债业务管理

负债管理是指商业银行以借入资金的方式来保持银行资产流动性，从而增加资产和银行的效益。商业银行以负债形式筹集资金，不得擅自提高或变相提高利率以及付费标准，以维护金融市场的公平竞争秩序。

3. 资产负债比例管理

资产负债比例管理是指商业银行通过规定资产负债的一定比率，对资产和负债间的比例关系设定警戒线，以保障其资产运营的安全。主要内容包括资本充足率不得低于8%，贷款余额与存款余额的比例不得超过75%，流动性资产余额与流动性债务余额的比例不得低于25%，对同一借款人的贷款余额与商业银行资本余额的比例不得超过10%，向股东提供贷款余额不得超过股东已缴股金的100%，以及中央银行对资产负债方面的其他规定。

4. 商业银行风险管理

资产风险管理指商业银行为了保证经营资金的安全，采取必要的风险管理办法，来防范、分散、转移和消除各种经营风险，经营风险的种类包括信用、投资、流动性和经营管理风险。

《商业银行法》特别规定了对关系人发放贷款的限制。所谓对银行关系人的贷款限制，即不得对银行高级职员及其亲友以及银行投资的金融机构发放信用贷款，不得对银行高级职员及其亲友担任高级管理职务的公司、企业和其他经济组织发放信用贷款。

《商业银行法》还规定，商业银行在我国境内不得从事信托投资和股票业务，不得投资于非自用不动产。商业银行在我国境内，也不得向非银行金融机构和企业直接投资。

5. 商业银行内部监督管理

根据《商业银行法》的规定，商业银行的内部监督管理包括以下方面。

（1）商业银行应当按照人民银行规定的存款利率的上、下限，确定存款利率，并予以公告。

（2）商业银行应当按照人民银行的规定，交存存款准备金。

（3）商业银行发行金融债券或者到境外借款，应当依法报经批准。

（4）商业银行同业拆借，应当遵守人民银行规定的期限，拆借的最长期限不得超过4个月。禁止利用拆入资金发放固定资产贷款或者用于投资。拆出资金限于交足存款准备金和归还中国人民银行到期贷款之后的闲置资金，拆入资金用于弥补票据结算、联行汇差头寸的不足和解决临时性周转资金的需要。

6. 商业银行外部监督管理

商业银行的外部监督管理包括两个方面。第一，来自人民银行、银行业监督管理委员会的监督管理。商业银行应当定期向上述机关报送资产负债表、损益表以及其他财务会计报表和资料；监管机关有权依照商业银行法的有关规定，随时对商业银行的存款、贷款、结算、呆账等情况进行检查监督。第二，来自国家审计机关的监督管理，商业银行应当依法接受审计机关的审计监督。

9.2.4 商业银行的经营原则

《商业银行法》规定，商业银行以安全性、流动性、效益性为经营原则，实行自主经营，自担风险，自负盈亏，自我约束。商业银行依法开展业务，不受任何单位和个人的干涉。商业银行以其全部法人财产独立承担民事责任。

商业银行的安全性、流动性和效益性是矛盾的统一体。流动性保障安全性，效益性又须以安全性为前提。商业银行法规定，为了保护商业银行、存款人和其他客户的合法权益，规范商业银行的行为，提高信贷资产质量，加强监督管理，保障商业银行的稳健运行，维护金融秩序，促进社会主义市场经济的发展。从上述规定中可以看出商业银行运营的重要目标就是提高信贷资产质量和效益，而为了实现效益目标就必须使商业银行的信贷资产在安全、稳健中流动。

9.2.5 商业银行的财务会计制度

根据《商业银行法》的规定，商业银行应当依照法律和国家统一的会计制度以及国务院银行业监督管理机构的有关规定，建立、健全本行的财务会计制度。商业银行应当按照国家有关规定，真实记录并全面反映其业务活动和财务状况，编制年度财务会计报告，及时向国务院银行业监督管理机构、中国人民银行和财政部门报送。商业银行不得在法定的会计账册外另立会计账册。

商业银行应当于每年的会计年度终了3个月内，按照国务院银行业监督管理机构的规定，公布其上一年度的经营业绩和审计报告。商业银行应当按照国家有关规定，提取呆账准备，冲销呆账。商业银行的会计年度自公历1月1日起至12月31日止。

9.2.6 商业银行接管、终止

1. 商业银行接管

当商业银行发生信用危机，或者可能发生信用危机时，中央银行为了保护储户的利益，维护金融秩序的稳定，可以对该商业银行实行接管，以期重振该商业银行的信用。

《商业银行法》规定，商业银行已经或者可能发生信用危机，严重影响存款人的利益时，国务院银行业监督管理机构可以对该银行实行接管。接管的目的是对被接管的商业银行采取必要措施，以保护存款人的利益，恢复商业银行的正常经营能力。被接管的商业银行的债权、债务关系不因接管而变化。

国务院银行业监督管理机构接管商业银行时应当向社会发布公告。《商业银行法》规定，接管由国务院银行业监督管理机构决定，并组织实施。国务院银行业监督管理机构的接管决定应当载明下列内容：被接管的商业银行名称；接管理由；接管组织；接管期限。接管决定由国务院银行业监督管理机构予以公告。

《商业银行法》规定，接管自接管决定实施之日开始。自接管开始之日起，由接管组织行使商业银行的经营管理权力。接管期限届满，国务院银行业监督管理机构可以决定延期，但接管期限最长不得超过2年。有下列情形之一的，接管终止。①接管决定规定的期限届满或者国务院银行业监督管理机构决定的接管延期届满。②接管期限届满前，该商业银行已恢复正常经营能力。③接管期限届满前，该商业银行被合并或者被依法宣告破产。

2. 商业银行终止

根据《商业银行法》、《公司法》等的有关规定，商业银行因解散、被撤销和被宣告破产而终止。

（1）商业银行的解散。按照《商业银行法》的规定，商业银行因分立、合并或者出现公司章程规定的解散事由需要解散的，应当向国务院银行业监督管理机构提出申请，并附

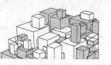

解散的理由和支付存款的本金和利息等债务清偿计划，经国务院银行业监督管理机构批准后解散。商业银行解散的，应当依法成立清算组，进行清算，按照清偿计划及时偿还存款本金和利息等债务。国务院银行业监督管理机构监督清算过程。

（2）商业银行的撤销。商业银行因吊销经营许可证被撤销的，国务院银行业监督管理机构应当依法及时组织成立清算组，进行清算，按照清偿计划及时偿还存款本金和利息等债务。

（3）商业银行的破产。商业银行不能支付到期债务的，经国务院银行业监督管理机关同意，由人民法院组织国务院银行业监督管理机关等有关部门和有关人员成立清算组，进行清算。商业银行破产清算时，在支付清算费用、所欠职工工资和劳动保险费用后，应当优先支付个人储蓄存款的本金和利息。

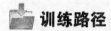 **训练路径**

1. 背景资料

（1）《中华人民共和国人民银行法》（1995年3月18日第八届全国人民代表大会第三次会议通过，2003年12月第十届全国人民代表大会常务委员会第六次会议修正）

（2）《中华人民共和国商业银行法》（1995年5月10日第八届全国人民代表大会常务委员会第十三次会议通过，2003年12月第十届全国人民代表大会常务委员会第六次会议修正）

（3）《中华人民共和国银行业监督管理法》（2003年12月第十届全国人民代表大会常务委员会第六次会议通过）

（4）《中华人民共和国反洗钱法》（第十届全国人民代表大会常务委员会第二十四次会议于2006年10月31日通过，自2007年1月1日起施行）

2. 实训目标

通过本章的学习和训练，要求学生重点掌握货币政策的内容，掌握商业银行的基本业务及其规则。

3. 组织实施

（1）分小组搜集、讨论银行业中的典型案例和典型事件。

（2）安排学生模拟训练贷款业务的流程。

（3）引导学生模拟训练借贷合同的拟写。

4. 操作提示

应紧密结合国家货币政策和商业银行的业务规则，深入理解、掌握《银行法》的相关规定。

5. 成果检测

可以通过案例分析、贷款合同拟写、方案设计等形式，来检验学生对于本章知识的掌握情况。

 教学建议

（1）本章的教学重点是中央银行和银监会的职责、商业银行的业务范围和经营规则。

（2）如果条件具备，可以指导学生浏览人民银行、银监会和典型商业银行的网站，增强对上述主题的认识和了解。

 复习思考题

1. 简述人民银行的地位和职责。

2. 简述货币政策工具的内容。

3. 简述商业银行的设立条件。

4. 简述商业银行的业务范围。

5. 银行业监督管理委员会的职责包括哪些方面？

6. 简述人民币的法律地位及其发行的原则。

第10章　证券法律制度

能力目标

（1）能够完整、准确地阐明证券市场的构成主体以及它们在证券业发展中所扮演的不同角色，尤其是对证券公司的职能和业务规则要重点掌握。

（2）能够掌握证券发行应做的准备性工作，熟悉证券交易的流程和规则。

任务分析

（1）了解证券的概念、特点，掌握各类证券机构的设立条件、程序和基本职能。

（2）掌握证券发行的条件和程序、证券上市的条件和程序，明确信息公开的要求，明晰证券法禁止的证券交易行为。

（3）掌握上市公司收购的方式、程序和法律后果。

引导案例

1994年6月14日，王某与证券公司玉龙营业部签订指定交易协议书，双方同意王某选择玉龙营业部为指定交易地，王某的交易均通过玉龙营业部办理并按规定履行清算交割义务。双方对交易范围、交易期间的违约责任等也依法作了约定。

1994年8月10日，王某委托玉龙营业部以每股3.217元买进"河北华药"股票1000股，于次日10时22分48秒发出指令，委托玉龙营业部以每股5元卖出该股票。由于玉龙营业部场内交易员操作不慎，将王某卖出指令错敲成买进，为王某以每股5元买进"河北华药"股票1000股。因该错买数据未与王某委托数据配对，经计算机识别发现错误，并将该笔错别出摆入证券公司错账单抛股交割清单上，由证券公司自购，未动用王某资金。但此笔错买进的"河北华药"1000股仍放入王某股票账户。同时，证券公司将王某委托卖出未成交的"河北华药"亦摆在8月11日的交割清单上。"河北华药"股票该日开盘价为4.90元，收盘价为5.11元，最高价为5.98元，最低价为4.65元。8月12日9点30分，玉龙营业部在股市开盘时，将前日错买进的"河北华药"1000股放在F18大户席位，以每股5.34元价格申报卖出，所买进和卖出的资金均通过王某账户。同日王某领取11日的交割清单时，知悉其委托卖出的"河北华药"1000股未成交。当日10点17分9秒，王某将前委托卖出而未成交的"河北华药"1000股以每股5.30元申报卖出也未成交，撤单后又以每股5.70元申报卖出再次不成交。再撤单后于同日15点22分28秒以每股5.10元申报委托证券公司卖出，最后分两次通过王某锁定的212席位成交，平均成交价

格为每股5.172元。8月19日，证券公司将其处理错账买进的"河北华药"股票卖出价款5301.62元从王某账上转走。此后，证券公司向王某说明了情况。但王某执意要求证券公司赔偿未果，遂向法院起诉，要求赔偿损失。

（案例资料来源：《人民法院案例选》总第16辑，最高人民法院应用法规研究所编著，人民法院出版社，1996年9月）

请你思考： 王某的诉讼请求是否应当得到支持？

10.1 证券市场与证券机构

10.1.1 认识证券

证券是指用于证明或设定权利所做成的书面凭证，它表明证券持有人有权取得该证券拥有的特定权益，或证明其曾经发生过的行为。证券法中的"证券"是指资本证券，也就是说它是证明投资者对收益有请求权利的有价证券。

1. 证券的特征

（1）证券的产权性。证券的产权性是指有价证券记载着权利人的财产权内容，代表着一定的财产所有权，拥有证券就意味着享有财产的占有、使用、收益和处置的权利。在现代经济社会里，证券和财产权利已密不可分，证券和财产权利两者融为一体，证券已成为财产权利的一般形式。虽然证券持有人并不实际占有财产，但可以通过持有证券拥有有关财产的所有权或债权。

（2）证券的收益性。证券的收益性是指持有证券本身可以获得一定数额的收益，这是投资者转让资本使用权的回报。证券代表的是对一定数额的某种特定资产的所有权，而资产是一种特殊的价值，它要在社会经济运行中不断运动、不断增值，最终形成高于原始投入价值的价值。由于这种资产的所有权属于证券投资者，投资者持有证券也就同时拥有取得这部分资产增值收益的权利，因此，证券本身具有收益性。有价证券的收益表现为利息收入、红利收入和买卖证券的差价。收益的多少通常取决于该资产增值数额的多少和证券市场的供求状况。

（3）证券的流通性。证券的流通性又称变现性，是指证券持有人可按自己的需要灵活地转让证券以换取现金。流通性是证券的生命力所在。流通性不但可以使证券持有人随时把证券转变为现金，而且还使持有人根据自己的偏好选择持有证券的种类。证券的流通是通过承兑、贴现、交易实现的。

（4）证券的风险性。证券的风险性是指证券持有者面临着预期投资收益不能实现，甚至本金也受到损失的可能。这是由未来经济状况的不确定性所致。在现有的社会生产条件下，未来经济的发展变化有些是投资者可以预测的，而有些则无法预测，因此，投资者难以确定他所持有的证券将来能否取得收益和能获得多少收益，从而就使持有证券具有一定风险。

2. 证券的类别

（1）股票。股票是股份证书的简称，是股份公司为筹集资金而发行给股东作为持股凭

证并借以取得股息和红利的一种有价证券。每股股票都代表股东对企业拥有一个基本单位的所有权。股票是股份公司资本的构成部分，可以转让、买卖或作价抵押，是资金市场的主要长期信用工具。股票是一种永不偿还的有价证券，股份公司不会对股票的持有者偿还本金。投资者一旦购入股票，就无权向股份公司要求退股，股东的资金只能通过股票的转让来收回，将股票所代表着的股东身份及其各种权益让渡给受让者，而其股价在转让时受到公司收益、公司前景、市场供求关系、经济形势等多种因素的影响。所以说，投资股票是有一定风险的。

（2）债券。债券是发行者为筹集资金向债权人发行的，在约定时间支付一定比例的利息，并在到期时偿还本金的一种有价证券。与股票相比，债券通常规定有固定的利率。与企业绩效没有直接联系，收益比较稳定，风险较小。此外，在企业破产时，债券持有者享有优先于股票持有者对企业剩余资产的索取权。

（3）证券投资基金。证券投资基金是一种集合证券投资方式。它通过发行基金单位，汇集投资者的资金，由基金管理人管理和运用这笔资金，从事股票、债券等投资。投资者与基金利益共享、风险共担。封闭式基金和开放式基金共同构成了证券投资基金的两种基本运作方式。

3. 证券的功能

（1）融资功能。融资是指为促进和实现经济的发展而筹措资本。通过证券筹措资本的范围很广，社会经济活动的各个层次和方面都可以利用证券来筹措资本，如企业通过发行证券来筹集资本、国家通过发行国债来筹措财政资金等。

（2）配置资本的功能。配置资本是指通过证券的发行与交易，按利润最大化的要求对资本进行分配。资本是一种稀缺资源，如何有效地分配资本是经济运行的根本目的。证券的发行与交易起着自发地分配资本的作用。通过证券的发行，可以吸收社会上闲置的货币资本，使其重新进入经济系统的再生产过程而发挥效用。证券的交易是在价格的诱导下进行的，而价格的高低取决于证券的价值。证券的价值又取决于其所代表的资本的实际使用效益。所以，资本的使用效益越高，就越能从市场上筹集资本，使资本的流动服从于效益最大化的原则，最终实现资本的优化配置。

10.1.2 证券业组成机构

1. 证券交易所

证券交易所是为证券集中交易提供场所和设施，组织和监督证券交易，实行自律管理的法人。根据《中华人民共和国证券法》（以下简称《证券法》）的规定，证券交易所的设立和解散由国务院决定。

（1）证券交易所的设立

设立证券交易所由国务院证券监督管理委员会审核，报国务院批准。在实践中，申请设立证券交易所应当向国务院证券管理委员会提交下列文件：申请书；章程和主要业务规则草案；拟加入委员会名单；理事会候选人名单及简历；场地、设备及资金情况说明；拟任用管理人员的情况说明；等等。其中证券交易所章程的事项主要有设立目的；名称；主

要办公及交易场所和设施所在地，职能范围；会员资格和加入、退出程序；会员的权利和义务；对会员的纪律处分；组织机构及其职权；高级管理人员的产生、任免及其职责；资本和财务事项；解散的条件和程序；等等。

（2）证券交易所的职责

证券交易所应当创造公开、公平的市场环境，提供便利条件从而保证股票交易的正常运行。证券交易所的职责主要包括提供股票交易的场所和设施；制定证券交易所的业务规则；审核批准股票的上市申请；组织、监督股票交易活动；提供和管理证券交易所的股票市场信息等。

（3）证券交易所的业务规则

证券交易所的业务规则包括上市规则、交易规则及其他与股票交易活动有关的规则。具体地说，应当包括下列事项。①股票上市的条件、申请程序以及上市协议的内容及格式。②上市公告书的内容及格式。③交易股票的种类和期限。④股票的交易方式和操作程序。⑤交易纠纷的解决。⑥交易保证金的交存。⑦上市股票的暂停、恢复和取消交易。⑧证券交易所的休市及关闭。⑨上市费用、交易手续费的收取。⑩该证券交易所股票市场信息的提供和管理以及对违反证券交易所业务规则行为的处理等。

（4）证券交易所的组织机构

证券交易所设委员大会、理事会和专门委员会。会员大会为证券交易所的最高权力机构，每年至少召开一次。会员大会的职权主要有制定证券交易所章程；选举和罢免理事；审议、通过理事会、总经理的工作报告；审议、通过证券交易所财务预算、决算报告；决定证券交易所的其他重大事项。理事会对会员大会负责，是证券交易所的决策机构。证券交易所设总经理1人，副总经理1~3人。总经理在理事会的领导下负责证券交易所的日常管理工作，是证券交易所法定代表人。总经理因故不能履行职责时，由副总经理代其履行职责。专门委员会主要有上市委员会和监察委员会。上市委员会的职责主要有审批股票的上市及拟定上市规定和提出修改上市规则的建议。监察委员会的主要职责是监察理事、总经理等高级管理人员执行会员大会、理事会决议的情况；监察理事、总经理及其他工作人员遵守法律、法规和证券交易所章程、业务规则的情况；监察证券交易所的财务情况等。

2. 证券公司

证券公司是指依照公司法和证券法规定设立的经营证券业务的有限责任公司或者股份有限公司。证券公司是具有独立的法人地位的金融机构，其业务受证券监督管理委员会监管。

（1）证券公司的设立

根据《证券法》第124条的规定，设立证券公司应当具备下列几个条件。

① 有符合法律、行政法规规定的公司章程。

② 主要股东具有持续盈利能力，信誉良好，最近3年无重大违法违规记录，净资产不低于人民币2亿元。

③ 有符合证券法规定的注册资本。

④ 董事、监事、高级管理人员具备任职资格，从业人员具有证券从业资格。

⑤ 有完善的风险管理与内部控制制度。

⑥ 有合格的经营场所和业务设施。

⑦ 法律、行政法规规定的和经国务院批准的国务院证券监督管理机构规定的其他条件。

国务院证券监督管理机构应当自受理证券公司设立申请之日起6个月内，依照法定条件和法定程序并根据审慎监管原则进行审查，作出批准或者不予批准的决定，并通知申请人；不予批准的，应当说明理由。证券公司设立申请获得批准的，申请人应当在规定的期限内向公司登记机关申请设立登记，领取营业执照。证券公司应当自领取营业执照之日起15日内，向国务院证券监督管理机构申请经营证券业务许可证。未取得经营证券业务许可证，证券公司不得经营证券业务。

（2）证券公司的业务范围

根据《证券法》第125条的规定，经国务院证券监督管理机构批准，证券公司可以经营下列部分或者全部业务。①证券经纪。②证券投资咨询。③与证券交易、证券投资活动有关的财务顾问。④证券承销与保荐。⑤证券自营。⑥证券资产管理。⑦其他证券业务。

（3）证券公司的义务与责任

根据《证券法》的规定，证券公司的义务与责任包括以下几方面内容。

① 证券公司从每年的税后利润中提取交易风险准备金，用于弥补证券交易的损失。

② 证券公司应当建立、健全内部控制制度，采取有效隔离措施，防范公司与客户之间、不同客户之间的利益冲突。证券公司必须将其证券经纪业务、证券承销业务、证券自营业务和证券资产管理业务分开办理，不得混合操作。

③ 证券公司的自营业务必须以自己的名义进行，不得假借他人名义或者以个人名义进行。证券公司的自营业务必须使用自有资金或依法筹集的资金。证券公司不得将其自营账户借给他人使用。

④ 证券公司客户的交易结算资金应当存放在商业银行，以每个客户的名义单独立户管理。证券公司不得将客户的交易结算资金和证券归入其自有财产。禁止任何单位或者个人以任何形式挪用客户的交易结算资金和证券。证券公司破产或者清算时，客户的交易结算资金和证券不属于其破产财产或者清算财产。非因客户本身的债务或者法律规定的其他情形，不得查封、冻结、扣划或者强制执行客户的交易结算资金和证券。

⑤ 证券公司办理经纪业务，应当置备统一制订的证券买卖委托书，供委托人使用。采取其他委托方式的，必须保有委托记录。客户的证券买卖委托，不论是否成交，其委托记录应当按照规定的期限，保存于证券公司。证券公司接受证券买卖的委托，应当根据委托书载明的证券名称、买卖数量、出价方式、价格幅度等，按照交易规则代理买卖证券，如实进行交易记录；买卖成交后，应当按照规定制作买卖成交报告单交付客户。证券交易中确认交易行为及其交易结果的对账单必须真实，并由交易经办人员以外的审核人员逐笔审核，保证账面证券余额与实际持有的证券相一致。

⑥ 证券公司不得为其股东或者股东的关联人提供融资或者担保。证券公司为客户买卖证券提供融资融券服务，应当按照国务院的规定并经国务院证券监督管理机构批准。

⑦ 证券公司办理经纪业务，不得接受客户的全权委托而决定证券买卖、选择证券种类、决定买卖数量或者买卖价格。证券公司不得以任何方式对客户证券买卖的收益或者赔

偿证券买卖的损失做出承诺。证券公司及其从业人员不得未经过其依法设立的营业场所私下接受客户委托买卖证券。证券公司的从业人员在证券交易活动中，执行所属的证券公司的指令或者利用职务便利违反交易规则的，由所属的证券公司承担全部责任。

⑧ 证券公司应当妥善保存客户开户资料、委托记录、交易记录和与内部管理、业务经营有关的各项资料，任何人不得隐匿、伪造、篡改或者毁损。上述资料的保存期限不得少于20年。

⑨ 证券公司应当按照规定向国务院证券监督管理机构报送业务、财务等经营管理信息和资料。国务院证券监督管理机构有权要求证券公司及其股东、实际控制人在指定的期限内提供有关信息、资料。证券公司及其股东、实际控制人向国务院证券监督管理机构报送或者提供的信息、资料，必须真实、准确、完整。

3. 证券登记结算机构

证券登记结算机构是为证券交易提供集中登记、存管与结算服务，不以营利为目的的法人。设立证券登记结算机构必须经国务院证券监督管理机构批准。

（1）设立证券登记结算机构的条件

根据《证券法》的规定，设立证券登记结算机构，应当具备下列几个条件。

① 证券登记结算机构的名称中应当标明证券登记结算字样，自有资金不少于人民币2亿元。

②具有证券登记、存管和结算服务所必需的场所和设施。

③ 主要管理人员和从业人员必须具有证券从业资格。

④ 国务院证券监督管理机构规定的其他条件。

（2）证券登记结算机构的职能

根据《证券法》第157条的规定，证券登记结算机构履行下列职能。①证券账户、结算账户的设立。②证券的托管和过户。③证券持有人名册登记。④证券交易所上市证券交易的清算和交收。⑤受发行人的委托派发证券权益。⑥办理与上述业务有关的查询。⑦国务院证券监督管理机构批准的其他业务。

（3）证券登记结算机构的责任

根据《证券法》的规定，证券登记结算机构应当具有必备的服务设备和完善的数据安全保护措施，建立、健全的业务、财务和安全防范等管理制度，建立完善的风险管理系统，保护业务的正常进行。具体而言，证券登记结算机构的责任包括以下几方面内容。

① 应当向证券发行人提供证券持有人名册及其有关资料。

② 应当根据证券登记结算的结果，确认证券持有人持有证券事实，提供证券持有人登记资料。

③应当保证证券持有人名册和登记过户记录真实、准确、完整，不得伪造、篡改、毁坏。

④应当妥善保存登记、托管和结算的原始凭证，重要的原始凭证的保存期不少于20年。

4. 证券服务机构

（1）证券服务机构

证券服务机构包括投资咨询机构、财务顾问机构、资信评级机构、资产评估机构、会

计师事务所等，上述机构从事证券服务业务，必须经国务院证券监督管理机构和有关主管部门批准。

（2）证券服务业务人员

在投资咨询机构、财务顾问机构、资信评级机构从事证券服务业务的人员，必须具备证券专业知识和从事证券业务或者证券服务业务2年以上经验。投资咨询机构及其从业人员从事证券服务业务不得有下列行为。①代理委托人从事证券投资。②与委托人约定分享证券投资收益或者分担证券投资损失。③买卖本咨询机构提供服务的上市公司股票。④利用传播媒介或者通过其他方式提供、传播虚假或者误导投资者的信息。⑤法律、行政法规禁止的其他行为。咨询机构及其从业人员有前述行为之一，给投资者造成损失的，依法承担赔偿责任。

（3）证券服务机构的责任

① 从事证券服务业务的投资咨询机构和资信评级机构，应当按照国务院有关主管部门规定的标准或者收费办法收取服务费用。

② 证券服务机构为证券的发行、上市、交易等证券业务活动制作、出具审计报告、资产评估报告、财务顾问报告、资信评级报告或者法律意见书等文件，应当勤勉尽责，对所制作、出具的文件内容的真实性、准确性、完整性进行核查和验证。其制作、出具的文件有虚假记载、误导性陈述或者重大遗漏，给他人造成损失的，应当与发行人、上市公司承担连带赔偿责任，但是能够证明自己没有过错的除外。

5. 证券业协会

（1）证券业协会的性质与机构设置

1991年8月28日中国证券业协会成立,它是中国证券发展史上第一个全国性的证券行业自律性管理组织，是证券经营机构依法自行组织的自律性会员组织，具有独立的社团法人资格。证券公司应当加入证券业协会。 证券业协会的权力机构为全体会员组成的会员大会。证券业协会设理事会。

（2）证券业协会的职责

根据《证券法》第176条的规定，证券业协会履行下列几方面职责。

① 教育和组织会员遵守证券法律、行政法规。

② 依法维护会员的合法权益，向证券监督管理机构反映会员的建议和要求。

③ 收集整理证券信息，为会员提供服务。

④ 制定会员应遵守的规则，组织会员单位的从业人员的业务培训，开展会员间的业务交流。

⑤ 对会员之间、会员与客户之间发生的证券业务纠纷进行调解。

⑥ 组织会员就证券业的发展、运作及有关内容进行研究。

⑦ 监督、检查会员行为，对违反法律、行政法规或者协会章程的，按照规定给予纪律处分。

⑧ 证券业协会章程规定的其他职责。

6. 证券监督管理机构

（1）证券监督管理机构的性质

按照《证券法》的规定，国务院证券监督管理机构依法对我国证券市场实行监督管理。从目前国务院机构设置的情况来看，国务院证券监督管理机构是国家证券监督管理委员会。国家证券监督管理委员会是国务院所属的正部级事业单位，是全国证券期货市场的主管部门，它根据国务院的授权履行其行政监管职能，依法对全国证券业和期货业进行集中统一监管。

（2）证券监督管理机构的职责

根据《证券法》第179条的规定，国务院证券监督管理机构在对证券市场实施监督管理中履行下列几方面职责。

① 依法制定有关证券市场监督管理的规章、规则，并依法行使审批或者核准权。

② 依法对证券的发行、交易、登记、托管、结算进行监督管理。

③ 依法对证券发行人、上市公司、证券交易所、证券公司、证券登记结算机构、证券投资基金管理机构、证券投资咨询机构、资信评估机构以及从事证券业务的律师事务所、会计师事务所、资产评估机构的证券业务活动进行监督管理。

④ 依法制定从事证券业务人员的资格标准和行为准则，并监督实施。

⑤ 依法监督检查证券发行和交易的信息公开情况。

⑥ 依法对证券业务协会的活动进行指导和监督。

⑦ 依法对违反证券市场监督管理法律、行政法规的行为进行查处。

⑧ 法律、行政法规规定的其他职责。

（3）证券监督管理机构的职权

根据《证券法》第180条的规定，国务院证券监督管理机构依法履行职责时，有权采取下列几方面措施。

① 对证券发行人、上市公司、证券公司、证券投资基金管理公司、证券服务机构、证券交易所、证券登记结算机构进行现场检查。

② 进入涉嫌违法行为发生场所调查取证。

③ 询问当事人和与被调查事件有关的单位和个人，要求其对与被调查事件有关的事项作出说明。

④ 查阅、复制与被调查事件有关的财产权登记、通信记录等资料。

⑤ 查阅、复制当事人和与被调查事件有关的单位和个人的证券交易记录、登记过户记录、财务会计资料及其他相关文件和资料，对可能被转移、隐匿或者毁损的文件和资料可以予以封存。

⑥ 查询当事人和与被调查事件有关的单位和个人的资金账户、证券账户和银行账户；对有证据证明已经或者可能转移或者隐匿的违法资金、证券等涉案财产或者隐匿、伪造、毁损重要证据的，经国务院证券监督管理机构主要负责人批准，可以冻结或者查封。

⑦ 在调查操纵证券市场、内幕交易等重大证券违法行为时，经国务院证券监督管理机构主要负责人批准，可以限制被调查事件当事人的证券买卖，但限制的期限不得超过15个交易日；案情复杂的，可以延长15个交易日。

国务院证券监督管理机构工作人员必须忠于职守，依法办事，公正廉洁，不得利用职务便利牟取不正当利益，不得泄露所知悉的有关单位和个人的商业秘密。国务院证券监督管理机构依法履行职责，进行监督检查或者调查，其监督检查、调查的人员不得少于2人，并应当出示合法证件和监督检查、调查通知书。监督检查、调查的人员少于2人或者未出示合法证件和监督检查、调查通知书的，被检查、调查的单位有权拒绝。

10.2　证券发行与证券交易

10.2.1　证券发行

1. 股票发行条件

（1）设立发行股票的条件

根据《证券法》和《公司法》的规定，设立发行股票的条件有以下几个方面内容。

① 股份有限公司的生产经营符合国家的产业政策。

② 发行的普通股限于一种，同股同权。

③ 发起人认购的股本数额不少于公司拟发行的股本总额的35%。

④ 在公司拟发行的股本总额中，发起人认购的部分不少于人民币3000万元但国家另有规定的除外。

⑤ 向社会公众发行的部分不少于公司拟发行股本总额的25%，其中公司职工认购的股本数额不得超过拟向社会公众发行的股本总额的10%（公司拟发行的股本总额超过人民币4亿元的，证监会按规定可酌情降低其向社会公众发行的部分的比例，但最低不得少于公司拟发行股本总额的15%）。

⑥ 发起人在近3年内没有重大的违法行为。

⑦ 证监会规定的其他条件。

（2）发行新股的条件

根据《证券法》的规定，公司公开发行新股，应当符合下列条件。①具备健全且运行良好的组织机构。②具有持续盈利能力，财务状况良好。③最近3年财务会计文件无虚假记载，无其他重大违法行为。④经国务院批准的国务院证券监督管理机构规定的其他条件。上市公司非公开发行新股，应当符合经国务院批准的国务院证券监督管理机构规定的条件，并报国务院证券监督管理机构核准。

2. 债券发行条件

根据《证券法》第16条的规定，公开发行公司债券，应当符合下列几个条件。

（1）股份有限公司的净资产额不低于人民币3000万元，有限责任公司的净资产不低于人民币6000万元。

（2）公司发行债券累计总额不超过净资产额的40%。

（3）最近3年的平均可分配利润足以支付公司债券1年的利息。

（4）筹集的资金投向符合国家产业政策。

（5）债券的利率水平不得超过国务院限定的利率水平。

（6）国务院及其证券监督管理部门规定的其他条件。

公开发行公司债券筹集的资金，必须用于核准的用途，不得用于弥补亏损和非生产性支出。上市公司发行可转换为股票的公司债券，除应当符合上述规定的条件外，还应当符合公开发行股票的条件，并报国务院证券监督管理机构核准。

3. 证券发行的审核与公告

《证券法》规定，国务院证券监督管理机构或者国务院授权的部门应当自受理证券发行申请文件之日起3个月内，依照法定条件和法定程序作出予以核准或者不予核准的决定，发行人根据要求补充、修改发行申请文件的时间不计算在内；不予核准的，应当说明理由。

证券发行申请经核准，发行人应当依照法律、行政法规的规定，在证券公开发行前，公告公开发行募集文件，并将该文件置备于指定场所供公众查阅。发行证券的信息依法公开前，任何知情人不得公开或者泄露该信息。发行人不得在公告公开发行募集文件前发行证券。

发行公告是指发行人在证券发行前必须依法进行向社会公众公告其招股说明书等募集文件的活动。发行人所公告的招股说明书应当附有发起人制定的公司章程，招股说明书应当按照证监会规定的格式制作，并载明下列几方面事项。

（1）公司的名称、住所。

（2）发起人、发行人简况及其认购的股份数。

（3）筹资目的。

（4）每股票面金额和发行价格。

（5）初次发行的发起人认购股本的情况、股权结构及验资证明。

（6）承销机构的名称、承销方式与承销数量。

（7）发行的对象、时间、地点及股票认购和股票缴纳的方式。

（8）所筹资金的运用计划及收益、风险预测、公司最近发展规划和经注册会计师审核并出具审核意见的公司下1年的盈利预测文件。

（9）涉及公司经营的重要合同。

（10）涉及公司的重大诉讼事项。

（11）公司董事、监事名单及其简历。

（12）公司近3年以来的生产经营状况和有关业务发展的基本情况。

（13）经注册会计师事务所审计的公司最近3年或者成立以来的财务报告和由2名以上注册会计师及其所在事务所签字、盖章的审计报告。

（14）增资发行的公司前次公开发行股票所筹资金的运用情况。

（15）本次募股的起止期限及逾期未募足时认股人可撤回所认股份的说明，以及证监会要求载明的其他事项。

另外，招股说明书的封面还应当载明：发行人保证招股说明书的内容真实、准确、完整。政府及国家证券管理部门对证券发行所做出的任何决定，均不表明其对发行人所发行的股票的价值或者投资人的收益做出实质性判断或者保证。

4. 证券发行方式

实践中，证券发行有"上网定价"、"金额预缴款"和"储蓄挂钩"三种方式。其中

"上网定价"是指承销商或主承销商利用证券交易所的交易系统，以自己作为唯一的卖方，投资者在指定的时间内，按现行委托买入股票的方式申购股票，申购额超过发行额的以摇号抽签而定。"金额预缴款"包括全额预交、比例配售、余款即退方式，以及全额预缴款比例配售、余额即退方式。"储蓄挂钩"是指在规定的期间内，无限量发售专项定期定额存单，根据存单发售数量和发行股票数量和每张中签存单可认购股票数量的多少决定中签率，再通过摇号抽签决定中签者。

发行总额在人民币 4 亿元以上的公司，可采用对一般投资者上网发行和对法人配售相结合的方式发行股票。在2000年 1 月中国证监会又规定，发行人可直接在二级市场向拥有证券市值在人民币 1 万元以上的投资者配售新股。随着电子交易技术的进步，证券交易的一级市场和二级市场的界限正在逐步靠拢合并。

5. 证券承销

（1）承销业务的种类

① 证券代销是指证券公司代发行人发售证券，在承销期结束时，将未售出的证券全部退还给发行人的承销方式。股票发行采用代销方式，代销期限届满，向投资者出售的股票数量未达到拟公开发行股票数量70%的，为发行失败。发行人应当按照发行价并加算银行同期存款利息返还股票认购人。

② 证券包销是指证券公司将发行人的证券按照协议全部购入或者在承销期结束时将售后剩余证券全部自行购入的承销方式。包销又可分为全额包销和余额包销两种形式。

（2）承销团及主承销人

① 承销团又称联合承销是指两个以上的证券经营机构组成承销人，为发行人发售证券的一种承销方式。根据《证券法》的规定，向不特定对象公开发行的证券票面总值超过人民币5000万元的，必须采取承销团的形式来销售，这实际上是关于巨额证券销售与承销团的规定。

② 主承销人是指承销团在承销过程中，其他承销团成员均委托其中一家承销人为承销团负责人，该负责人即为主承销人。根据相关规定，主承销人的应当具备的主要条件如下。a. 具有法定最低限额以上的实收货币资本；b. 主要负责人中2/3的人员有 3 年以上的证券管理工作经验，或者有 5 年以上的金融管理工作经验；c. 有足够数量的证券专业操作人员，其中70%以上的人员在证券专业岗位工作过 2 年以上；d. 全部从业人员在以往 3 年内的承销过程中，没有因内幕交易、侵害客户利益、工作严重失误受到起诉或行政处分；e. 没有违反国家有关证券市场管理法规和政策，没有受到过证监会给予的通报批评；f. 承销机构及其主要负责人在前 3 年的承销过程中，无其他严重劣迹，特别是与欺诈、提供虚假信息有关的行为。

（3）证券承销协议

《证券法》第30条规定，证券公司承销证券，应当同发行人签订代销或者包销协议，证券承销协议载明下列几方面事项。

① 当事人的名称、住所及法定代表人姓名。

② 代销、包销证券的种类、数量、金额及发行价格。

③ 代销、包销的期限及起止日期。

④代销、包销的付款方式及日期。

⑤代销、包销的费用和结算办法。

⑥违约责任。

⑦国务院证券监督管理机构规定的其他事项。

（4）证券承销期限

《证券法》第33条规定，证券的代销、包销期最长不得超过90日。

10.2.2　证券上市

1. 股票上市

（1）股票上市的条件

《证券法》第50条规定，股份有限公司申请股票上市，应当符合下列几个条件。

①股票经国务院证券监督管理机构核准已公开发行。

②公司股本总额不少于人民币3000万元。

③公开发行的股份达到公司股份总数的25%以上，公司股本总额超过人民币4亿元的，公开发行股份的比例为10%以上。

④公司最近3年无重大违法行为，财务会计报告无虚假记载。

证券交易所可以规定高于前款规定的上市条件，并报国务院证券监督管理机构批准。

（2）股票上市交易的申请文件

申请股票上市交易，应当向证券交易所报送下列文件：上市报告书；申请股票上市的股东大会决议；公司章程；公司营业执照；依法经会计师事务所审计的公司最近3年的财务会计报告；法律意见书和上市保荐书；最近一次的招股说明书；证券交易所上市规则规定的其他文件。

（3）股票上市协议

股票上市交易申请经证券交易所审核同意后，签订上市协议的公司应当在规定的期限内公告股票上市的有关文件，并将该文件置备于指定场所供公众查阅。签订上市协议的公司除公告前述规定的文件外，还应当公告下列事项：股票获准在证券交易所交易的日期；持有公司股份最多的前10名股东的名单和持股数额；公司的实际控制人；董事、监事、高级管理人员的姓名及其持有本公司股票和债券的情况。

2. 债券上市

（1）债券上市的条件

公司申请其发行的公司债券上市交易，应当报请国务院证券管理部门批准，并符合下列几个条件。

①公司债券经中国证监会批准。

②已向社会公开发行。

③公司债券的期限为1年以上。

④公司债券实际发行额不少于人民币5000万元。

⑤公司债券利率不超过国务院限定的利率水平。

⑥公司申请其债券上市时仍符合公司债券发行的所有条件。

（2）债券上市的申请文件

公司债券上市交易申请经中国证监会批准后，其发行人应当向证券交易所提交批准文件和下列文件：上市报告书；申请上市的董事会决议；公司章程；公司营业执照；公司债券募集办法；上市交易的公司债券的作价原则；公司债券的实际发行数额；证券交易所对该公司债券上市的意见。申请可转换为股票的公司债券上市交易，还应当报送保荐人出具的上市保荐书。

（3）债券上市协议

公司债券上市交易申请经证券交易所审核同意后，签订上市协议的公司应当在规定的期限内公告公司债券上市文件及有关文件，并将其申请文件置备于指定场所供公众查阅。证券交易所应当自收到该债券发行人提交的文件之日起3个月内，安排该债券上市交易。

3. 信息公开报告制度

（1）定期报告制度

①年度报告。公司应当在每个年度结束后4个月内编制完成年度报告，其主要内容包括公司简况；公司的主要产品或者主要服务项目简况；公司所在行业简况；公司所拥有的重要的工厂、矿山、房地产等财产简况；公司发行在外股票的情况，包括持有公司5%以上发行在外普通股的股东的名单以及前10名最大的股东的名单；公司股东的数量；公司董事、监事和高级管理人员简况、持股情况和报酬；公司及其关联人一览表和简况；公司近3年或者成立以来的财务信息摘要；公司管理部门对公司财务状况和经营成果的分析；公司发行在外债券的变动情况；涉及公司的重大诉讼事项；经注册会计师审计的公司最近2个年度的比较财务报告及其附表、注释。该公司为上市公司或控股公司的，还应当包括最近2个年度的比较合并财务报告，证监会要求载明的其他内容。

②中期报告。公司应当于每个会计年度的前6个月结束后60日内编制完成中期报告，其内容包括公司财务报告；公司管理部门对公司财务状况和经营成果的分析；涉及公司的重大诉讼事项；公司发行在外股票的变动情况；公司提交给有表决权的股东审议的重要事项；证监会要求载明的其他内容。

（2）临时报告制度

当发生可能对上市公司股票交易价格产生较大影响、而投资者尚未得知的重大事件时，上市公司应当立即将有关重大事件的情况向国务院证券监督管理机构和证券交易所提交临时报告，并予以公告，说明事件的实质。所谓重大事件是指下列几方面情况。

①公司的经营方针和经营范围的重大变化。

②公司的重大投资行为和重大的购置财产的决定。

③公司签订重要合同，可能对公司的资产、负债、权益和经营成果产生重要影响。

④公司发生重大债务和未能清偿到期重大债务的违约情况。

⑤公司发生重大亏损或者重大损失。

⑥公司生产经营的外部条件发生的重大变化。

⑦公司的董事、1/3以上监事或者经理发生变动。

⑧ 持有公司5%以上股份的股东或者实际控制人，其持有股份或者控制公司的情况发生较大变化。

⑨ 公司减资、合并、分立、解散及申请破产的决定。

⑩ 涉及公司的重大诉讼，股东大会、董事会决议被依法撤销或者宣告无效。

⑪ 公司涉嫌犯罪被司法机关立案调查，公司董事、监事、高级管理人员涉嫌犯罪被司法机关采取强制措施。

⑫ 国务院证券监督管理机构规定的其他事项。

（3）信息公开不实的法律后果

发行人、承销的证券公司公告招股说明书、公司债券募集办法、财务会计报告、上市报告文件、年度报告、中期报告、临时报告，存在虚假记载、误导性陈述或者有重大遗漏，致使投资者在证券交易中遭受损失的，发行人和承销的证券公司应当承担赔偿损失的责任，发行人、承销的证券公司中负有责任的董事、监事、经理应当承担连带赔偿责任。

10.2.3　证券交易

1. 证券交易的规则

证券交易是指已发行的证券在不同的证券投资者之间再次进行交换的行为，又称证券买卖。其特点是参加证券交易关系的证券投资者，总有一方是在证券发行市场上已认购了某种证券的投资者，或已在证券市场购买某种证券的投资者。证券交易关系的客体，是证券交易当事人依法买卖的证券。《证券法》第37条规定，证券交易当事人依法买卖的证券，必须是依法发行并交付的证券。非依法发行的证券，不得买卖。根据我国证券法的相关规定，从事证券交易应当遵守以下一般规则。

（1）依法公开发行的股票、公司债券及其他证券，应当在依法设立的证券交易所上市交易或者在国务院批准的其他证券交易场所转让。证券在证券交易所上市交易，应当采用公开的集中交易方式或者国务院证券监督管理机构批准的其他方式。

（2）证券交易以现货和国务院规定的其他方式进行交易。证券交易当事人买卖的证券可以采用书面形式或者国务院证券监督管理机构规定的其他形式。依法发行的股票、公司债券及其他证券，法律对其转让期限有限制性规定的，在限定的期限内不得买卖。

（3）证券交易所、证券公司和证券登记结算机构的从业人员、证券监督管理机构的工作人员以及法律、行政法规禁止参与股票交易的其他人员，在任期或者法定限期内，不得直接或者以化名、借他人名义持有、买卖股票，也不得收受他人赠送的股票。任何人在成为前款所列人员时，其原已持有的股票，必须依法转让。

（4）证券交易所、证券公司、证券登记结算机构必须依法为客户开立的账户保密。

（5）为股票发行出具审计报告、资产评估报告或者法律意见书等文件的证券服务机构和人员，在该股票承销期内和期满后6个月内，不得买卖该种股票。除前款规定外，为上市公司出具审计报告、资产评估报告或者法律意见书等文件的证券服务机构和人员，自接受上市公司委托之日起至上述文件公开后5日内，不得买卖该种股票。

（6）证券交易的收费必须合理，并公开收费项目、收费标准和收费办法。证券交易的收费项目、收费标准和收费办法由国务院有关主管部门统一规定。

（7）上市公司董事、监事、高级管理人员、持有上市公司股份5%以上的股东，将其持有的该公司的股票在买入后6个月内卖出，或者在卖出后6个月内又买入，由此所得收益归该公司所有，公司董事会应当收回其所得收益。但是，证券公司因包销购入售后剩余股票而持有5%以上股份的，卖出该股票不受6个月时间限制。公司董事会不按照前款规定执行的，股东有权要求董事会在30日内执行。公司董事会未在上述期限内执行的，股东有权为了公司的利益以自己的名义直接向人民法院提起诉讼。

2. 证券交易暂停和终止

（1）股票交易的暂停和终止

① 股票暂停交易。《证券法》第55条规定，上市公司有下列情形之一的，由证券交易所决定暂停其股票上市交易：公司股本总额、股权分布等发生变化不再具备上市条件；公司不按照规定公开其财务状况，或者对财务会计报告作虚假记载，可能误导投资者；公司有重大违法行为；公司最近3年连续亏损；证券交易所上市规则规定的其他情形。

② 股票终止交易。《证券法》第56条规定，上市公司有下列情形之一的，由证券交易所决定终止其股票上市交易：公司股本总额、股权分布等发生变化不再具备上市条件，在证券交易所规定的期限内仍不能达到上市条件；公司不按照规定公开其财务状况，或者对财务会计报告作虚假记载，且拒绝纠正；公司最近3年连续亏损，在其后一个年度内未能恢复盈利；公司解散或者被宣告破产；证券交易所上市规则规定的其他情形。

（2）债券交易的暂停和终止

《证券法》第60条规定，公司债券上市交易后，公司有下列情形之一的，由证券交易所决定暂停其公司债券上市交易。

① 公司有重大违法行为；

② 公司情况发生重大变化不符合公司债券上市条件；

③ 公司债券所募集资金不按照核准的用途使用；

④ 未按照公司债券募集办法履行义务；

⑤ 公司最近2年连续亏损。

公司有前述第①项、第④项所列情形之一经查实后果严重的，或者有前述第②项、第③项、第⑤项所列情形之一，在限期内未能消除的，由证券交易所决定终止其公司债券上市交易。公司解散或者被宣告破产的，由证券交易所终止其公司债券上市交易。

3. 交易行为限制和禁止

（1）内幕交易行为

内幕交易是指知悉证券交易内幕信息的人员，利用内幕信息进行证券交易的活动。《证券法》第74条明确规定，下列人员可以为知悉证券交易内幕信息的人员：发行人的董事、监事、高级管理人员；持有公司5%以上股份的股东及其董事、监事、高级管理人员；公司的实际控制人及其董事、监事、高级管理人员；发行人控股的公司及其董事、监事、高级管理人员；由于所任公司职务可以获取公司有关证券交易信息的人员；证券监督管理机构工作人员以及由于法定职责对证券的发行、交易进行管理的其他人员；保荐人、承销的证券公司、证券交易所、证券登记结算机构、证券服务机构的有关人员；国务院证券监督管理机构规定的其他人员。

内幕信息是指证券交易活动中，涉及公司的经营、财务或者对该公司证券市场价格有重大影响的尚未公开的信息。《证券法》第75条规定，内幕信息包括法律规定上市公司必须公开的、可能对股票价格产生较大影响、而投资者尚未得知的重大事件；公司分配股利或者增资的计划；公司股权结构的重大变化；公司债务担保的重大变更；公司营业用主要资产的抵押、出售或者报废一次超过该资产的30%；公司的董事、监事、经理、副经理或者其他高级管理人员的行为可能依法承担重大损害赔偿责任；上市公司收购的有关方案；国务院证券监督管理机构认定的对证券交易价格有显著影响的其他重要信息。

证券交易内幕信息的知情人和非法获取内幕信息的人，在内幕信息公开前，不得买卖该公司的证券，或者泄露该信息，或者建议他人买卖该证券。持有或者通过协议、其他安排与他人共同持有公司5%以上股份的自然人、法人、其他组织收购上市公司的股份，证券法另有规定的，适用其规定。内幕交易行为给投资者造成损失的，行为人应当依法承担赔偿责任。

（2）操纵证券市场行为

操纵证券市场行为是指行为人背离市场自由竞价和供求关系原则，以各种不正当的手段，影响证券市场价格或者证券交易量，制造证券市场假象，以引诱他人参与证券交易，为自己谋取不正当利益或者转嫁风险的行为。

根据《证券法》的规定，操纵市场的行为包括通过单独或者合谋，集中资金优势、持股优势或者利用信息优势联合或者连续买卖，操纵证券交易价格；与他人串通，以事先约定的时间、价格和方式相互进行证券交易或者相互买卖并不持有的证券，影响证券交易价格或者证券交易量；以自己为交易对象，进行不转移所有权的自买自卖，影响证券交易价格或者证券交易量；以其他方法操纵证券交易价格的行为。

《证券法》规定，操纵证券市场行为给投资者造成损失的，行为人应当依法承担赔偿责任。

（3）虚假陈述和信息误导行为

《证券法》规定，禁止国家工作人员、新闻传播媒介从业人员和有关人员编造并传播虚假信息，严重影响证券交易。禁止证券交易所、证券公司、证券登记结算机构、证券交易服务机构、社会中介机构及其从业人员、证券业协会、证券监督管理机构及其工作人员，在证券交易活动中作出虚假陈述或者信息误导。各种传播媒介传播证券交易信息必须真实、客观、禁止误导。

（4）欺诈客户行为

欺诈客户是指证券公司及其从业人员在证券交易及相关活动中，为了谋取不法利益，而违背客户的真实意思进行代理的行为，以及诱导客户进行不必要的证券交易的行为。

《证券法》规定，在证券交易中，禁止证券公司及其从业人员从事下列损害客户利益的欺诈行为：违背客户的委托为其买卖证券；不在规定时间内向客户提供交易的书面确认

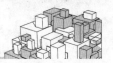

文件；挪用客户所委托买卖的证券或者客户账户上的资金；未经客户的委托，擅自为客户买卖证券，或者假借客户的名义买卖证券；为牟取佣金收入，诱使客户进行不必要的证券买卖；利用传播媒介或者通过其他方式提供、传播虚假或者误导投资者的信息；其他违背客户真实意思表示，损害客户利益的行为。

《证券法》规定，欺诈客户行为给客户造成损失的，行为人应当依法承担赔偿责任。

（5）其他禁止的行为

除了上述禁止的交易行为以外，《证券法》还规定：禁止法人非法利用他人账户从事证券交易；禁止法人出借自己或者他人的证券账户；要依法拓宽资金入市渠道，禁止资金违规流入股市；禁止任何人挪用公款买卖证券等。证券交易所、证券公司、证券登记结算机构、证券服务机构及其从业人员对证券交易中发现的上述禁止交易行为，应当及时向证券监督管理机构报告。

10.3 上市公司收购

10.3.1 上市公司收购方式

上市公司收购是指投资者为达到对股份有限公司控股或兼并的目的，而依法购买其已发行上市的股份的行为。上市公司收购可以采取要约收购或协议收购的方式。要约收购，是指收购方通过向被收购方的股东发出收购要约的方式进行的收购。协议收购，是指收购方依照法律或行政法规的规定，同被收购公司的股东以协议方式进行股权转让的收购。

10.3.2 上市公司收购程序

（1）通过证券交易所的证券交易，投资者持有或者通过协议、其他安排与他人共同持有一个上市公司已发行的股份达到5%时，应当在该事实发生之日起3日内，向国务院证券监督管理机构、证券交易所作出书面报告，通知该上市公司，并予公告；在上述期限内，不得再行买卖该上市公司的股票。

（2）投资者持有或者通过协议、其他安排与他人共同持有一个上市公司已发行的股份达到5%后，其所持该上市公司已发行的股份比例每增加或者减少5%，应当依照前款规定进行报告和公告。在报告期限内和作出报告、公告后2日内，不得再行买卖该上市公司的股票。书面报告和公告，应当包括下列内容：持股人的名称、住所；持有的股票的名称、数额；持股达到法定比例或者持股增减变化达到法定比例的日期。

（3）通过证券交易所的证券交易，投资者持有或者通过协议、其他安排与他人共同持有一个上市公司已发行的股份达到30%时，继续进行收购的，应当依法向该上市公司所有股东发出收购上市公司全部或者部分股份的要约。依照前述规定发出收购要约，收购人必须事先向国务院证券监督管理机构报送上市公司收购报告书，并载明下列事项：收购人的名称、住所；收购人关于收购的决定；被收购的上市公司名称；收购目的；收购股份的详细名称和预定收购的股份数额；收购期限、收购价格；收购所需资金数额及资金保证；报送上市公司收购报告书时持有被收购公司股份数占该公司已发行的股份总数的比例。收购人还应当将上市公司收购报告书同时提交证券交易所。

收购上市公司部分股份的收购要约应当约定，被收购公司股东承诺出售的股份数额超过预定收购的股份数额的，收购人按比例进行收购。

（4）收购人在报送上市公司收购报告书之日起15日后，公告其收购要约。在上述期限内，国务院证券监督管理机构发现上市公司收购报告书不符合法律、行政法规规定的，应当及时告知收购人，收购人不得公告其收购要约。

收购要约约定的收购期限不得少于30日，并不得超过60日。在收购要约确定的承诺期限内，收购人不得撤销其收购要约。收购人需要变更收购要约的，必须事先向国务院证券监督管理机构及证券交易所提出报告，经批准后予以公告。

收购要约提出的各项收购条件，适用于被收购公司的所有股东。采取要约收购方式的，收购人在收购期限内，不得卖出被收购公司的股票，也不得采取要约规定以外的形式和超出要约的条件买入被收购公司的股票。

（5）采取协议收购方式的，收购人可以依照法律、行政法规的规定同被收购公司的股东以协议方式进行股份转让。以协议方式收购上市公司时，达成协议后，收购人必须在3日内将该收购协议向国务院证券监督管理机构及证券交易所作出书面报告，并予公告。在公告前不得履行收购协议。

采取协议收购方式的，协议双方可以临时委托证券登记结算机构保管协议转让的股票，并将资金存放于指定的银行。协议收购方式的收购人收购或者通过协议、其他安排与他人共同收购一个上市公司已发行的股份达到30%时，继续进行收购的，应当向该上市公司所有股东发出收购上市公司全部或者部分股份的要约。但是，经国务院证券监督管理机构免除发出要约的除外。

（6）在上市公司收购中，收购人持有的被收购的上市公司的股票，在收购行为完成后的12个月内不得转让。

（7）收购行为完成后，收购人与被收购公司合并，并将该公司解散的，被解散公司的原有股票由收购人依法更换。收购行为完成后，收购人应当在15日内将收购情况报告国务院证券监督管理机构和证券交易所，并予公告。

10.3.3　上市公司收购法律后果

（1）收购要约期满，收购要约人持有的普通股未达到该公司发行在外的普通股总数的50%的，为收购失败；收购人除发出新的收购要约之外，其以后每年购买的该公司对外发行的普通股，不得超过总数的5%。

（2）收购要约期满，收购要约人持有的普通股达到该公司发行在外的普通股总数的75%以上的，该公司应当在证券交易所终止交易。收购要约持有的股票达到该公司股票总数的90%时，其余股东有权以同等条件向收购要约人强制出售其股票。

（3）收购要约人购买股票的总数低于要约的总数时，收购要约人应当按照比例从所有受要约人中购买该股票。

（4）收购要约发出后，要约的主要条件改变的，收购要约人应当立即以新闻发布会、登报或其他传播形式通知所有受要约人。收购要约期内及要约期满后30个工作日内，不得以要约规定以外的任何条件购买该种股票。

训练路径

1. 背景资料

（1）《中华人民共和国证券法》（1998年12月29日第九届全国人民代表大会常务委员会第六次会议通过，2005年10月27日第十届全国人民代表大会常务委员会第十八次会议修订）

（2）《中华人民共和国证券公司风险处置条例》（2008年4月23日国务院第6次常务会议通过，自公布之日起施行）

（3）《中华人民共和国证券公司监督管理条例》（2008年4月23日国务院第6次常务会议通过，2008年6月1日起施行）

（4）《中华人民共和国刑法》（第十一届全国人民代表大会常务委员会第七次会议于2009年2月28日修订通过，自公布之日起施行）

2. 实训目标

通过本章的学习和训练，让学生完整地掌握与证券发行、证券交易有关的规则，并能够在实践中恰当运用。

3. 组织实施

（1）分小组搜集、讨论《证券法》的典型案例，课堂或课下交流。

（2）安排学生设计证券交易流程的方案，模拟演练证券交易的流程。

（3）布置学生课下搜集股票、债券样式，模拟训练设计股票、债券格式。

4. 操作提示

本章的重点是证券公司的经营规则，特别是证券经纪业务的流程和应当遵守的规则。

5. 成果检测

可以把证券发行、证券交易、上市公司收购等分别设立为相对独立的考核单元，分小组演示流程和规则，彼此相互评价。

教学建议

（1）《证券法》内容较多，而且多数同学对于证券缺少感性认识，以至于制约了学习的深入。建议在条件允许的情况下，实地参观、考察周边的证券机构，或者浏览相关网站，来强化对于《证券法》知识的理解。

（2）我国证券业尽管有了近二十年的发展，但仍处于不断完善的过程中。《证券法》及相关政策也会因之不断调整，要结合当前发展实际安排教学。

复习思考题

1. 证券的特征是什么？

2. 简述证券公司的设立条件和业务范围。

3. 股票上市的条件是什么?

4. 债券上市的条件是什么?

5. 简述《证券法》关于信息公开制度的规定。

6. 简述《证券法》禁止的证券交易行为。

7. 论述上市公司收购的规则及其法律后果。

第11章 票据法律制度

能力目标

（1）通过票据法的学习，能够清晰识别三大票据的特点、彼此间的关系和各自的适用范围。

（2）能够正确实施票据行为，依法处理票据关系。

任务分析

（1）掌握票据的概念、特征与类别，了解三类票据的内涵与适用范围的差别。

（2）掌握票据权利的内容、票据权利的取得方式与行使方式；掌握票据行为的性质、类别以及效力；了解票据抗辩的事由。

（3）掌握汇票、本票和支票的概念、特征以及有效要件。

引导案例

　　建行A县支行的客户某工程队为解决资金短缺问题，与水泥厂串通签订虚假的水泥购销合同，总价款为50万元，结算采用银行承兑汇票。合同签订后，工程队向县支行申请签发银行承兑汇票。A县支行批准申请签发了金额分别为20万元、20万元、10万元，承兑期为三个月的三张银行承兑汇票，双方协议除不可抗拒的原因并经签发银行同意，上述汇票不得贴现或转让。收到汇票后，工程队将一张20万元的汇票背书转让给水泥厂。工程队因购买建材将一张10万元的银行承兑汇票背书转让给建材公司，又将另一张20万元的汇票向工行A县支行申请贴现，工行A县支行委托市分行查询汇票的情况，与工程队签订了汇票贴现协议。协议签订后，工行A县支行收到建行A县支行关于被骗签发汇票，要求对汇票不予贴现的复电，工行A县支行仍按贴现协议将款划入工程队账号。建行A县支行以汇票因受骗而签发，故无效，要求工程队返还汇票。工程队告知汇票已分别背书给水泥厂、建材公司、贴现给工行A县支行。随后，建行A县支行以银行承兑汇票是在受欺骗的情况下开出为由，向工行A县支行和建材公司、水泥厂追要其签发的汇票，遭拒绝后，遂向法院起诉，要求判决汇票无效，持票人应将汇票返还建行A县支行。

　　请你思考：法院应如何判决？

11.1 票据与票据关系

11.1.1 票据概述

票据是指发票人依据票据法签发的、由自己或委托他人无条件支付一定金额给收款人或持票人的一种有价证券。《中华人民共和国票据法》（以下简称《票据法》）由第八届人民代表大会常务委员会第十三次会议于1995年5月10日通过，自1996年1月1日起施行。第十届全国人民代表大会常务委员会第十一次会议于2004年8月对票据法进行了修订。

1. 票据的特征

关于票据的特征，总的来说，可以归纳为以下几个方面。

（1）票据是要式证券，票据法严格地规定票据的做成格式和记载事项。不按照《票据法》及相关法规的规定进行票据事项的记载，就会影响票据的效力甚至会导致票据的无效。此外，在票据上所为的一切行为，如出票、背书、承兑、保证、付款、追索等，也必须严格按照《票据法》的程序和方式进行，否则无效。这些都是票据要式性的表现。

（2）票据是无因证券。所谓无因性是指只问票据的形式要件是否成立，不问其发生原因。

（3）票据是文义证券，即义务人只按照证券上指明的金额和条件履行义务，而不问出票人的原意。

（4）票据是设权证券。票据权利的产生必须首先完成制作。在票据做成之前，票据权利是不存在的。票据权利是随着票据的作成同时发生的。没有票据，就没有票据权利。这就是票据的设权性。

（5）票据是流通证券。票据的一个基本功能就是流通，经背书或单纯交付即可让与他人，无须依据民法有关债权让与的有关规定。一般说来，无记名票据，可以单纯交付而转让；记名票据，须经背书交付才能转让。这就是票据的流通性。

2. 票据的种类

各国票据立法对票据的种类均采用法定主义，由《票据法》对票据的种类作出明确的、封闭性的规定，不允许有法律规定以外的票据存在。根据《票据法》第2条第2款的规定，我国票据法上的票据，分为汇票、本票和支票三种。

3. 票据的功能

票据制度是现代市场经济的一项基本制度。商业信用、银行信用的票据化和结算手段的票据化，是市场经济高度发展的重要标志之一。概括来讲，票据的功能包括以下几点。

（1）汇兑功能。票据最初的功能是汇兑，即异地输送现金和兑换货币的工具。随着商品经济的发展和市场范围的扩大，在异地贸易中携带现金不方便、不安全，还存在不同种类货币之间的兑换困难。因此，商品交易当事人可以通过货币经营者（银行等）的汇款业务和货币兑换业务，在本地将现金交付货币经营者，并取得票据作为汇款和货币兑付凭证，并凭该票据在异地向货币经营者兑换现金，从而克服了现金支付的空间困难。

（2）支付功能。由于票据有汇兑功能，可异地兑换现金，是一种金钱给付的债权凭

证，因而它逐渐发展为具有支付功能，即可以通过法定流通转让程序，代替现金在交易中进行支付。在市场经济中，货币作为交换媒介和一般等价物，会经常发生大量收付货币的现象。用票据代替现金作为支付工具，具有便携、快捷、安全等优点。因此，在现代经济中，票据支付在货币支付中占有越来越大的比重。

（3）结算功能。结算功能是指票据作为货币给付的手段，可以用它在同城或异地的经济往来中，抵消不同当事人之间相互的收款、欠款或相互的支付关系，即通过票据交换，使各方收付相抵，相互债务冲减。这种票据结算的方式，和使用现金相比，更加便捷、安全、经济。因而，票据成为现代经济中银行结算的主要方式。

（4）信用功能。票据可作为信用工具，在商业和金融中发挥融资等作用。其中在商品交易中，票据可作为预付货款或延期付款的工具，发挥商业信用功能。例如，在甲方向乙方开出票据后，乙方可先期交付商品或者先行预付货款即提供商业信用。然后，乙方再在票据指定日期，向甲方收回已经交货的货款或者收回已经预付货款的商品。在金融活动中，企业可以通过将尚未到期的票据向银行进行贴现，取得货币资金，以解决企业一时发生的资金周转困难。这时，票据就发挥了银行信用的作用。

11.1.2 票据法律关系

票据法律关系是指有关当事人之间因设立、变更或消灭票据上的权利义务而表现的一种票据债权债务关系，以及与票据相关的法律关系。票据关系是基于票据行为人产生的权利义务关系，而非票据关系一般是基于票据法和其他法律的规定而产生的权利义务关系，包括票据原因关系、票据资金关系和票据预约关系等内容。

1. 票据关系当事人

（1）基本当事人。基本当事人指在票据发行时就已存在的当事人，包括出票人、收款人与付款人三种，汇票及支票有出票人、付款人与收款人，本票有出票人与收款人。基本当事人是构成票据上的法律关系的必要主体，这种主体不存在或不完全，票据上的法律关系就不能成立，票据也就无效。

（2）非基本当事人。非基本当事人是指在票据发出后通过各种票据行为而加入票据关系中成为票据当事人的人，如背书人、保证人、参加付款人、预备付款人等。

2. 票据基础关系

（1）票据原因关系。票据原因关系指票据当事人之间授受票据的理由，如出票人与收款人之间签发和接受票据的理由、背书人和被背书人之间转让票据的理由等。依照票据法规定，原因关系只存在于授受票据的直接当事人之间，票据一经转让，其原因关系对票据效力的影响力即被切断。

（2）票据预约关系。票据预约关系指票据当事人在授受票据之前，就票据的种类、金额、到期日、付款地等事项达成协议而产生的法律关系。即当事人之间授受票据的合同所产生的法律关系。它实际上是沟通票据原因和票据行为的桥梁。但该合同仅为民事合同，当事人不履行票据预约合同所产生的权利义务仅构成民法上的债务不履行，不属于票据法规范的对象。

（3）票据资金关系。票据资金关系指汇票出票人和付款人、支票出票人与付款银行或其他资金义务人所发生的法律关系，即出票人之所以委托付款人进行付款的原因。一般说来，资金关系的存在或有效与否，均不影响票据的效力。出票人不得以已向付款人提供资金为由拒绝履行其追索义务；付款人也不因得到资金而当然地成为票据债务人，作为汇票来说，付款人的承兑行为才是其承担票据债务的法定条件。

11.2 票据权利与票据抗辩

11.2.1 票据权利

票据权利是指持票人向票据债务人请求支付票据金额的权利，包括付款请求权和追索权。票据权利是我国法律保护的一种民事权利。

1. 票据权利的特征

票据权利的特征主要有以下三个方面。

（1）票据权利是金钱债权。债务人履行义务时，不能以货物、劳务或其他无形财产权利来代替支付金钱的义务。

（2）票据权利的行使范围限定在票据的当事人中。当事人包括出票人、背书人、承兑人、保证人、付款人，这些人在票据中的地位均处在持票人之前，即持票人有权向这些人中的付款人或任何一个人请求实现自己的票据权利，不受被请求人所处票据活动中的阶段的限制。但是持票人不得向处在自己后面的当事人追索。

（3）票据权利的确定性。出票人签发票据时须根据票据法的规定将确定的金额、收款人的名称、出票日期、本人的签章和无条件承诺的事项填写在票据上，之后该票据无论流通到何人手中，无论持票人与付款人之间存在着何种关系，该票据上所确定的票据种类、金额和支付日期是不会有任何改变的，不但持票人不能改变票据上的内容，就是出票人在票据签发后也不得改变票据的金额、日期和收款人的名称这些最基本的事项，如果有所更改，该票据无效。

2. 票据权利的种类

（1）付款请求权

《票据法》规定持票人最基本的权利是请求付款人按票据金额支付款项。付款请求权是票据的第一次权利，实践中人们常称此权利为主票据权利。付款请求权须要符合以下条件。

① 持票人持有处在有效期内的票据。其中汇票和本票的有效期自票据到期日起2年以内；见票即付的汇票和本票，自出票之日起2年以内；支票自出票之日起6个月以内。

② 持票人须将原来票据向付款人提示付款。如果不能提供票据原件的，不能请求付款，付款人也不得付款。

③ 持票人只能请求付款人支付票据上确定的金额，付款人须一次性将债务履行完毕。因此，持票人也不得向付款人请求少于票据确定的金额付款。

④ 持票人得到付款后，必须将票据移交给付款人，原票据上的权利可能由付款人承

受，向其他债务人请求付款，从而使付款请求权呈持续状态。

⑤ 付款人支付票据金额后，如果发现该票据有伪造、变造情况的，有权向持票人请求返还所给付的金额。这是对票据权利不确切的处置。

（2）追索权

追索权是指持票人行使付款请求收到拒绝承兑或拒绝付款时，或有其他法定事由请求付款未果时，向其前手请求支付票据金额的权利。由于这一请求是在第一次请求未果后的再次请求，所以将其称为第二次请求权，是票据权利的再次行使。追索权的追索对象视票据种类的不同，可以分别包括出票人、背书人、保证人、承兑人和参加承兑人。这些人在票据中的地位是连带债务人，持票人可以不按照汇票债务人的先后顺序，对其中的任何一人、数人或全体行使追索权；持票人对汇票债务人仍可行使追索权。被追索人清偿债务后，与持票人享有相同的权利。

3. 票据权利的取得

（1）票据权利取得的原则

① 持票人就是票据收款人，收款人享有出票人给予的票据权利，任何人不得对票据权的合法性提出异议。

② 凡是通过连续背书而取得票据的，在票据上记名的持票人就合法地取得票据权利。

③ 凡是取得票据时是善意或无重大过失的，就合法地取得票据权利。《票据法》规定，以欺诈、偷盗或胁迫等手段取得票据的，或明知有前列情形，出于恶意取得票据的，不得享有票据权利。持票人因重大过失取得不符合票据法规定的票据的，也不得享有票据权利。

④ 凡是无代价或不以相当代价取得的票据，不得享有优先于前手的权利。因税收、继承、赠与可以依法无偿取得票据的，所享有的票据权利不得优于其前手。

（2）票据权利的原始取得

票据权利原始取得是指票据上载明的收款人取得出票人开出的票据的行为，该行为既包括取得票据的原件，也包括取得票据上所记载的权利。票据权利原始取得的条件包括下列几个方面。

① 出票人应当按照法定条件在票据上签章，并承诺无条件地按照所记载事项承担票据责任。

② 出票人须将票据交给收款人。

③ 代理人所为的票据行为必须是在代理权限内。

④ 票据的签发和取得应具有真实的交易关系和债权债务关系，接受票据的一方必须给付对价，只有因税收、继承和赠与这三种情况可以依法无偿取得票据，不受给付对价的限制。

（3）票据权利的继受取得

票据权利的继受取得是指第三人自收款人手中取得票据。《票据法》规定的继受取得方式包括背书转让方式、贴现方式、质押方式、保证方式、付款方式。此外，其他法规定的继受取得方式有继承方式、赠与方式、公司合并分立方式、清算方式等。

4. 票据权利的行使

（1）票据权利的行使方式

① 提示承兑。承兑是指汇票付款人承诺在汇票到期日支付汇票金额的票据行为，提

示承兑是指持票人向付款人出示汇票，并要求付款人承诺付款的行为。定日付款或出票后定期付款的汇票持票人，首先要在汇票到期日前向付款人提示承兑，见票后定期付款的汇票，持票人应当自出票之日起1个月内向付款人提示承兑，这是付款人行使票据权利的必经程序。

② 提示付款。提示付款是指持票人在法定期间内，向付款人提示票据请求付款的票据行为。其中支票自出票之日起10日内向付款人提示付款；本票自出票日起2个月内提示付款；见票即付的汇票1个月向付款人提示付款；定日付款出票后定期付款或见票后定期付款的汇票，自到期日起10天内向付款人提示付款。

③ 行使追索权。票据到期被拒绝付款的，持票人可以对背书人、出票人以及票据的其他债务人行使追索权。在票据到期日前，如汇票被拒绝承兑的，承兑人或者付款人死亡、逃匿的，承兑人或者付款人被依法宣告破产的，以及因违法被责令终止业务活动的，持票人也可以行使追索权。

（2）票据权利行使的时间和地点

票据权利行使的时间和地点应在票据当事人的营业场所和营业时间内，无营业场所的在其住所。

（3）票据权利的保全和消灭

① 票据权利的保全，指票据权利人为防止票据权利丧失所进行的行为。票据权利的保全方式包括进行票据提示、做成拒绝证书等。

提示票据是要求持票人在法定期间内提示票据行使票据权利，就是保全票据权利的方式之一。《票据法》明确规定持票人只有在法定期间内提示票据请求付款被拒绝的，方可行使追索权；期前追索的进行也要以按期提示请求承兑被拒绝为条件之一。

《票据法》规定，持票人行使追索权时，应当提供被拒绝承兑或被拒绝付款的有关证明。而在持票人提示承兑或者提示付款被拒绝时，承兑人或者付款人必须出具证明。

② 票据权利的消灭。根据《票据法》的规定，下列情况票据权利因不行使而消灭：付款人履行了付款义务；票据自到期日起已满2年；见票即付的汇票本票，自出票日起已届2年；支票自出票日起已届6个月；持票人对前手的追索权自被拒绝承兑或拒绝付款之日起已届6个月；持票人对前手的再追索权，自清偿日或被提起诉讼日起3个月。

5. 票据权利的瑕疵

（1）票据的伪造和变造。

票据的伪造指伪造人假冒出票人或其他票据当事人的名义进行签章或票据其他记载事项的行为。票据的变造是指采用技术手段改变票据上已经记载事项的内容，或增加、减少票据记载事项的内容，从而达到变更票据权利义务关系的目的。

① 伪造、变造票据者的法律责任。伪造、变造票据者应当承担的法律责任包括民事责任、行政责任和刑事责任三种，其中承担的民事责任是指伪造、变造者应当承担票据当事人因票据被伪造、变造而受到的损失，应承担的行政责任是指伪造、变造票据者应受到有关公司法、企业法和行政法规的惩处，包括给责任者的个人处分，给公司、企业警告、罚款、停业整顿、吊销营业执照等处分。应承担的刑事责任是指伪造、变造票据的行为，根

据《票据法》和《刑法》的有关规定，对责任者给予刑事处罚。

②对其他签章的影响。票据法规定，票据上有伪造、变造的签章的，不影响票据上其他真实的签章的效力。

③对变造票据的其他记载事项的处理。《票据法》第14条规定，票据上其他记载事项被变造的，在变造之前签章的人，对原记载事项负责；在变造后签章的人，对变造之后的记载事项负责；不能辨别是在票据被变造之前或之后签章的，视同在票据被变造之前签章。

（2）票据的更改与涂销。

票据的更改和涂销是指将票据上的签名或其他记载事项加以更改或涂抹销除的行为。

票据的更改是指更改票据上记载事项的行为。合法地更改票据上的记载事项，必须是由法定更改权限的人依法更改票据上可以更改的记载事项。《票据法》第9条规定，票据金额、日期、收款人名称不得更改，更改的票据无效。对票据上的其他记载事项，原记载人可以更改，更改时应当由原记载人签章证明。可以更改的其他记载事项是指除金额、日期和收款人名称之外的事项，包括付款人名称、付款日期、付款地、出票地等事项。

权利人故意所为票据的涂销行为就其实质来说是票据内容的更改，应发生上述票据更改的法律后果。权利人非故意所为的涂销，涂销行为无效，票据依其未涂销时的记载事项发生法律效力；非权利人所为的票据涂销行为，发生票据伪造、变造的法律后果。

11.2.2 票据抗辩

票据抗辩是指票据债务人根据《票据法》的规定，对票据债权人拒绝履行义务的行为。票据法规定，票据债务人可以对不履行约定义务的与自己有直接债权债务关系的持票人，进行抗辩。

1. 票据抗辩的种类

票据抗辩的种类主要有两种。

（1）物的抗辩，指基于票据本身的内容发生的事由所作的抗辩。无论持票人是谁，债务人都可根据票据上所记载的内容进行抗辩，理由可以是票据无效、日期未至、签名不符、金额的大小写不一致、有涂改痕迹等。

（2）人的抗辩，主要是指由于债务人与特定的债权人之间的关系而发生的抗辩。这种情况往往是当事人在票据约定付款人只对票据上的收款人承担票据责任，或该票据只能在约定的主体范围内流通，债务人才承担票据责任。如果持票人不是收款人或不是约定范围内的主体，债务人就可以持票人不符为由，拒绝给予承兑或付款。

2. 票据抗辩事由

抗辩事由是指债务人不履行义务的法定理由。除了前述物的抗辩和人的抗辩两种形式之外，还有恶意抗辩事由和对价抗辩事由。在票据活动实务中，债务人提出抗辩，一般是从该票据是否有不当的主体关系，如当事人的资格欠缺、票据行为人没有相应的行为能力等情况，以及是否存在当事人恶意取得票据的情况，是否存在取得票据中有无对价或无相当对价的情况，如果出现上述任何一种情况，债务人均可以此为由提出抗辩，即拒绝承兑

或拒绝付款。

3. 票据抗辩的法律后果

抗辩是债务人依法维护自己的合法权利的一种措施，但这种措施仅仅是处于债务人的单方面判断，判断是否符合实际情况有两种可能，一种可能是判断准确，债权人的票据权利的确有瑕疵，拒绝履行承兑或付款的行为是正确的；一种可能是判断有误，债权人的资格及票据权利不存在任何瑕疵，拒绝承兑或拒绝付款的行为给债权人造成了损害。因此，债务人要承担自己不当抗辩给有关票据债权人造成损害的赔偿责任。

4. 票据抗辩的限制

票据债务人不得以自己与出票人或持票人的前手之间的抗辩事由，对抗持票人。票据一经转让，债务人对其前手的抗辩就不能随债权转移到受让人身上，称为抗辩切断。出票人或前手与债务人之间存有的抗辩事由，将由债务人与出票人或持票人的前手另案处理，与持票人没有关系。但是，持票人明知存在抗辩事由而取得票据的除外。

11.2.3　票据丧失补救

1. 挂失止付的条件

挂失止付是指持票人丢失票据后，依照《票据法》规定的程序通知票据上记载的付款人停止支付的行为。根据《票据法》和《民事诉讼法》的规定，挂失止付的条件包括下列三个方面：被请求挂失止付人；有丢失票据的事实；向付款人本人挂失止付。

2. 挂失止付的程序

（1）挂失止付的提起人。挂失止付的提起人应为丧失票据的人，即失票人。一般说来，失票人当然为票据的持有者即持票人。但此处所称的票据持有者并不一定为票据权利人。《票据法》只规定失票人可以通知挂失止付，并未限制失票人资格。所以只要是丧失票据实际占有的当事人，均可通知挂失止付。

（2）挂失止付的相对人。应为丧失票据上记载的付款人，在票据上载明付款人时，也包括代理付款人。所以无法确定付款人或代理付款人的票据如支付结算办法中规定的银行汇票等，不能挂失止付。

3. 挂失止付的法律后果

挂失止付的效力在于使收到止付通知的付款人承担暂停票据付款的义务。所以，付款人在接到止付通知后，应停止对票据的付款。如果其仍对票据进行付款，则无论善意与否，都应该承担赔偿责任。

但挂失止付只是失票人丧失票据后可以采取的一种临时补救措施，以防止所失票据被他人冒领。票据本身并不因挂失止付而无效，失票人的票据责任并不因此免除，失票人的票据权利也不能因挂失止付得到最终的恢复。特别要指出的是，挂失止付不是公示催告程序和诉讼程序的必经程序。

4. 公示催告及诉讼

公示催告是人民法院根据票据权利人的申请，以向社会公示的方法，将丧失的票据告

知各界，催促不明利害关系的有关当事人在一定的期间内向法院申报，就不能以有关的票据权利请求法律保护。《民事诉讼法》第193条规定，按照规定可以背书转让票据的持有人，因票据被盗、遗失或灭失，可以向票据支付地的基层人民法院申请公示催告。

（1）公示催告的适用

《票据法》第15条第3款规定，失票人应当在通知挂失止付后3日内，也可以在票据丧失后，依法向人民法院申请公示催告，或向人民法院提起诉讼。

（2）公示催告的后果

法院受理公示催告后，应当立即通知支付人停止支付，并在通知后3日内发出公告，催促利害关系人在3个月内申报权利，公告期间，票据权利被冻结，不能承兑、不能付款、不能贴现、不能转让，有关当事人对票据的任何处分均没有法律效力。

（3）公示催告的终结

公示催告的终结有两种情况，一是经法院裁定终结公示催告程序，二是经法院判决终结公示催告。

① 裁定终结公示催告程序。在公示催告期间，有人提出权利申报或提出相关的票据主张权利时，法院就应该立即裁定终止公示催告，并通知申请人和票据付款人。在公示催告期间届满后、除权判决做出前，又有利害关系人申报权利的，也应该裁定终结公示催告。此后，申请人和权利人就应通过普通民事诉讼程序，提起有关确认权利归属的诉讼，通过普通民事诉讼程序解决其纠纷。

② 判决终结公示催告程序。公示催告期间届满，没有人提出权利申报或者提出相关的票据、或者申报人提出的票据非申请人丧失的票据时，则依申请人的申请，由法院作出判决，宣告票据无效。法院做出的除权判决，是公示催告的最终结果，是对公示催告申请人票据权利恢复的确认。自该判决做出之日起，申请人就有权依该判决，行使其付款请求权和追索权；而已作出除权判决的票据，则丧失其效力，持有人不能再依此票据行使任何票据权利，即使票据的善意取得人，也丧失其票据权利；对于票据债务人来说，对获得除权判决的申请人进行的清偿，与对持票人所为的清偿具有同等法律效力，可以依法主张免责。

（4）普通诉讼程序

失票人在丧失票据后，可以直接向法院提起民事诉讼，请求法院判令票据债务人向其支付票据金额。《票据法》没有对该程序作出详细规定。一般认为，在失票人选择诉讼途径救济自己的票据权利时，应当向法院提供有关的书面证明，证明自己对所丧失的票据上的有关记载事项了解。此外失票人在起诉时还应当提供必要的担保，以补偿票据债务人因支付失票人票据款项可能出现的损失。

11.3 汇票、本票和支票

11.3.1 汇票

汇票是由出票人签发的，委托付款人在见票时或在指定日期无条件支付确定的金额给收款人或持票人的票据。汇票是支付工具中最重要的类别。

1. 出票

出票行为指出票人依照《票据法》规定的格式作成汇票，并将其交付给收款人的票据行为。

（1）汇票法定记载事项

根据《票据法》的规定，汇票的法定记载事项包括表明"汇票"的字样；无条件支付的委托，如果汇票上记载"交付货物后汇票照付"或"资金到达后付款"等字样的票据无效；确定的金额，《票据法》第 8 条规定，票据金额以中文大写和阿拉伯数字同时记载，二者必须一致，二者不一致的，票据无效；付款人名称；收款人名称；出票日期；出票人签章。出票人的签名盖章须注意三点。第一，出票人一人签章即有效。第二，必须以本名签章，不得以化名或笔名签章。第三，法人为出票人的，其签章为法人的票据专用章或法人公章，以及法定代表人或其授权代理人的个人印章或签名。

（2）汇票未记载事项的认定

根据《票据法》的规定，汇票上未记载付款日期的，为见票即付；汇票上未记载付款地的，付款人的营业场所、住所或经常居住地为付款地；汇票上未记载出票地的，出票人的营业场所、住所或经常居住地为出票地。

（3）付款日期

《票据法》规定汇票有四种付款日期，即：见票即付，定日付款，出票后定期付款和见票后定期付款，由出票人根据需要选择一种在汇票上记载。由收款人开出的商业汇票上已经记载付款日期的，承兑时，付款人须审查该付款日期是否符合原交易合同的约定，如原合同没有约定，则要看此日期是否在交付货物的日期之后，是否适合自己资金使用计划等，在承兑之后，就表示承认汇票上的付款日期，不得再作更改。

（4）汇票签发的法律后果

汇票经签发后，即代表一定的资金数额。出票人须将汇票交付收款人才算签发，收款人收取汇票后即享有票据权利。汇票签发后，付款人承担的票据责任是按时付款，以及为付款作准备的承兑。

2. 汇票转让

汇票的转让是持票人单方面的法律行为，任何情况都无义务通知付款人，接受转让者的身份无限制，转让次数无限制，即使汇票再转让到收款人或前背书人手中也有效。但是这种债权债务关系不因混同而消灭。

（1）背书转让的要求

背书转让指收款人以转让票权利为目的在汇票上签章并作必要的记载所作的一种附属票据行为。

① 汇票以背书转让或以背书将一定的汇票权利授予他人行使时，必须记载被背书人的名称。个人须记本名，单位须记注册全称。只有在少数情况下，如继承、企业合并、破产受偿等情况可以是无记名汇票。

② 票据凭证不能满足背书人记载事项的需要，可以加附粘单，黏附于票据凭证之上。粘单上的第一记载人，应当在汇票和粘单的粘接处签章，粘单上的记载事项与汇票上的记

载事项具有相同的法律效力，如果粘单上第一记载人没有在粘接处签章的，粘单上记载的事项无效。

（2）背书转让的方式

通常在票据的背面事先印制好若干背书栏的位置，以便当事人载明表示将票据权利转让给被背书人的文句。而留出背书人及被背书人的空白，供背书人进行背书时填写。《票据法》一般并不限制进行背书的次数，在背书栏或票据背面写满时，可以在票据上粘贴"粘单"进行背书。

背书应当由背书人签章并记载背书日期。如果未记载背书日期，视为在汇票到期日前背书。而且背书也必须记载被背书人名称。

（3）背书转让的法律效力

① 背书转让无须经票据债务人同意。在票据背书转让时，行为人无须向票据债务人发出通知或经其承诺。只要持票人完成背书行为，就构成有效的票据权利转让。

② 背书转让的转让人不退出票据关系。背书转让后，转让人并不退出票据关系，而是由先前的票据权利人转变为票据义务人，并承担担保承兑和担保付款的责任。

③ 背书转让具有更强的转让效力。通过背书的方式转让票据权利，能够使受让人得到更充分的保护。票据法设计了一系列特别的制度来保障票据受让人的权利，首先，受让人只需以背书连续的票据，就可以证明自己的合法权利人身份，而无须提供其他证明。其次，受让人可以对票据债务人主张前手对人抗辩的切断，从而使其享有的票据权利不受票据债务人与前手背书人之间抗辩事由的影响；再次，受让人可以主张善意取得。

（4）票据转让的限制

关于票据转让的限制，《票据法》规定了以下几个方面规则。

① 出票人在汇票上记载"不得转让"字样的，其后手在背书转让的，原背书人对后手的被背书人不承担保证责任。

② 汇票须完整转让，将汇票金额的一部分转让的背书，或将汇票金额分别转让给2人以上的背书无效。

③ 背书不得附有条件。《票据法》规定，背书附有条件的，所附条件不具有汇票上的效力。

④ 背书记载"委托收款"字样的，被背书人有权代理背书人行使被委托的汇票权利。

⑤ 汇票被拒绝承兑、被拒绝付款或超过付款提示期限的，不得背书转让；背书转让的，背书人应当承担汇票责任。

3. 承兑

承兑是指汇票付款人承诺在到期日支付汇票金额的一种票据行为。三种票据种类中只有汇票才有承兑制度。承兑是一种票据行为，也是一种附属票据行为，须先有出票，然后才有承兑，并且要以汇票原件为行为对象，持票人须凭票提示承兑，付款人须在该票正面签章准予承兑。

（1）提示承兑

《票据法》规定，定日付款或出票后定期付款的汇票，持票人应当在汇票到期日前向

付款人提示承兑。见票后定期付款的汇票，持票人应当自出票之日起 1 个月内向付款人提示承兑。汇票未按照规定期限提示承兑的，持票人丧失对其前手的追索权。见票即付的汇票无须承兑，付款人不得以该汇票未经承兑为由拒绝立即付款，否则就构成拒绝付款，并须承担相应的行政责任和财产责任。

（2）付款人的承兑规则

① 付款人对向其要求承兑的汇票，应当在收到提示承兑的汇票之日起 3 日内承兑或拒绝承兑。《票据法》规定，付款人收到持票人提示承兑的汇票时，应当向持票人签发收到汇票的回单，回单上应当注明提示承兑的日期并签章。

② 承兑的记载事项，付款人承兑汇票的，应当在汇票正面记载"承兑"字样和承兑日期并签章；见票后定期付款的汇票，应当在承兑时记载付款日期。

③ 付款人承兑汇票不得附有条件。《票据法》规定，附有条件的承兑无效。

4. 保证

汇票保证是指汇票的债务人以外的第三人以担保特定的汇票债务人承担汇票付款为目的，在汇票上签章及记载必要事项的票据行为。

（1）保证的构成要件

《票据法》第45条规定，保证人必须在汇票或粘单上记载下列事项：表明"保证"的字样；保证人的名称和住所；被保证人的名称；保证日期；保证人签章。保证不得附有条件，附有条件的，不影响对汇票的保证责任。

（2）保证的法律效力

《票据法》第49条规定，保证人对合法取得汇票的持票人所享有的汇票权利，承担保证责任。但是被保证人的债务因汇票记载事项欠缺而无效的除外。《票据法》第50条还规定，被保证的汇票，保证人应当与被保证人对持票人承担连带责任。汇票到期后得不到付款的，持票人有权向保证人请求付款，保证人应足额付款。

① 保证人就票据债务来说，与被保证人承担的是同一责任，与被保证人的责任完全相同。

② 保证人的责任是独立责任。即使被保证的票据债务因实质性原因而无效，已经完成的票据保证仍然有效。能够导致保证人保证行为无效的原因，一般说来，只有三个。第一，被保证的票据债务自始不存在，即被保证人并非票据债务人。第二，被保证的票据债务，因汇票记载事项的欠缺而无效。第三，保证行为自身在形式上不完备。

（3）保证人的责任

保证人的责任是连带责任，而且票据保证人的连带责任是一种法定连带责任而非补充责任，所以对于票据保证人来说，不享有一般保证人的催告抗辩权或先诉抗辩权。在保证人为 2 人以上时，保证人之间亦须承担连带责任，对票据权利人来说，不分第一保证人或第二保证人，可以向任何一个保证人或全体保证人请求履行保证义务。

根据《票据法》第52条的规定，保证人清偿汇票债务后，可以行使持票人对被保证人及其前手的追索权。

5. 追索权

汇票到期被拒绝承兑或付款的，持票人可以对背书人、出票人以及汇票的其他债务人行使追索权。追索权是持票人在第一次请求付款遭到拒绝后，行使的第二次请求权，第一次请求权是主债务人付款，这是持票人的基本票据权利，在主债务人拒绝付款或无力付款时，持票人可行使第二次请求权，要求所有在汇票上签名中的一人、数人或全体人员，偿付汇票金额。

（1）追索权行使的原因

根据《票据法》的规定，追索权行使的原因包括以下几点。

① 汇票到期被拒付的，或虽然付款人表示可以付款，但是要求满足其一定条件的，视为拒绝付款。

② 汇票未到期，但是被拒绝承兑的。被拒绝承兑的汇票必须是形式上符合《票据法》规定，不缺少必要的记载事项，以及持票人的票据身份没有缺陷等。

③ 承兑人或付款人死亡、逃匿的。

④ 承兑人或付款人被依法宣告破产的，或因违法被责令终止业务活动的。在这种情况下，持票人有两种选择，第一种是行使追索权，请求其他的债务人履行汇票义务；第二种是放弃追索权，以汇票金额向破产清算组提出破产债权申报，意图从破产人处得到汇票金额的偿还。

（2）追索的条件

拒绝证书是持票人行使追索权的法律根据之一，没有拒绝证书就不能向除承兑人或付款人以外的其他汇票债务人请求偿还汇票金额。

① 提供被拒绝承兑或被拒绝付款的有关证明，即承兑人或付款人开出的拒绝承兑证书或拒绝付款证书。

② 因承兑人或付款人死亡、逃匿或其他原因，不能取得拒绝证明的，可以依法取得其他有关证明，包括医院、公安机关等部门出具的死亡证明书，司法机关出具的失踪证明书，如宣告失踪和宣告死亡判决书等。

③ 承兑人或付款人被法院宣告破产的司法文书，被企业登记机关注销企业法人资格以及承兑人或付款人被解散、歇业，在企业登记管理机关登记文件的正、副本等文件具有拒绝证明的效力。

（3）拒付的通知

① 通知的内容。通知是持票人承兑汇票或请求付款受到拒绝时，行使追索权前，将受到拒绝的事实书面告诉其前手及所有汇票债务人的一种票据行为，其内容应当记明汇票的主要记载事项；并说明该汇票已经被退票。

② 通知的期限。持票人应当自收到被拒绝承兑或被拒绝付款的有关证明之日起3日内，将被拒绝事由书面通知其前手；其前手应当自收到通知之日起3日内书面通知其再前手，以此类推。

③ 延期通知的后果。未按上述期限通知的，持票人仍可行使追索权。但是，因延期通知给其前手造成损失的，须承担相应的赔偿责任，赔偿金额以汇票金额为限。

（4）追索与再追索

《票据法》第68条第1款规定，汇票的出票人、背书人、承兑人和保证人对持票人承担连带责任，参加承兑者也应是承兑连带责任的汇票债务人员。被追索人清偿债务时，持

票人应当交出汇票和有关拒绝证明，并出具所收到利息和费用收据。

被追索者清偿债务后，与持票人享有同样的权利，再向其他汇票债务人行使追索权。依此顺序，直至该汇票的债权债务关系因履行或其他法定原因而消灭为止。当持票人为出票人的，对其前手无追索权；当持票人为背书人的，对其后手无追索权。

6. 汇票的付款

广义的票据付款，泛指票据债务人依票据而对票据权利人进行的一切金钱支付，既包括付款人或承兑人在票据到期时对持票人进行的支付，也包括追索义务人对追索权利人进行的支付，以及保证人对持票人进行的支付。狭义的票据付款，仅指付款人或承兑人在票据到期时，对持票人所进行的票据金额的支付。

（1）付款的期限

《票据法》第53条规定，持票人应当按照下列期限提示付款。

① 见票即付的汇票，自出票之日起1个月内向付款人提示付款；

② 定日付款、出票后定期付款或者见票后定期付款的汇票，自到期日起10日内向承兑人提示付款；

③ 持票人未按照《票据法》规定的期限提示付款的，在作出说明后，承兑人或者付款人仍应当继续对持票人承担付款责任。

（2）提示付款

提示付款人应为合法持票，持票人也可以委托代理人进行提示。《票据法》第53条第3款规定，通过委托收款银行或者通过票据交换系统向付款人提示付款的，视同持票人提示付款。

（3）付款程序

① 持票人在《票据法》规定的提示期限内提示付款的，付款人必须在当日足额付款；

② 获得付款的持票人，应当在汇票上签收，并将汇票交给付款人。持票人委托银行收款的，受委托的银行将代收的汇票金额转入持票人账户，视同签收；

③ 持票人委托的收款银行的责任，限于按照汇票上记载事项将汇票金额转入持票人账户。

④ 付款人及其代理付款人付款时，应当审查汇票背书是否连续，并审查提示付款人的合法身份证明或者有效证件；

⑤ 汇票金额为外币的，按照付款日的市场汇价，以人民币支付。

（4）付款损失的承担

根据《票据法》的规定，付款人在进行付款时，只需对所提示的票据进行形式审查，并无实质审查义务。付款人在履行法定审查义务后进行的付款是有效付款，即使发生错付，亦可善意免责。但在下列情况下，付款人须承担付款的损失。

① 付款人或代理付款人因恶意或者重大过失付款的。如因恶意或重大过失欠缺对提示付款人的合法身份证明或有效证件的审查；欠缺对票据记载事项的审查包括绝对必要记载事项是否完备、是否有绝对有害的记载事项、背书是否连续等的审查；对在公示催告期间的票据进行付款的；收到止付通知后进行付款的。付款人应当自行承担责任。

② 对定日付款、出票后定期付款或者见票后定期付款的汇票，付款人在到期日前付款的，如果发生错付，付款人应自行承担所产生的责任。

11.3.2 本票

《票据法》第73条规定，本票是由出票人签发的，承诺自己在见票时无条件支付确定的金额给收款人或持票人的票据。《票据法》第2款还规定，本法所指的本票是指银行本票，不包括商业本票，更不包括个人本票。

1. 本票的特征

根据《票据法》的规定，本票的特征包括以下几个方面。

（1）本票属于自付票据。本票是由出票人本人对持票人付款。

（2）基本当事人少。本票的基本当事人只有出票人和收款人两个。

（3）本票无须承兑。本票在很多方面可以适用汇票法律制度。但是由于本票是由出票人本人承担付款责任，无须委托他人付款，所以，本票无须承兑就能保证付款。

2. 本票的出票

《票据法》第75条规定，本票的出票人资格由中国人民银行审定。本票必须记载的事项：表明"本票"的字样；无条件支付的承诺；确定的金额；收款人名称；出票日期；出票人签章。

本票可任意记载的事项与汇票的记载事项相同，目的均在于提高本票的信用和保证其流通的顺利进行。任意记载的事项包括本票到期后的利率、利息的计算，本票是否允许转让，是否缩短付款的提示期限，在发生拒绝付款时，对其他债务人通知事项的约定。

本票责任承担的地点应作出明确的约定，未记载付款地的，以出票人的营业场所为付款地；未记载出票地的，出票人的营业场所为出票地。

3. 付款

（1）提示付款。本票的出票人在持票人提示本票时，必须承担付款的责任。

（2）付款期限最长不超过2个月。

（3）与提示付款相关的权利。第一次向出票人提示本票是行使第一次请求权，它是向本票的其他债务人行使追索的必经程序，没有按期提示的本票，持票人就不能向其前手追索。

4. 本票适用汇票规定的情况

本票背书、保证、付款行为和追索权的行使，除《票据法》有特别规定的外，适用票据法有关汇票的规定。

11.3.3 支票

支票是指由出票人签发的，委托办理支票存款业务的银行或其他金融机构在见票时无条件支付确定的金额给收款人或持票人的票据。

1. 支票的特征

根据《票据法》的规定，支票的特征包括如下几个方面。

（1）支票的出票人身份与付款人身份不重合，支票是出票人预先存款于银行，然后在存款余额内开出支票，委托银行见票即付给持票人指定的金额。所以，支票有三个当事人，除收款人外，出票人与付款人分属两个主体。

（2）支票付款人的资格有所限制，《票据法》规定支票的付款者是银行和其他金融机构。

（3）支票的付款时间只有见票即付一种形式。支票见票即付免去了承兑程序，即使支票上缺少记载必要的事项，法律上仍可视其为合法票据，付款人仍然要支付给持票人。

（4）支票是支付证券，与汇票相比要强调出票人的资金储备，而汇票则强调付款人的信用。所以，支票流通的时间较短，只有10天期限。

2. 支票的种类

（1）以支票上权利人的记载方式为标准，可以分为记名支票、无记名支票和指示支票。

（2）以支票的付款方式为标准，可以分为现金支票和转账支票。

（3）以支票当事人是否兼任为标准，可以分为一般支票和变式支票。变式支票又分为对己支票（出票人为付款人）、指己支票（出票人为收款人）、付受支票（付款人也是收款人）。

3. 支票的出票

（1）出票人的资格

《票据法》规定，支票的出票人只有符合下列条件，才能签发支票。

① 建立账户。开立支票存款账户，申请人必须使用其本名，并提交证明其身份的合法证件。

② 存入足够支付的款项。开立支票存款账户和领用支票，应当有可靠的资信，并存入一定的资金。

③ 预留印鉴。为便于付款银行在付款时进行审查，同时免除付款银行善意付款的责任，票据法律法规均规定开立支票存款账户的申请人应该在银行留下其本名的签名样式和印鉴样式。

（2）支票的法定记载事项

根据《票据法》的规定，支票的法定记载事项包括表明"支票"的字样；无条件支付的承诺；确定的金额；收款人名称；出票日期；出票人签章。支票上未记载上述事项的，支票无效。

（3）未记载事项的补救

《票据法》第86条规定，支票上的金额可以由出票人授权补记，未补记前的支票不得使用；支票上未记载收款人名称的，经出票人授权，可以补记；支票上未记载付款地的，付款人的营业场所为付款地；支票上未记载出票地的，出票人的营业场所、住所或经常居住地为出票地。

（4）出票的效力

① 出票人必须按照签发的支票金额承担向持票人付款的保证责任。包括保证自己在付款银行有足够的存款，未签发空头支票。

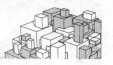

② 出票人在付款银行的存款足以支付支票金额时，付款应当在持票人提示付款的当日足额付款，使持票人能够及时得到票款的支付。

4. 支票的付款

（1）提示付款。支票的持票人应当在出票之日起10日内提示付款；异地使用的支票，付款提示期限由中国人民银行另行规定。超过付款提示期限的，付款人可以拒绝付款。

（2）逾期提示的法律后果。因超过提示付款期限付款人不予付款的，持票人仍享有票据权利，出票人仍应对持票人承担票据责任，支付票据所载金额。

（3）付款的效力。付款人依法支付支票金额的，对出票人不再承担受委托付款的责任，对持票人不再承担付款责任。但是，付款人以恶意或重大过失付款的除外。

（4）因出票人签发空头支票或者签发与其签名样式或预留印鉴不符的支票，给他人造成损失的，支票的出票人和背书人应当依法承担民事责任。

5. 支票适用汇票规定的情况

《票据法》第94条规定，支票的背书、付款和追索，除关于支票另有规定的，适用汇票的规定。

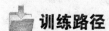 **训练路径**

1. 背景资料

（1）《中华人民共和国票据法》（第八届全国人民代表大会常务委员会第十三次会议于1995年5月10日通过，第十届全国人民代表大会常务委员会第十一次会议于2004年8月修订）

（2）《中华人民共和国刑法》（1979年7月1日第五届全国人民代表大会第二次会议通过，1997年3月14日第八届全国人民代表大会第五次会议修订）

（3）《中华人民共和国民事诉讼法》（1991年4月9日第七届全国人民代表大会第四次会议通过，第十届全国人民代表大会常务委员会第三十次会议于2007年10月28日修订）

2. 实训目标

通过对《票据法》的学习和训练，熟悉三大票据的运行规则，能够在实践中按照规定实施票据行为，处理好各种不同的票据关系。

3. 组织实施

（1）分小组搜集、讨论有关票据的典型案例，课堂交流。

（2）安排学生模拟训练出票、背书、承兑、追索等票据行为实施的流程。

（3）搜集、认识汇票、支票和本票的样例，模拟训练设计不同票据格式。

4. 操作提示

本章的重点和难点是票据行为，着重训练实施各种不同类别的票据行为，做到能让学生在实践中熟练应用。

5.成果检测

可以通过案例分析、票据格式方案设计、检验实训流程表现等形式，检验学生的学习效果。

教学建议

（1）票据是现代市场经济主要的金融工具，可以对票据在国内外的产生、发展加以介绍，让学生理解票据产生的必然性，也可以对票据在国际上的统一化进程概括介绍。

（2）由于学生在现实生活中难于接触票据知识，学习往往难于深入。在条件允许的情况下，可以安排学生参观银行的票据业务流程，或者聘请票据工作人员实际交流。

复习思考题

1.简述票据的概念和特征。

2.怎样理解票据法律关系？

3.票据权利包括哪些方面？其取得方式是什么？

4.票据行为包括哪些方面？

5.简述票据的抗辩事由。

6.简述追索权行使的条件和程序。

第12章 保险法律制度

能力目标

（1）通过保险法的学习，能够合法、正确识别保险合同，并能够完成保险合同的订立、保险理赔等工作。

（2）能够对保险公司有完整的认识，尤其要掌握保险公司的业务范围及经营规则。

任务分析

（1）了解保险的概念、特征及基本分类，理解保险的作用和意义。

（2）掌握保险合同的概念与特征、保险合同的内容、保险合同订立的程序与形式。

（3）掌握保险公司的组织形式、设立条件、保险公司的业务范围及经营规则。

（4）了解保险业监管的主体与职责，明确保险的法律责任。

引导案例

2007年8月，钱某因患直肠癌住院治疗，术后在家休养，其家属一直未将此事告知其本人。同年9月，钱某的邻居张某来探望，闲聊时告知钱某自己将去保险公司办理人身保险，钱某当即委托张某为自己代向保险公司投保"简易人身保险"。张某在为钱某填写投保单时，因不知情，"健康状况"一栏未予填写。该保险公司经办人员未按规定进行核实即准予投保。钱某拿到保险单后，按期交纳了保险费。2008年5月，钱某直肠癌恶化，经治疗无效，于同年6月15日死亡。之后，钱某的女儿以指定受益人的身份到保险公司索赔保险金。保险公司在审查钱某的女儿提交的证明材料时发现，钱某在投保时已患直肠癌并休养在家，不符合"简易人身保险"的规定，拒绝给付保险金。钱某的女儿即向法院提起诉讼，要求法院判令保险公司给付保险金。保险公司在答辩意见中称：因投保人钱某隐瞒其病史，致使保险公司误把钱某当成健康人而准予投保，属行为人对行为内容有重大误解而造成的可撤销的民事行为，故应适用《民法通则》的规定，将合同予以撤销，而且依据钱某的真实身体状况是不符合"简易人身保险"的投保条件的。

请你思考： 保险公司的说法成立吗？钱某女儿的请求是否应当得到支持？

12.1 保险与保险合同

12.1.1 保险

1. 保险

保险是指投保人根据合同约定，向保险人支付保险费，保险人对于合同约定的可能发生的事故因其发生所造成的财产损失承担赔偿保险金责任，或者当被保险人、死亡伤残、疾病或者达到合同约定的年龄、期限时承担给付保险金责任的商业保险行为。保险的实质不是保证危险不发生、不遭受损失，而是对危险发生后遭受的损失予以经济补偿。我国于1995年6月制定了《中华人民共和国保险法》（以下简称《保险法》），自1995年10月1日起施行。2009年2月第十一届全国人民代表大会常务委员会第七次会议进行了修订。

2. 保险分类

保险按照不同的划分标准，可作多种分类。

（1）按照保险设立是否以营利为目的划分，保险可分为社会保险和商业保险。社会保险是指国家基于社会保障政策的需要，不以赢利为目的而举办的一种福利保险。商业保险是指社会保险以外的普通保险。我国保险法规定的保险，以商业保险为限。商业保险和失业、养老、医疗等社会保险不同。商业保险的保险公司是企业法人，是以赢利的目的，对于投保人来讲是自愿的。社会保险则属于法定保险，目的不是赢利而是为广大社会成员提供最起码的保障。社会保险的费用是国家拿一部分，单位拿一部分，个人拿一部分，社会保险一般由社会保障、立法予以规范。商业保险金全部来自个人，一般受保险法规范。

（2）按照保险标的性质不同划分，保险可分为财产保险和人身保险，这也是我国保险法规定的基本险别。财产保险是以物质财产或财产性利益为保险标的，以实物的毁损和利益的灭失为保险事故的各种保险。包括普通财产保险、农业保险、保证保险、责任保险和信用保险等。人身保险是以人的生命或健康为保险标的，以人的生理意外事故作为保险事故的保险。人身保险又可分为人身意外伤害保险、健康保险和人寿保险等。

（3）按照保险责任发生的效力依据划分，保险可分为自愿保险和强制保险。自愿保险是投保人与保险人双方平等协商，自愿签订保险合同而产生的一种保险。这种保险责任发生的效力依据是保险合同，投保人享有投保或不投保的自由，保险人则可决定是否承保。强制保险又称法定保险，是指国家法律、法规直接规定必须进行的保险。其保险标的多与人民生命、健康和国家重大经济利益有关。这种保险关系依据法律规定而产生，具有全面性、法定性、自发性等特点。

（4）按照保险人是否转移保险责任划分，保险可分为原保险和再保险。原保险又称第一次保险，是指保险人在保险责任范围内直接由自己对被保险人负赔偿责任的保险。再保险又称分保或第二次保险，是原保险人为减轻或避免所负风险把责任的一部分或全部转移给其他保险人的保险。再保险的目的主要是分散风险、扩大承保能力、稳定经营。再保险接受人不得向原保险的投保人要求支付保险费。原保险的被保险人或者受益人不得向再保险接受人提出赔偿或者给付保险金的请求。

（5）按照保险人的人数划分，保险可分为单保险和复保险。单保险是投保人对于同一保险标的、同一保险利益、同一保险事故，与一个保险人订立保险合同的行为；复保险是投保人对于同一保险标的、同一保险利益、同一保险事故，与数个保险人分别订立数个保险合同的行为。

此外，按照保险是否具有涉外因素划分，保险可分为国内保险和涉外保险；按照保险标的的价值划分，保险可分为定值保险和不定值保险等。

3. 保险基本原则

《保险法》第4条规定，从事保险活动必须遵守法律、行政法规，遵循自愿和诚实信用的原则。据此，我国保险法的基本原则有以下三个方面内容。

（1）合法原则。合法原则是进行保险活动应当遵守的最基本原则，它要求任何保险活动的开展不仅要遵守法律的规定，而且要遵守行政法规的规定。

（2）自愿原则。自愿原则是指商业保险活动的开展是出于参加者的自愿，而非任何形式的强制、胁迫。这是保险活动得以合法、正常进行的基点。

（3）诚实信用原则。诚实信用原则是指保险当事人在订立及履行保险合同的过程中，应当尊重他人的利益、尊重国家和社会的利益，积极主动地履行自己承担的法定义务或者约定义务，并善意地行使权利和取得利益，不得采取欺诈、胁迫等不诚实、不守信的行为。

12.1.2　保险合同

1. 保险合同

保险合同是投保人与保险人约定保险权利义务关系的协议。保险合同是合同的一种，但与其他合同相比，它有自己独特的特征。其表现如下。

（1）保险合同是双务有偿合同。保险合同的当事人按照合同的约定互负义务，保险人在合同约定的保险事故发生时或者在保险期限届满时，向投保人（或被保险人、受益人）支付赔偿金或保险金，投保人按约定向保险人交纳保险费，并以此为代价将一定范围内的危险转移给保险人。

（2）保险合同为要式性合同。我国《保险法》第12条规定，保险合同的订立应当采用书面形式，包括保险单、保险凭证及其他书面协议形式。

（3）保险合同是格式合同、标准合同，是指一方当事人提出合同的主要内容，另一方必须服从、接受或拒绝对方提出的条件而成立的合同。在现代保险业务中，保险单及保险条款一般由保险人备制和提供，投保人在申请保险时，只能决定是否接受保险人出具的保险条款，而没有拟定或磋商保险条款的自由。因此，保险合同是典型的标准合同。

（4）保险合同是射幸性合同。在保险合同中，投保人交付保险费的义务是确定的，但保险人是否承担保险赔偿责任则是不确定的，是机会性的。只有当特定的不确定的危险发生时或者在合同约定的给付保险金的其他条件具备时，保险人才承担给付保险金的义务。可见，危险发生的偶然性，决定了保险合同的射幸性质。

（5）保险合同是补偿性合同。保险是危险的对策，但保险并不能保证危险的不发生，也不能恢复已受损失的保险标的。而只是通过货币给付补偿投保人或被保险人的经济利益，弥补其遭受的损失。故保险合同是补偿性合同。

2. 保险合同主体

保险合同主体，包括保险合同当事人、保险合同的关系人和保险合同的辅助人。

（1）保险合同当事人，是指因订立保险合同而享有保险权利和承担保险义务的人，包括投保人和保险人。投保人，或称要保人，是指与保险人订立保险合同，并按照保险合同负有支付保险费义务的人。投保人应具备两个要件：一是具备民事权利能力和民事行为能力；二是对保险标的须具有保险利益。保险人，或称承保人，是指与投保人订立保险合同，收取保险费，在保险事故发生时，对被保险人承担赔偿或给付保险金责任的人。在我国保险人专指保险公司。

（2）保险合同的关系人，包括被保险人和受益人。被保险人是指其财产或者人身受保险合同保障，享有保险金请求权的人，投保人可以为被保险人。受益人是指人身保险合同中由被保险人或者投保人指定的享有保险金请求权的人，投保人、被保险人可以为受益人。

（3）保险合同的辅助人，包括保险代理人和保险经纪人。

3. 保险利益

保险利益又称可保利益，是指投保人对保险标的具有的法律上承认的利益。而保险标的是指作为保险对象的财产及其有关利益或者人的寿命和身体。《保险法》第12条规定，投保人对保险标的应当具有保险利益。投保人对保险标的不具有保险利益的，保险合同无效。可见，对保险标的有无保险利益是投保人能否投保和保险合同是否有效的评定标准。

一般认为，在财产保险合同中，凡是因财产发生危险事故而可能遭受损失的人，均为对该项财产具有一定的保险利益的人，包括财产所有人、经营管理人或对某项财产有直接利害关系的人。而在人身保险合同中，凡是一方的继续生存对他方具有现实的或预期的经济利益，即认为具有保险利益。根据《保险法》第31条的规定，投保人对下列人员具有保险利益：本人；配偶、子女、父母；与投保人有劳动关系的劳动者；前项以外与投保人有赡养或者扶养关系的家庭其他成员、近亲属；被保险人同意投保人为其订立合同的，视为投保人对被保险人具有保险利益。

4. 保险合同订立

《保险法》第13条规定，投保人提出保险要求，经保险人同意承保，并就合同的条款达成协议，保险合同成立。由此可见，订立保险合同的程序主要为投保和承保两个步骤。

投保是指投保人提出保险请求并提交投保单的行为，其实质为保险要约。承保是指保险人同意接受投保人投保请求的行为，即保险承诺。实践中，保险合同的订立一般须经以下程序。

（1）投保人提出申请，索取并填写投保单。

（2）投保人与保险人商定支付保险费的方法。

（3）承保。保险人审查投保单，向投保人询问、了解保险标的的各种情况和被保险人的身体状况，决定接受投保后即在投保单上签章。

（4）出具保险单。既可以是保险单，也可以是暂保单，还可以另出保险凭证。

依法成立的保险合同，自成立时生效。投保人和保险人可以对合同的效力约定附条件或者附期限。

5. 保险合同内容

根据《保险法》第18条的规定，保险合同应当包括下列内容。

（1）保险人名称和住所。保险人即承保人，指经营保险业务，与投保人订立保险合同并承担赔偿或者给付保险金责任的保险公司。保险人名称就是指作为承保人的保险公司的全称，住所是指保险公司所在的地址。

（2）投保人、被保险人的姓名或者名称、住所，以及人身保险的受益人的姓名或者名称、住所。

（3）保险标的，是指作为保险对象的财产及其有关利益或者人的寿命和身体。保险标的必须明确记载于合同，据以判断投保人对其有无保险利益，并确定保险人的保险责任范围。

（4）保险责任和责任免除。保险责任是指保险单上记载的危险发生造成保险标的损失或约定人身保险事故发生时，保险人所承担的赔偿或给付责任。责任免除是指依法或合同约定，保险人可以不负赔偿或给付责任的范围。

保险合同应当明确保险责任和责任免除。保险合同规定有关保险人责任免除条款的，保险人在订立保险合同时应当向投保人明确说明，未明确说明的，该条款不产生效力。

（5）保险期间和保险责任开始时间。保险期间即保险合同的有效期间。只有在保险期间发生保险事故或出现保险事件，保险人才承担赔偿或给付责任。保险责任开始时间，即保险人开始履行保险责任的时间。

（6）保险价值，是指保险标的的价值，即对保险标的所有保险利益在经济上用货币估计的价值额。保险价值是确定保险金额的依据，保险金额不得超过保险价值；超过保险价值的，超过部分无效。保险金额低于保险价值的，除合同另有约定外，保险人按照保险金额与保险价值的比例承担赔偿责任。

（7）保险金额，简称"保额"，是保险合同当事人约定，并在保险单中载明的保险人应当赔偿的货币额。保险金额是保险人在保险事故发生时应当承担的损失补偿或给付的最高限额，同时也是计算保险费的标准。

（8）保险费以及支付办法。保险费简称"保费"，是投保人向保险人支付的费用。它是建立保险基金的源泉。保险费的多少，取决于保险金额的大小、保险费率的高低和保险期限的长短。

（9）保险金赔偿或者给付办法，即保险人承担保险责任的方法，一般以金钱给付为原则。

（10）违约责任和争议处理。

（11）订立合同的年、月、日。

投保人和保险人在前条规定的保险合同事项外，可以就与保险有关的其他事项作出约定。

6. 投保人的告知义务

《保险法》第16条规定，订立保险合同，保险人应当向投保人说明保险合同的条款内容，并可以就保险标的或者被保险人的有关情况提出询问，投保人应当如实告知。投保人故意隐瞒事实，不履行如实告知义务的，或者因过失未履行如实告知义务，足以影响保险人决定是否同意承保或者提高保险费率的，保险人有权解除合同。投保人故意不履行如实告知义务的，保险人对于保险合同解除前发生的保险事故，不承担赔偿或者给付保险金的责任，并不退还保险费。投保人因过失未履行如实告知义务，对保险事故的发生有严重影响的，保险人对于保险合同解除前发生的保险事故，不承担赔偿或者给付保险金的责任，但可以退还保险费。

7. 保险合同履行

保险合同的履行是指保险合同依法成立并生效后，合同主体全面、适当地完成各自承担的约定义务的行为。从内容上看，履行包括投保人、被保险人和保险人的合同义务的履行。从程序上看，履行还包括索赔、理赔、代位求偿三个环节。

（1）投保人、被保险人义务

投保人、被保险人的义务主要包括以下方面。

① 投保人应按照约定交付保险费，这是投保人最基本的义务。

② 投保人、被保险人应履行出险通知、预防危险、索赔举证的义务。

③ 被保险人应履行危险增加通知、施救的义务。

未发生保险事故，被保险人或者受益人谎称发生了保险事故，向保险人提出赔偿或者给付保险金请求的，保险人有权解除合同，并不退还保险费。

投保人、被保险人故意制造保险事故的，保险人有权解除合同，不承担赔偿或者给付保险金的责任；除《保险法》第43条规定外，不退还保险费。

保险事故发生后，投保人、被保险人或者受益人以伪造、变造的有关证明、资料或者其他证据，编造虚假的事故原因或者夸大损失程度的，保险人对其虚报的部分不承担赔偿或者给付保险金的责任。

（2）保险人义务

保险人的义务主要是按照合同约定的时间开始承担保险责任，在保险事故发生后或保险合同规定的事项发生后对损失给予赔偿或向受益人支付约定的保险金。

（3）索赔与理赔

索赔是被保险人或受益人在保险事故发生后或保险合同中约定的事项出现后，按照保险合同的规定，在法定期限内向保险人要求赔偿损失的行为。理赔是指保险人在被保险人或受益人提出索赔后，根据保险合同的规定，对保险财产的损失或人身伤害进行调查并处理有关保险赔偿责任的活动。

《保险法》第22条至第27条就索赔与理赔的程序作了如下规定。

① 出险通知。投保人、被保险人或者受益人知道保险事故发生后，应当及时通知保险人。

② 提供索赔单证。保险事故发生后，依照保险合同请求保险人赔偿或者给付保险金时，投保人、被保险人或者受益人应当向保险人提供其所能提供的与确认保险事故的性质、原因、损失程度等有关的证明和资料。保险人依照保险合同的约定，认为有关的证明和资料不完整的，应当通知投保人、被保险人或者受益人补充提供有关的证明和资料。

③ 核定赔偿。保险人收到被保险人或者受益人的赔偿或者给付保险金的请求后，应当

及时作出核定；情形复杂的，应当在30日内作出核定，但合同另有约定的除外。保险人应当将核定结果通知被保险人或者受益人；对属于保险责任的，在与被保险人或者受益人达成赔偿或者给付保险金的协议后10日内，履行赔偿或者给付保险金义务。保险合同对赔偿或者给付保险金的期限有约定的，保险人应当按照约定履行赔偿或者给付保险金义务。保险人未及时履行规定义务的，除支付保险金外，应当赔偿被保险人或者受益人因此受到的损失。任何单位和个人不得非法干预保险人履行赔偿或者给付保险金的义务，也不得限制被保险人或者受益人取得保险金的权利。

对不属于保险责任的，应当自作出核定之日起3日内向被保险人或者受益人发出拒绝赔偿或者拒绝给付保险金通知书，并说明理由。

保险人自收到赔偿或者给付保险金的请求和有关证明、资料之日起60日内，对其赔偿或者给付保险金的数额不能确定的，应当根据已有证明和资料可以确定的数额先予支付；保险人最终确定赔偿或者给付保险金的数额后，应当支付相应的差额。

④ 索赔时效。人寿保险以外的其他保险的被保险人或者受益人，向保险人请求赔偿或者给付保险金的诉讼时效期间为2年，自其知道或者应当知道保险事故发生之日起计算。人寿保险的被保险人或者受益人向保险人请求给付保险金的诉讼时效期间为5年，自其知道或者应当知道保险事故发生之日起计算。

（4）代位求偿权

代位求偿权是指保险人在向被保险人支付保险金后，有权代位被保险人向造成保险标的损害并负有赔偿责任的第三人请求赔偿的权利。代位求偿权只存在于财产保险中，人身保险中不存在代位求偿权。《保险法》规定，因第三者对保险标的的损害而造成保险事故的，保险人自向被保险人赔偿保险金之日起，在赔偿金额范围内代位行使被保险人对第三者请求赔偿的权利。

8. 保险合同变更和解除

（1）保险合同的变更

保险合同的变更是指在保险合同存续期间，其主体、内容、效力发生变化。保险合同的变更主要包括以下情形。

① 主体的变更，是指保险合同当事人和关系人的变更，一般是投保人或被保险人的变更，而不是保险人的变更。主体的变更通常是由于保险标的的所有权的转让而引起的。

② 内容的变更，是指在主体不变的情况下，保险标的的数量、品种、价值或存放地点发生变化，或货物运输合同中的航程变化、船期变化以及保险期限、保险金额的变更等。

③效力的变更，是指保险合同全部或者部分无效，或失效后又复效。

《保险法》第20条规定，在保险合同有效期内，投保人和保险人经协商同意，可以变更保险合同的有关内容。变更保险合同的，应当由保险人在原保险单或者其他保险凭证上批注或者附贴批单，或者由投保人和保险人订立变更的书面协议。

（2）保险合同的解除

保险合同的解除是指在保险合同关系有效期内，当事人依据法律规定或合同约定，提

前消灭保险合同的权利义务的行为。一般由有解除权的一方向他方为意思表示，使已经成立的保险合同自此无效。

保险合同的解除权一般由投保人行使，因为保险合同从根本上说是为分担投保人的损失而设，故赋予投保人保险合同解除权可以很好地维护其利益。《保险法》第15条就规定，除保险法另有规定或者保险合同另有约定外，保险合同成立后，投保人可以解除保险合同。

《保险法》第16条规定，投保人故意或者因重大过失未履行前款规定的如实告知义务，足以影响保险人决定是否同意承保或者提高保险费率的，保险人有权解除合同。合同的解除权，自保险人知道有解除事由之日起，超过30日不行使而消灭。自合同成立之日起超过2年的，保险人不得解除合同；发生保险事故的，保险人应当承担赔偿或者给付保险金的责任。

投保人故意不履行如实告知义务的，保险人对于合同解除前发生的保险事故，不承担赔偿或者给付保险金的责任，并不退还保险费。

投保人因重大过失未履行如实告知义务，对保险事故的发生有严重影响的，保险人对于合同解除前发生的保险事故，不承担赔偿或者给付保险金的责任，但应当退还保险费。

保险人在合同订立时已经知道投保人未如实告知的情况的，保险人不得解除合同；发生保险事故的，保险人应当承担赔偿或者给付保险金的责任。

9. 人身保险合同

人身保险合同是以人的寿命和身体为保险标的的保险合同。人身保险的性质是给付性和返还性，不以损失的存在为前提。

（1）投保人、被保险人的权利和义务

投保人、被保险人的权利和义务包括以下方面。

① 投保人应如实申报被保险人的年龄。投保人申报的被保险人年龄不真实，并且其真实年龄不符合合同约定的年龄限制的，保险人可以解除合同，并按照合同约定退还保险单的现金价值；投保人申报的被保险人年龄不真实，致使投保人支付的保险费少于应付保险费的，保险人有权更正并要求投保人补交保险费，或者在给付保险金时按照实付保险费与应付保险费的比例支付。投保人申报的被保险人年龄不真实，致使投保人支付的保险费多于应付保险费的，保险人应当将多收的保险费退还投保人。

② 投保人不得为无民事行为能力人投保以死亡为给付保险金条件的人身保险，保险人也不得承保。父母为其未成年子女投保的人身保险，不受前款规定限制。但是，因被保险人死亡给付的保险金总和不得超过国务院保险监督管理机构规定的限额。

③ 投保人于合同成立后，可向保险人一次支付全部保险费，也可按约定分期支付保险费；合同约定分期支付保险费，投保人支付首期保险费后，除合同另有约定外，投保人自保险人催告之日起超过30日未支付当期保险费，或者超过约定的期限60日未支付当期保险费的，合同效力中止，或者由保险人按照合同约定的条件减少保险金额。被保险人在前款规定期限内发生保险事故的，保险人应当按照合同约定给付保险金，但可以扣减欠交的保险费。

④ 被保险人或投保人可以指定一人或者数人为受益人，经保险人同意可以变更受益人。例如，甲为自己投保一份人寿险，指定其妻为受益人。甲有一子4岁，甲母50岁且自己单独生活。某日，甲因交通事故身亡。该份保险的保险金依法应全部支付给甲妻。

（2）保险人的主要权利和义务

保险人的主要权利和义务包括以下方面。

① 保险人对人身保险的保险费，不得以诉讼方式要求投保人支付。

② 被保险人死亡后，在没有指定受益人、受益人先于被保险人死亡又无其他受益人、受益人依法丧失受益权或者放弃受益权又无其他受益人的情况下，保险金作为被保险人的遗产，由保险人向被保险人的继承人履行给付保险金的义务。

③ 对于投保人、受益人故意造成被保险人死亡、伤残或者疾病的，以死亡为给付保险金条件的合同中被保险人自杀的，被保险人故意犯罪导致其自身伤残或者死亡的，保险人不承担给付保险金的责任。但是《保险法》规定，以死亡为给付保险金条件的合同，自成立之日起满2年后，如果被保险人自杀的，保险人可以按照合同给付保险金。例如，2005年3月，刘某为其子陈某投保了生死两全保险，保险期限5年，保费于当日一次缴清。同年9月，陈某因盗窃罪被判处6年有期徒刑。2007年6月，陈某越狱，触电力网身亡。在本案中，保险人应按照保险单退还现金价值。

10. 财产保险合同

财产保险合同是以财产及其有关利益为保险标的的保险合同。例如，机动车辆第三人责任险，保证保险（债务人向债权人履行给付义务以信用的标的）。财产保险的性质是补偿，着眼于补偿被保险人的损失，故财产保险不会得到额外的收入，不是赢利的手段（道德风险）。《保险法》第二章第三节对财产保险合同作了专门规定，其最基本的内容包括如下。

（1）财产保险合同的被保险人的义务

在财产保险合同中，被保险人的义务包括如下。

① 应当遵守国家有关消防、安全、生产操作、劳动保护等方面的规定，维护保险标的的安全。

② 在合同有效期内，保险标的的危险程度增加的，被保险人应当及时通知保险人。

③ 保险事故发生时，被保险人有责任尽力采取必要的措施，防止或者减少损失。

（2）财产保险合同的保险人的权利义务

在财产保险合同中，保险人的权利义务包括如下。

① 可以根据合同的约定，对保险标的的安全状况进行检查，及时向投保人、被保险人提出消除不安全因素和隐患的书面建议。

② 为维护保险标的的安全，经被保险人同意，可以采取安全预防措施。

③ 在据以确定保险费率的有关情况发生变化，保险标的的危险程度明显减少或者保险标的的保险价值明显减少的情况下，除合同另有约定外，保险人应当降低保险费，并按日计算退还相应的保险费。

④ 因第三者对保险标的的损害而造成保险事故的，保险人自向被保险人赔偿保险金之日起，在赔偿金额范围内代位行使被保险人对第三者请求赔偿的权利。例如，陈某购

置了一辆桑塔纳"时代超人"型汽车，向保险公司投保当年的车辆损失险，保险金额为20万元。其子小陈因经常乘坐他人及陈某的车，知道一点驾车常识。后来，陈某有病住进医院，小陈偷拿了其父的车钥匙驾车外出游玩，不慎翻车。小陈受了伤，轿车完全报废。在这种情况下，保险公司如果赔偿，可以对小陈行使代位请求赔偿的权利。

12.2 保险公司及其经营规则

12.2.1 保险公司的设立、变更和终止

设立保险公司应当经国务院保险监督管理机构批准。国务院保险监督管理机构审查保险公司的设立申请时，应当考虑保险业的发展和公平竞争的需要。保险公司在中华人民共和国境内设立分支机构，应当经保险监督管理机构批准。保险公司分支机构不具有法人资格，其民事责任由保险公司承担。

1. 保险公司的设立

（1）保险公司设立条件

根据《保险法》第68条的规定，设立保险公司应当具备下列条件。

① 主要股东具有持续盈利能力，信誉良好，最近3年内无重大违法违规记录，净资产不低于人民币2亿元。

② 有符合《保险法》和《中华人民共和国公司法》规定的章程。

③ 有符合《保险法》规定的注册资本。

④ 有具备任职专业知识和业务工作经验的董事、监事和高级管理人员。

⑤ 有健全的组织机构和管理制度。

⑥ 有符合要求的营业场所和与经营业务有关的其他设施。

⑦ 法律、行政法规和国务院保险监督管理机构规定的其他条件。

（2）保险公司设立申请

根据《保险法》第70条的规定，申请设立保险公司，应当向国务院保险监督管理机构提出书面申请，并提交下列材料。

① 设立申请书，申请书应当载明拟设立的保险公司的名称、注册资本、业务范围等。

② 可行性研究报告。

③ 筹建方案。

④ 投资人的营业执照或者其他背景资料，经会计师事务所审计的上一年度财务会计报告。

⑤ 投资人认可的筹备组负责人和拟任董事长、经理名单及本人认可证明。

⑥ 国务院保险监督管理机构规定的其他材料。

（3）保险公司设立的审批与登记

国务院保险监督管理机构应当对设立保险公司的申请进行审查，自受理之日起6个月内作出批准或者不批准筹建的决定，并书面通知申请人。决定不批准的，应当书面说明理由。申请人应当自收到批准筹建通知之日起1年内完成筹建工作；筹建期间不得从事保险经营活动。筹建工作完成后，申请人可以向国务院保险监督管理机构提出开业申请。国务院保险监督管理机构应当自受理开业申请之日起60日内，作出批准或者不批准开业的决定。

决定批准的，颁发经营保险业务许可证；决定不批准的，应当书面通知申请人并说明理由。经批准设立的保险公司及其分支机构，凭经营保险业务许可证到工商行政管理机关办理登记，领取营业执照。

2. 保险公司的变更

根据《保险法》第84条的规定，保险公司有下列情形之一的，应当经保险监督管理机构批准。

（1）变更名称。

（2）变更注册资本。

（3）变更公司或者分支机构的营业场所。

（4）撤销分支机构。

（5）公司分立或者合并。

（6）修改公司章程。

（7）变更出资额占有限责任公司资本总额5%以上的股东，或者变更持有股份有限公司股份5%以上的股东。

（8）国务院保险监督管理机构规定的其他情形。

3. 保险公司的终止

保险公司可以因解散、撤销、破产而终止。经营有人寿保险业务的保险公司，除因分立、合并或者被依法撤销外，不得解散。保险公司解散，应当依法成立清算组进行清算。保险公司有《企业破产法》第2条规定情形的，经国务院保险监督管理机构同意，保险公司或者其债权人可以依法向人民法院申请重整、和解或者破产清算；国务院保险监督管理机构也可以依法向人民法院申请对该保险公司进行重整或者破产清算。

保险公司宣告破产的，破产财产在优先清偿破产费用和共益债务后，按照下列顺序清偿。①所欠职工工资和医疗、伤残补助、抚恤费用，所欠应当划入职工个人账户的基本养老保险、基本医疗保险费用，以及法律、行政法规规定应当支付给职工的补偿金。②赔偿或者给付保险金。③保险公司欠缴的社会保险费用和所欠税款。④普通破产债权。破产财产不足以清偿同一顺序的清偿要求的，按照比例分配。破产保险公司的董事、监事和高级管理人员的工资，按照该公司职工的平均工资计算。

经营有人寿保险业务的保险公司被依法撤销或者被依法宣告破产的，其持有的人寿保险合同及责任准备金，必须转让给其他经营有人寿保险业务的保险公司；不能同其他保险公司达成转让协议的，由国务院保险监督管理机构指定经营有人寿保险业务的保险公司接受转让。转让或者由国务院保险监督管理机构指定接受转让上述规定的人寿保险合同及责任准备金的，应当维护被保险人、受益人的合法权益。

12.2.2 保险公司业务范围

按照《保险法》第95条的有关规定，保险公司的业务范围有以下三个方面内容。

1. 财产保险业务

财产保险业务，包括财产损失保险、责任保险、信用保险等保险业务。财产损失保险

是以财产作为标的的保险；责任保险是指以法律责任危险为保险标的的保险，即以被保险人的民事损害赔偿责任为保险标的的保险；信用保险是指对被保险人的信用或者履约能力提供担保的保险业务。

2. 人身保险业务

人身保险业务，包括人寿保险、健康保险、意外伤害保险等保险业务。人寿保险又称生命保险，是以人的生死为保险事故（不管死亡原因是疾病或伤害），由保险公司依照合同规定给付保险金的保险。人寿保险又可细分为死亡保险、生存保险、生死两全险、简易人身保险等。健康保险又称疾病保险，是指保险公司对被保险人在保险期限内发生疾病、分娩或由此引起的残废、死亡承担给付保险金责任的保险。意外伤害保险是指保险公司以被保险人遭受意外伤害为保险标的的保险，包括一般意外伤害、旅客意外伤害和职业伤害保险等。

3. 再保险业务以及国务院保险监督管理机构批准的与保险有关的其他业务

分出保险是指保险公司将自己直接承保的业务部分转让给其他保险公司承保的保险业务。分入保险是指保险公司接受其他保险公司承保的部分业务而开展的保险业务。

保险人不得兼营人身保险业务和财产保险业务。但是，经营财产保险业务的保险公司经国务院保险监督管理机构批准，可以经营短期健康保险业务和意外伤害保险业务。保险公司应当在国务院保险监督管理机构依法批准的业务范围内从事保险经营活动。

12.2.3　保险公司经营规则

按照《保险法》的有关规定，保险公司的经营规则包括以下几个方面。

（1）保险公司应当按照其注册资本总额的20%提取保证金，存入国务院保险监督管理机构指定的银行，除公司清算时用于清偿债务外，不得动用。

（2）保险公司应当根据保障被保险人利益、保证偿付能力的原则，提取各项责任准备金。保险公司提取和结转责任准备金的具体办法由保险监督管理机构制定。

（3）保险公司应当依照有关法律、行政法规及国家财务会计制度的规定提取公积金。

（4）为了保障被保险人的利益，支持保险公司稳健经营，保险公司应当按照保险监督管理机构的规定提存保险保障基金。保险保障基金应当集中管理，并在下列情形下统筹使用：在保险公司被撤销或者被宣告破产时，向投保人、被保险人或者受益人提供救济；在保险公司被撤销或者被宣告破产时，向依法接受其人寿保险合同的保险公司提供救济；国务院规定的其他情形。

（5）保险公司应当具有与其业务规模和风险程度相适应的最低偿付能力。保险公司的认可资产减去认可负债的差额不得低于国务院保险监督管理机构规定的数额；低于规定数额的，应当按照国务院保险监督管理机构的要求采取相应措施达到规定的数额。

（6）经营财产保险业务的保险公司当年自留保险费，不得超过其实有资本金加公积金总和的4倍。

（7）保险公司对每一危险单位，即对一次保险事故可能造成的最大损失范围所承担的责任，不得超过其实有资本金加公积金总和的10%；超过的部分，应当办理再保险。保险公

司对危险单位的计算办法和巨灾风险安排计划，应当报经保险监督管理机构核准。保险公司应当按照国务院保险监督管理机构的规定办理再保险，并审慎选择再保险接受人。

（8）保险公司的资金运用必须稳健，遵循安全性原则，并保证资产的保值增值。保险公司的资金运用限于银行存款；买卖债券、股票、证券投资基金等有价证券；投资不动产；国务院规定的其他资金运用形式。

（9）保险公司应当按照国务院保险监督管理机构的规定，建立对关联交易的管理和信息披露制度。保险公司的控股股东、实际控制人、董事、监事、高级管理人员不得利用关联交易损害公司的利益。保险公司应当按照国务院保险监督管理机构的规定，真实、准确、完整地披露财务会计报告、风险管理状况、保险产品经营情况等重大事项。

（10）保险公司及其工作人员在保险业务活动中，不得有下列行为。①欺骗投保人、被保险人或者受益人。②对投保人隐瞒与保险合同有关的重要情况。③阻碍投保人履行本法规定的如实告知义务，或者诱导其不履行本法规定的如实告知义务。④给予或者承诺给予投保人、被保险人、受益人保险合同约定以外的保险费回扣或者其他利益。⑤拒不依法履行保险合同约定的赔偿或者给付保险金义务。⑥故意编造未曾发生的保险事故、虚构保险合同或者故意夸大已经发生的保险事故的损失程度进行虚假索赔，骗取保险金或者牟取其他不正当利益。⑦挪用、截留、侵占保险费，利用开展保险业务为其他机构或者个人牟取不正当利益。⑧委托未取得合法资格的机构或者个人从事保险销售活动，利用保险代理人、保险经纪人或者保险评估机构，从事以虚构保险中介业务或者编造退保等方式套取费用等违法活动。⑨以捏造、散布虚假事实等方式损害竞争对手的商业信誉，或者以其他不正当竞争行为扰乱保险市场秩序。⑩泄露在业务活动中知悉的投保人、被保险人的商业秘密以及违反法律、行政法规和国务院保险监督管理机构规定的其他行为。

12.2.4　保险代理人和保险经纪人

1. 保险代理人和保险经纪人的资格取得

保险代理人是根据保险人的委托，向保险人收取代理手续费，并在保险人授权的范围内代为办理保险业务的单位或者个人。保险经纪人是基于投保人的利益，为投保人与保险人订立保险合同提供中介服务，并依法收取佣金的单位。

保险代理人、保险经纪人应当具备保险监督管理机构规定的资格条件，并取得保险监督管理机构颁发的经营保险代理业务许可证或者经纪业务许可证，向工商行政管理机关办理登记，领取营业执照，并缴存保证金或者投保职业责任保险。

保险代理人、保险经纪人应当有自己的经营场所，设立专门账簿记载保险代理业务或者经纪业务的收支情况，并接受保险监督管理机构的监督。

保险公司应当设立本公司保险代理人登记簿。保险公司应当加强对保险代理人的培训和管理，提高保险代理人的职业道德和业务素质，不得唆使、误导保险代理人进行违背诚信义务的活动。

2. 保险代理人和保险经纪人的行为规则

保险人委托保险代理人代为办理保险业务的，应当与保险代理人签订委托代理协议，

依法约定双方的权利和义务及其他代理事项。

保险代理人根据保险人的授权代为办理保险业务的行为，由保险人承担责任。保险代理人为保险人代为办理保险业务，有超越代理权限行为，投保人有理由相信其有代理权，并已订立保险合同的，保险人应当承担保险责任；但是保险人可以依法追究越权的保险代理人的责任。个人保险代理人在代为办理人寿保险业务时，不得同时接受两个以上保险人的委托。因保险经纪人在办理保险业务中的过错，给投保人、被保险人造成损失的，由保险经纪人承担赔偿责任。

根据《保险法》第131条的规定，保险代理人、保险经纪人在办理保险业务活动中不得有下列行为。

（1）欺骗保险人、投保人、被保险人或者受益人。

（2）隐瞒与保险合同有关的重要情况。

（3）阻碍投保人履行本法规定的如实告知义务，或者诱导其不履行本法规定的如实告知义务。

（4）给予或者承诺给予投保人、被保险人或者受益人保险合同约定以外的利益。

（5）利用行政权力、职务或者职业便利以及其他不正当手段强迫、引诱或者限制投保人订立保险合同。

（6）伪造、擅自变更保险合同，或者为保险合同当事人提供虚假证明材料。

（7）挪用、截留、侵占保险费或者保险金。

（8）利用业务便利为其他机构或者个人牟取不正当利益。

（9）串通投保人、被保险人或者受益人，骗取保险金。

（10）泄露在业务活动中知悉的保险人、投保人、被保险人的商业秘密。

保险代理手续费和经纪人佣金，只限于向具有合法资格的保险代理人、保险经纪人支付，不得向其他人支付。

12.3 保险业监管

12.3.1 保险监督管理机构职责

《保险法》第155条规定，保险监督管理机构依法履行职责，可以采取下列措施。

（1）对保险公司、保险代理人、保险经纪人、保险资产管理公司、外国保险机构的代表机构进行现场检查。

（2）进入涉嫌违法行为发生场所调查取证。

（3）询问当事人及与被调查事件有关的单位和个人，要求其对与被调查事件有关的事项作出说明。

（4）查阅、复制与被调查事件有关的财产权登记等资料。

（5）查阅、复制保险公司、保险代理人、保险经纪人、保险资产管理公司、外国保险机构的代表机构以及与被调查事件有关的单位和个人的财务会计资料及其他相关文件和资料；对可能被转移、隐匿或者毁损的文件和资料予以封存。

（6）查询涉嫌违法经营的保险公司、保险代理人、保险经纪人、保险资产管理公司、外国保险机构的代表机构以及与涉嫌违法事项有关的单位和个人的银行账户。

（7）对有证据证明已经或者可能转移、隐匿的违法资金等涉案财产或者隐匿、伪造、毁损的重要证据，经保险监督管理机构主要负责人批准，申请人民法院予以冻结或者查封。

保险监督管理机构依法进行监督检查或者调查，其监督检查、调查的人员不得少于2人，并应当出示合法证件和监督检查、调查通知书；监督检查、调查的人员少于2人或者未出示合法证件和监督检查、调查通知书的，被检查、调查的单位和个人有权拒绝。保险监督管理机构依法履行职责，被检查、调查的单位和个人应当配合。

保险监督管理机构工作人员应当忠于职守，依法办事，公正廉洁，不得利用职务便利牟取不正当利益，不得泄露所知悉的有关单位和个人的商业秘密。

12.3.2 保险监管措施

1. 审批与备案

《保险法》第136条规定，关系社会公众利益的保险险种、依法实行强制保险的险种和新开发的人寿保险险种等的保险条款和保险费率，应当报国务院保险监督管理机构批准。国务院保险监督管理机构审批时，应当遵循保护社会公众利益和防止不正当竞争的原则。其他保险险种的保险条款和保险费率，应当报保险监督管理机构备案。

保险公司使用的保险条款和保险费率违反法律、行政法规或者国务院保险监督管理机构的有关规定的，由保险监督管理机构责令停止使用，限期修改；情节严重的，可以在一定期限内禁止申报新的保险条款和保险费率。

2. 偿付能力监督

保险监督管理机构应当建立健全保险公司偿付能力监管指标体系，对保险公司的最低偿付能力实施监控。对偿付能力不足的保险公司，国务院保险监督管理机构应当将其列为重点监管对象，并可以根据具体情况采取下列措施。

（1）责令增加资本金、办理再保险。

（2）限制业务范围。

（3）限制向股东分红。

（4）限制固定资产购置或者经营费用规模。

（5）限制资金运用的形式、比例。

（6）限制增设分支机构。

（7）责令拍卖不良资产、转让保险业务。

（8）限制董事、监事、高级管理人员的薪酬水平。

（9）限制商业性广告。

（10）责令停止接受新业务。

3. 整顿与接管制度

（1）整顿制度

保险公司未按照保险法规定提取或者结转各项准备金，或者未按照保险法规定办理再保险，或者严重违反保险法关于资金运用的规定的，由保险监督管理机构责令该保险公司采取下列措施：依法提取或者结转各项准备金；依法办理再保险；纠正违法运用资金的行为；调整负责人及有关管理人员。

保险监督管理机构作出限期改正的决定后，保险公司在限期内未予改正的，由保险监督管理机构决定选派保险专业人员和指定该保险公司的有关人员，组成整顿组织，对该保险公司进行整顿。整顿决定应当载明被整顿保险公司的名称、整顿理由、整顿组织和整顿期限，并予以公告。整顿组织在整顿过程中，有权监督该保险公司的日常业务。该保险公司的负责人及有关管理人员，应当在整顿组织的监督下行使自己的职权。在整顿过程中，保险公司的原有业务继续进行，但是保险监督管理机构有权停止开展新的业务或者停止部分业务，调整资金运用。被整顿的保险公司经整顿已纠正其违反保险法规定的行为，恢复正常经营状况的，由整顿组织提出报告，经保险监督管理机构批准，整顿结束。

（2）接管制度

保险公司的偿付能力严重不足，或者违反法律规定，损害社会公共利益，可能严重危及或者已经危及保险公司的偿付能力的，保险监督管理机构可以对该保险公司实行接管。接管的目的是对被接管的保险公司采取必要措施，以保护被保险人的利益，恢复保险公司的正常经营。被接管的保险公司的债权债务关系不因接管而变化。接管期限届满，保险监督管理机构可以决定是否延期，但接管期限最长不得超过2年。接管期限届满，被接管的保险公司已恢复正常经营能力的，保险监督管理机构可以决定接管终止。接管组织认为被接管的保险公司的财产已不足以清偿所负债务的，经保险监督管理机构批准，依法向人民法院申请宣告该保险公司破产。

4. 财务报表审查制度

保险公司应当于每一会计年度结束后3个月内，将上一年度的营业报告、财务会计报告及有关报表报送保险监督管理机构，并依法公布。保险公司应当于每月月底前将上一月的营业统计报表报送保险监督管理机构。保险公司必须聘用经保险监督管理机构认可的精算专业人员，建立精算报告制度。

保险公司的营业报告、财务会计报告、精算报告及其他有关报表、文件和资料必须如实记录保险业务事项，不得有虚假记载、误导性陈述和重大遗漏。保险公司应当妥善保管有关业务经营活动的完整账簿、原始凭证及有关资料。上面规定的账簿、原始凭证及有关资料的保管期限，自保险合同终止之日起计算，保险期间在1年以下的不得少于5年，保险期间超过1年的不得少于10年。

5. 评估与鉴定监督制度

保险人和被保险人可以聘请依法设立的独立的评估机构或者具有法定资格的专家，对保险事故进行评估和鉴定。依法受聘对保险事故进行评估和鉴定的评估机构和专家，应当依法公正地执行业务。因故意或者过失给保险人或者被保险人造成损害的，依法承担赔偿责任。依法受聘对保险事故进行评估和鉴定的评估机构收取费用，应当依照法律、行政法规的规定办理。

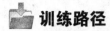

训练路径

1. 背景资料

（1）《中华人民共和国保险法》（1995年6月30日第八届全国人民代表大会常务委员会第十四次会议通过，第十一届全国人民代表大会常务委员会第七次会议于2009年2月28日修订）

（2）《机动车交通事故责任强制保险条例》（2006年3月1日国务院第127次常务会议通过，2006年7月1日起施行）

（3）《保险保障基金管理办法》（2008年9月11日中国保险监督管理委员会、中华人民共和国财政部、中国人民银行共同制定，自公布之日起施行）

（4）《保险公司偿付能力管理规定》（2008年6月30日中国保险监督管理委员会主席办公会审议通过，2008年9月1日起施行）

2. 实训目标

通过对《保险法》的学习与训练，使学生了解保险合同订立应当遵守的规则和应当注重的技能，能够在实践中处理好有关保险的各个方面的关系。

3. 组织实施

（1）分小组搜集、讨论保险法典型案例，课堂交流。

（2）安排学生训练投保、理赔的流程，熟练使用相关规则。

（3）模拟训练保险合同的拟写，进一步熟悉保险合同的基本条款。

4. 操作提示

本章的学习重点是保险合同，对保险合同的订立、解除、履行要深入理解，这些内容与人们的生活息息相关，实践性非常强。

5. 成果检测

通过模拟保险商品营销讲演、模拟投保、模拟理赔的方式，检验学生对《保险法》以及相关知识的理解和掌握程度。

教学建议

（1）《保险法》是现代金融制度的典型代表之一，处于不断完善的过程之中。要结合我国保险监管部门的具体规章细化保险法，增强教学内容的可操作性。

（2）本章重点是保险合同，特别对人身保险合同与财产保险合同的性质、内容要理清。此外，保险公司的业务范围和经营规则也是个难点，需要结合保险公司经营实践深入讲解。

复习思考题

1. 保险的概念和特征是什么？

2. 保险分为哪些种类？

3. 简述保险合同订立的程序和注意事项。

4. 保险合同的基本内容包括哪些方面？

5. 简述保险公司的业务范围和经营规则。

6. 论述和说明我国保险业监管中的整顿与接管制度。

第13章　劳动法律制度

能力目标

（1）通过对劳动法的学习，重点掌握劳动合同的基本规则，能够运用劳动合同法维护自身的合法权益，正确订立、变更和解除劳动合同。

（2）能够正确处理工资、社会保险等其他劳动关系，合理处理雇员和雇主之间的关系。

任务分析

（1）掌握劳动合同的订立、效力，了解劳动合同变更、解除和终止的条件和后果；掌握集体合同的订立程序、法律效力以及与劳动合同的关系。

（2）掌握《劳动法》中关于工资制度、工时与休息休假制度、女职工与未成年工特殊保护制度、社会保险制度的基本规定。

（3）掌握劳动争议类别、性质以及解决劳动争议的基本途径。

引导案例

　　　　原告李某于2006年4月1日经人介绍至被告某广告公司处应聘，由被告工作人员程某对其进行面试后录用，双方于当日签订了劳动合同，期限至2007年3月31日。其每月工资为人民币1000元加提成，由被告通过银行转账形式支付。劳动合同到期后，其仍然在被告处工作。2007年7月15日，被告将其辞退。被告未为其缴纳社会保险金，且未办理招、退工手续。2008年11月24日，原告曾向上海市长宁区劳动争议仲裁委员会申请仲裁，要求被告缴纳2006年4月1日至2007年3月31日的社会保险金、办理招、退工手续、支付迟退工损失。该委员会以申请人的请求事项超过仲裁申请时效为由，决定不予受理。原告遂诉诸法院。原告请求法院判令被告为其补缴2006年4月1日至2007年7月15日的社会保险金，办理招、退工手续，并按每月人民币550元的标准赔偿2007年7月15日至2009年2月2日延误退工的经济损失。被告辩称，其公司从未与原告签订劳动合同，原告未向被告提供过劳动，被告未支付过原告报酬和相关福利，原告的诉讼请求已经超过诉讼时效，请求法院予以驳回。

　　请你思考：原告的主张是否应当得到支持？被告的辩称有道理吗？

13.1 《劳动法》及其调整对象

13.1.1 《劳动法》的调整对象

劳动法是调整劳动关系以及与劳动关系密切联系的其他社会关系的法律规范。1994年7月5日第八届全国人民代表大会常务委员会第八次会议通过《中华人民共和国劳动法》（以下简称《劳动法》）。《劳动法》自1995年1月1日起施行。劳动法的调整对象是劳动关系以及与劳动关系密切联系的其他社会关系。

1. 劳动关系

劳动关系是劳动者在实现集体劳动过程中与所在行政单位或业主之间发生的社会关系。关于劳动关系的正确理解，应当把握以下几个要点。

（1）劳动关系的当事人，一方是劳动者，另一方是用人单位。

（2）劳动关系与劳动有直接的关系，劳动是这种关系的内容。

（3）劳动关系的一方劳动者，参与到另一方用人单位中，成为用人单位的成员，执行一定种类的工作，并且遵守有关单位的各种规章、制度。

（4）劳动关系的发生、变更和终止，在劳动过程中的权利、义务以及劳动条件均应依法处理。

（5）即使是国家机关、事业单位、社会团体与其工作人员建立了劳动关系，但是另有国家法律、法规对调整这种关系加以特殊规定的，则不属于劳动法调整的范围。

2. 与劳动关系密切联系的其他社会关系

与劳动关系密切联系的其他社会关系和劳动关系共同成为我国劳动法的调整对象。《劳动法》调整的与劳动关系密切联系的其他社会关系包括以下方面。

（1）劳动者管理方面的关系，如关于劳动者的招收、培训、调配、就业、社会福利方面的社会关系。

（2）劳动力配置服务方面的关系。

（3）执行社会保险方面的关系，包括国家保险机构与企业、事业单位及职工之间因执行社会保险而发生的社会关系。

（4）工会与职工、用工单位发生的社会关系。

（5）处理劳动争议方面的社会关系，即有关国家机关（人民法院、劳动争议处理机构）和工会组织与企业、事业、机关、团体及职工之间由于调解、仲裁和审理劳动争议而发生的社会关系。

（6）劳动监察方面的社会关系，如有关国家机关（劳动、卫生、监察、消防等部门）与企业、事业、机关等单位之间由于监督、检查执行劳动法而发生的关系。

13.1.2 《劳动法》的适用范围

《劳动法》第2条规定，劳动法适用于下列人员。

（1）在中华人民共和国境内的企业、个体经济组织和与之形成劳动关系的劳动者。

（2）国家机关、事业组织、社会团体的工勤人员。

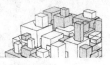

（3）实行企业化管理的事业组织的非工勤人员。

（4）其他通过劳动合同与国家机关、事业组织、社会团体建立劳动关系的劳动者。

同时，《劳动法》还规定，劳动法不适用于公务员和比照实行公务员制度的事业组织和社会团体的工作人员，以及农村劳动者（乡镇企业职工和进城务工、经商的农民除外）、现役军人、家庭保姆、在中华人民共和国境内享有外交特权和豁免权的外国人等。

13.1.3 劳动就业的原则

1. 平等就业的原则

《劳动法》规定，劳动者有平等的就业机会和就业条件，不因民族、种族、性别和宗教信仰不同而受到歧视。妇女享有与男子平等的就业权利，在录用职工时，除国家规定的不适合妇女的工种或者岗位外，不得以性别为由拒绝录用妇女或者提高对妇女的录用标准。《促进就业法》第26条规定，用人单位招用人员、职业中介机构从事职业中介活动，应当向劳动者提供平等的就业机会和公平的就业条件，不得存在就业歧视。

2. 双向选择的原则

《劳动法》规定，劳动者享有选择职业的权利。劳动者与用人单位在平等自愿、协商一致的基础上，通过签订劳动合同实现劳动者就业。

3. 照顾特殊群体人员就业的原则

《劳动法》规定，对残疾人、少数民族人员、退出现役的军人的就业实行特殊政策，给予特别保护。《促进就业法》第29条规定，国家保障残疾人的劳动权利。各级人民政府应当对残疾人就业统筹规划，为残疾人创造就业条件。用人单位招用人员，不得歧视残疾人。

4. 禁止雇用童工的原则

《劳动法》规定，禁止用人单位招用未满16周岁的未成年人，文艺、体育和特种工艺单位招用未满16周岁的文艺工作者、运动员和艺徒时，须报经县级以上（含县级）劳动行政部门批准，并保障其接受义务教育的权利。

13.1.4 女职工和未成年工的特殊保护

1. 女职工特殊劳动保护

女职工特殊劳动保护是指根据女职工的生理特点，在劳动安全卫生方面采取的不同于男职工的劳动保护。劳动法对女职工特殊保护的规定，主要表现在以下几个方面。

（1）保障妇女就业权利。《劳动法》第13条规定："妇女享有与男子平等的就业权利。在录用职工时，除国家规定的不适合妇女的工种或者岗位外，不得以性别为由拒绝录用妇女或者提高对妇女的录用标准。"《促进就业法》第27条规定，国家保障妇女享有与男子平等的劳动权利。用人单位招用人员，除国家规定的不适合妇女的工种或者岗位外，不得以性别为由拒绝录用妇女或者提高对妇女的录用标准。用人单位录用女职工，不得在劳动合同中规定限制女职工结婚、生育的内容。

（2）实行男女同工同酬。《宪法》第48条规定，妇女在政治、经济、文化、社会和家庭等各方面享有同男子平等的权利，男女同工同酬。《劳动法》第46条规定，工资分配应当遵循按劳分配原则，实行同工同酬。

（3）合理安排女职工的劳动。《劳动法》第59条规定：禁止安排女职工从事矿山井下、国家规定的第4级体力劳动强度和其他禁忌从事的劳动。女职工禁忌从事的劳动主要有矿山井下作业；森林伐木业、归楞及流放作业；建筑业脚手架的组装和拆除作业，以及电力、电信行业的高处攀线作业；连续负重每次负重超过20公斤，间断负重每次负重超过25公斤的作业；国家规定的第4级体力劳动强度的作业即劳动强度指数大于25公斤体力劳动强度的作业。禁止招收未满16周岁的女工，特殊行业（如文艺、体育等）需要招收16周岁以下的女职工需经劳动部门批准。

（4）对女职工在"四期"中的劳动保护。"四期"是指经期、孕期、产期、哺乳期。《劳动法》第60至63条规定，不得安排女职工在经期从事高处、低温、冷水作业和国家规定的第3级体力劳动强度的劳动；不得安排女职工在怀孕期间从事国家规定的第3级体力劳动强度的劳动和孕期禁忌从事的劳动；对怀孕7个月以上的女职工，不得安排其延长工作时间和夜班劳动。女职工生育享受不少于90天的产假。不得安排女职工在哺乳未满1周岁的婴儿期间从事国家规定的第3级体力劳动强度的劳动和哺乳期禁忌从事的其他劳动，不得安排其延长工作时间和夜班劳动。

2. 未成年工保护

未成年工在我国是指年满16周岁未满18周岁的未成年劳动者。未成年工特殊劳动保护是根据未成年工的生长发育特点和其接受义务教育的需要，对其在劳动法律关系中所应享有的特殊权益的保护。《劳动法》对未成年工特殊劳动保护主要表现在以下几个方面。

（1）最低就业年龄的规定。《劳动法》第15条规定：禁止用人单位招用未满16周岁的未成年人。文艺、体育和特种工艺单位招用未满16周岁的未成年人，必须依照国家有关规定，履行审批手续，并保障其接受义务教育的权利。

（2）对未成年工在劳动过程中的保护。《劳动法》第64条规定：不得安排未成年工从事矿山井下、有毒有害、国家规定的第4级体力劳动强度的劳动和其他禁忌从事的劳动

（3）对未成年工进行定期健康检查。《劳动法》第65条规定，用人单位应当对未成年工定期进行健康检查。此外，还要对未成年工实行登记制度。

13.2　劳动合同与集体合同

13.2.1　劳动合同

劳动合同是劳动者与用人单位确立劳动关系，明确双方权利和义务的协议。2007年6月第十届全国人民代表大会常务委员会第二十八次会议通过《中华人民共和国劳动合同法》（以下简称《劳动合同法》），2008年1月1日起施行。

1. 劳动合同内容

劳动合同的内容是指在合同中要确定的劳动合同双方当事人的权利、义务及相关事项的条款。劳动合同的内容分为法定条款和约定条款。

（1）法定条款

法定条款是指法律明文规定的劳动合同必须具备的条款。《劳动合同法》第17条规定，劳动合同应当具备以下条款。

① 用人单位的名称、住所和法定代表人或者主要负责人。

② 劳动者的姓名、住址和居民身份证或者其他有效身份证件号码。

③ 劳动合同期限。

④ 工作内容和工作地点。

⑤ 工作时间和休息休假。

⑥ 劳动报酬。

⑦ 社会保险。

⑧ 劳动保护、劳动条件和职业危害防护。

⑨ 法律、法规规定应当纳入劳动合同的其他事项。

（2）约定条款

约定条款又称协商条款，是指劳动合同双方当事人之间自愿协商规定的有关各自权利、义务的条款。用人单位与劳动者可以约定试用期、培训、保守秘密、补充保险和福利待遇等其他事项。

① 试用期条款。《劳动合同法》规定，劳动合同期限3个月以上不满1年的，试用期不得超过1个月；劳动合同期限1年以上不满3年的，试用期不得超过2个月；3年以上固定期限和无固定期限的劳动合同，试用期不得超过6个月。同一用人单位与同一劳动者只能约定一次试用期。以完成一定工作任务为期限的劳动合同或者劳动合同期限不满3个月的，不得约定试用期。试用期包含在劳动合同期限内。劳动合同仅约定试用期的，试用期不成立，该期限为劳动合同期限。劳动者在试用期的工资不得低于本单位相同岗位最低档工资或者劳动合同约定工资的80%，并不得低于用人单位所在地的最低工资标准。用人单位在试用期解除劳动合同的，应当向劳动者说明理由。

② 培训条款。用人单位为劳动者提供专项培训费用，对其进行专业技术培训的，可以与该劳动者订立协议，约定服务期。劳动者违反服务期约定的，应当按照约定向用人单位支付违约金。违约金的数额不得超过用人单位提供的培训费用。用人单位要求劳动者支付的违约金不得超过服务期尚未履行部分所应分摊的培训费用。用人单位与劳动者约定服务期的，不影响按照正常的工资调整机制提高劳动者在服务期期间的劳动报酬。

③ 保密条款。用人单位与劳动者可以在劳动合同中约定保守用人单位的商业秘密和与知识产权相关的保密事项。对负有保密义务的劳动者，用人单位可以在劳动合同或者保密协议中与劳动者约定竞业限制条款，并约定在解除或者终止劳动合同后，在竞业限制期限内按月给予劳动者经济补偿。劳动者违反竞业限制约定的，应当按照约定向用人单位支付违约金。

④ 竞业禁止条款。竞业限制的人员限于用人单位的高级管理人员、高级技术人员和其他负有保密义务的人员。竞业限制的范围、地域、期限由用人单位与劳动者约定，竞业限制的约定不得违反法律、法规的规定。在解除或者终止劳动合同后，上述人员到与本单位生产或者经营同类产品、从事同类业务的有竞争关系的其他用人单位，或者自己生产或者

经营同类产品、从事同类业务的竞业限制期限，不得超过2年。

⑤ 福利待遇条款。劳动合同对劳动报酬和劳动条件等标准约定不明确，引发争议的，用人单位与劳动者可以重新协商；协商不成的，适用集体合同规定；没有集体合同或者集体合同未规定劳动报酬的，实行同工同酬；没有集体合同或者集体合同未规定劳动条件等标准的，适用国家有关规定。

2. 劳动合同形式

劳动合同的形式是劳动合同内容赖以确定和存在的方式，即劳动合同当事人双方意思表示一致的外在表现。《劳动法》规定，劳动合同应当以书面形式订立。《劳动合同法》进一步明确规定，建立劳动关系，应当订立书面劳动合同。已建立劳动关系，未同时订立书面劳动合同的，应当自用工之日起1个月内订立书面劳动合同。用人单位与劳动者在用工前订立劳动合同的，劳动关系自用工之日起建立。法律之所以这样规定，目的在于用书面形式明确劳动合同双方当事人的权利与义务，以及有关劳动条件、工资福利待遇等事项，便于履行和监督检查。在发生劳动争议时，便于当事人举证，也便于有关部门处理。

3. 劳动合同订立

（1）劳动合同订立的原则

《劳动合同法》第3条规定，订立劳动合同，应当遵循合法、公平、平等自愿、协商一致、诚实信用的原则。

合法原则是指订立劳动合同必须遵守国家的法律、行政法规的规定。它包括以下内容。

① 订立劳动合同的主体必须合法。用人单位必须是依法成立的企业、个体经济组织、国家机关、事业单位、社会团体等。劳动者必须是具有劳动权利能力和劳动行为能力的劳动者。

② 劳动合同的内容必须合法。劳动合同各项条款都不能违反国家法律、行政法规的规定，不得侵犯国家利益和社会公共利益。

③ 劳动合同订立的形式和程序必须合法。只有劳动合同的订立遵循合法的原则，才能得到国家法律的确认和保护。《劳动合同法》第9条规定，用人单位招用劳动者，不得扣押劳动者的居民身份证和其他证件，不得要求劳动者提供担保或者以其他名义向劳动者收取财物。

所谓平等是指用人单位与劳动者之间法律地位完全平等，双方在主张自己合法权益方面的权利是平等的，都受法律保护。所谓自愿是指用人单位与劳动者是在自由表达各自真实意愿的基础上签订劳动合同，他人不得采取欺诈、威胁、乘人之危等手段使一方当事人违背自己的真实意愿而接受另一方的条件。

所谓协商一致是指用人单位与劳动者对劳动合同的各项条款，经过充分协商，取得完全一致意见时，才能订立劳动合同。《劳动合同法》第8条规定，用人单位招用劳动者时，应当如实告知劳动者工作内容、工作条件、工作地点、职业危害、安全生产状况、劳动报酬以及劳动者要求了解的其他情况；用人单位有权了解劳动者与劳动合同直接相关的基本情况，劳动者应当如实说明。

（2）劳动合同的期限

《劳动合同法》第12条规定，劳动合同分为固定期限劳动合同、无固定期限劳动合同

和以完成一定工作任务为期限的劳动合同。

① 固定期限劳动合同。固定期限劳动合同是指用人单位与劳动者约定合同终止时间的劳动合同。用人单位与劳动者协商一致，可以订立固定期限劳动合同。

② 无固定期限劳动合同。无固定期限劳动合同是指用人单位与劳动者约定无确定终止时间的劳动合同。用人单位与劳动者协商一致，可以订立无固定期限劳动合同。有下列情形之一，劳动者提出或者同意续订、订立劳动合同的，除劳动者提出订立固定期限劳动合同外，应当订立无固定期限劳动合同：劳动者在该用人单位连续工作满10年的；用人单位初次实行劳动合同制度或者国有企业改制重新订立劳动合同时，劳动者在该用人单位连续工作满10年且距法定退休年龄不足10年的；已经连续订立二次固定期限劳动合同，且劳动者没有违法情形，续订劳动合同的。用人单位自用工之日起满1年不与劳动者订立书面劳动合同的，视为用人单位与劳动者已订立无固定期限劳动合同。

③ 以完成一定工作任务为期限的劳动合同。以完成一定工作任务为期限的劳动合同是指用人单位与劳动者约定以某项工作的完成为合同期限的劳动合同。用人单位与劳动者协商一致，可以订立以完成一定工作任务为期限的劳动合同。

4. 劳动合同无效

无效劳动合同是指劳动合同违反国家强制性的法律、法规或违反社会公共利益从而自始没有法律效力。无效劳动合同不受国家法律保护。劳动合同部分无效是劳动合同中的某一部分条款不发生法律效力，确认劳动合同部分无效的如果不影响其余部分的效力，其余部分仍然有效。

（1）无效劳动合同的确认

《劳动合同法》第26条规定，下列劳动合同无效或者部分无效。

① 以欺诈、胁迫的手段或者乘人之危，使对方在违背真实意思的情况下订立或者变更劳动合同的。

② 用人单位免除自己的法定责任、排除劳动者权利的。

③ 违反法律、行政法规强制性规定的。

（2）无效劳动合同的处理

对劳动合同的无效或者部分无效有争议的，由劳动争议仲裁机构或者人民法院确认。《劳动合同法》第26条规定，劳动合同被确认无效，劳动者已付出劳动的，用人单位应当向劳动者支付劳动报酬。劳动报酬的数额，参照本单位相同或者相近岗位劳动者的劳动报酬确定。《劳动法》第97条规定，由于用人单位的原因订立的无效合同，对劳动者造成损害的，应当承担赔偿责任。劳动行政部门或上级主管机关还可以对有过错的用人单位给予行政处分，人民法院对构成犯罪的当事人依法追究刑事责任。

5. 劳动合同变更

劳动合同的变更是指在劳动合同履行过程中，因法定或双方当事人约定，而由当事人依据情势的变化对原合同的部分条款进行修改、补充。《劳动法》规定，变更劳动合同，应当遵循平等自愿、协商一致原则，不得违反法律、行政法规的规定。《劳动合同法》规定，用人单位与劳动者协商一致，可以变更劳动合同约定的内容。变更劳动合同，应当采

用书面形式。变更后的劳动合同文本由用人单位和劳动者各执一份。

6. 劳动合同解除

劳动合同的解除是指劳动合同双方当事人提前终止劳动合同的法律效力，解除双方的权利、义务关系。劳动合同解除的前提是劳动合同合法有效。劳动合同的解除，依解约条件的不同，可以划分为协商解除和法定解除。

（1）协商解除

《劳动法》第24条规定："经劳动合同当事人协商一致，劳动合同可以解除。"协商解除劳动合同的条件是由双方当事人协商确定的，所以一般不会发生劳动争议。用人单位应注意按法律、行政法规的规定给劳动者办理劳动合同解除手续，劳动保险的转移手续，及给予经济补偿。

（2）法定解除

法定解除是解除条件由劳动法律、法规直接加以规定，一旦出现解约条件，无须双方当事人协商一致，劳动合同即依法解除。《劳动合同法》第37条至第42条规定了法定解除的条件。

① 用人单位解除劳动合同的条件。用人单位解除劳动合同的行为分为三类。第一类是用人单位可以随时解除劳动合同。《劳动合同法》第39条规定，劳动者有下列情形之一的，用人单位可以解除劳动合同：在试用期间被证明不符合录用条件的；严重违反用人单位的规章制度的；严重失职，营私舞弊，给用人单位造成重大损害的；劳动者同时与其他用人单位建立劳动关系，对完成本单位的工作任务造成严重影响，或者经用人单位提出，拒不改正的；以欺诈、胁迫的手段或者乘人之危，使用人单位在违背真实意思的情况下订立或者变更劳动合同，致使劳动合同无效的；被依法追究刑事责任的。用人单位在出现以上的情况下，有权解除劳动合同，而无须征得劳动者的同意，也不必履行特别的程序，不存在经济补偿的问题。

第二类是用人单位可以解除劳动合同，但是应当提前30日以书面形式通知劳动者本人或向工会或者全体职工说明。《劳动合同法》第40条规定，有下列情形之一的，用人单位提前30日以书面形式通知劳动者本人或者额外支付劳动者一个月工资后，可以解除劳动合同：劳动者患病或者非因工负伤，在规定的医疗期满后不能从事原工作，也不能从事由用人单位另行安排的工作的；劳动者不能胜任工作，经过培训或者调整工作岗位，仍不能胜任工作的；劳动合同订立时所依据的客观情况发生重大变化，致使劳动合同无法履行，经用人单位与劳动者协商，未能就变更劳动合同内容达成协议的。

《劳动合同法》第41条规定，有下列情形之一，需要裁减人员20人以上或者裁减不足20人但占企业职工总数10%以上的，用人单位提前30日向工会或者全体职工说明情况，听取工会或者职工的意见后，裁减人员方案经向劳动行政部门报告，可以裁减人员：依照企业破产法规定进行重整的；生产经营发生严重困难的；企业转产、重大技术革新或者经营方式调整，经变更劳动合同后，仍需裁减人员的；其他因劳动合同订立时所依据的客观经济情况发生重大变化，致使劳动合同无法履行的。

裁减人员时，应当优先留用下列人员：与本单位订立较长期限的固定期限劳动合同的；与本单位订立无固定期限劳动合同的；家庭无其他就业人员，有需要抚养的老人或者未成年人的。用人单位依照上述规定裁减人员，在6个月内重新招用人员的，应当通知被裁减的人员，并在同等条件下优先招用被裁减的人员。

第三类是用人单位不得解除劳动合同。《劳动合同法》第42条规定，劳动者有下列情形之一的，用人单位不得解除劳动合同：从事接触职业病危害作业的劳动者未进行离岗前职业健康检查，或者疑似职业病病人在诊断或者医学观察期间的；在本单位患职业病或者因工负伤并被确认丧失或者部分丧失劳动能力的；患病或者非因工负伤，在规定的医疗期内的；女职工在孕期、产期、哺乳期的；在本单位连续工作满15年，且距法定退休年龄不足5年的；法律、行政法规规定的其他情形。

用人单位应当在解除或者终止劳动合同时出具解除或者终止劳动合同的证明，并在15日内为劳动者办理档案和社会保险关系转移手续。劳动者应当按照双方约定，办理工作交接。用人单位依照本法有关规定应当向劳动者支付经济补偿的，在办结工作交接时支付。用人单位对已经解除或者终止的劳动合同的文本，至少保存2年备查。

② 劳动者解除劳动合同的条件。劳动者解除劳动合同的条件有两种情形。

第一类是劳动者可以随时通知用人单位解除劳动合同。《劳动合同法》第38条规定，用人单位有下列情形之一的，劳动者可以解除劳动合同：未按照劳动合同约定提供劳动保护或者劳动条件的；未及时足额支付劳动报酬的；未依法为劳动者缴纳社会保险费的；用人单位的规章制度违反法律、法规的规定，损害劳动者权益的；以欺诈、胁迫的手段或者乘人之危，使劳动者在违背真实意思的情况下订立或者变更劳动合同，致使劳动合同无效的；法律、行政法规规定劳动者可以解除劳动合同的其他情形。用人单位以暴力、威胁或者非法限制人身自由的手段强迫劳动者劳动的，或者用人单位违章指挥、强令冒险作业危及劳动者人身安全的，劳动者可以立即解除劳动合同，不需事先告知用人单位。

第二类是在一般情况下，劳动者解除劳动合同，应当提前通知用人单位。《劳动合同法》第37条规定，劳动者提前30日以书面形式通知用人单位，可以解除劳动合同。劳动者在试用期内提前3日通知用人单位，可以解除劳动合同。

（3）解除劳动合同的经济补偿

根据《劳动法》和《违反和解除劳动合同的经济补偿办法》的规定，用人单位决定解除劳动合同的，除劳动者在试用期内或有严重违纪、违法行为，符合《劳动法》25条规定的情形外，均应按情况给予不同标准的经济补偿。

① 经双方当事人协商一致，用人单位解除劳动合同的，用人单位应根据劳动者在本单位工作年限，每满1年支付1个月工资的标准向劳动者支付。6个月以上不满1年的，按1年计算；不满6个月的，向劳动者支付半个月工资的经济补偿。劳动者月工资高于用人单位所在直辖市、设区的市级人民政府公布的本地区上年度职工月平均工资3倍的，向其支付经济补偿的标准按上年度职工月平均工资3倍的数额支付，向其支付经济补偿的年限最高不超过12年。

② 劳动者患病或者非因工负伤，经劳动鉴定委员会确认不能从事原工作，也不能从事用人单位另行安排的工作而解除劳动合同的，用人单位应按其在本单位工作年限，每满1年发给相当于1个月工资的经济补偿金，同时还应发给不低于6个月的工资的医疗补助费。患重病和绝症的，还应增加医疗补助费。患重病的增加部分不低于医疗补助费的50%；患绝症

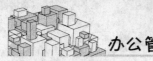

的增加部分不低于医疗补助费的100%。

③ 劳动者不能胜任工作，经过培训或调整工作岗位，仍不能胜任工作，由用人单位解除劳动合同的，用人单位应根据劳动者在本单位工作年限，每满1年发给相当于1个月工资的经济补偿金，最多不超过12个月。

④ 劳动合同订立时所依据的客观情况发生重大变化，致使原劳动合同无法履行，经当事人协商不能就变更劳动合同达成协议，由用人单位解除劳动合同的，用人单位应根据劳动者在本单位工作年限，每满1年发给相当于1个月工资的经济补偿金。

⑤ 用人单位濒临破产进行法定整顿期间，或者生产经营状况发生严重困难，必须裁减人员的，由用人单位根据被裁减人员在本单位的工作年限，每满1年发给相当于1个月工资的经济补偿金。

经济补偿金的工资计算标准是按企业正常生产情况下劳动者解除合同前12个月的月平均工资；除双方协商、劳动者不能胜任工作解除劳动合同者外，劳动者的月平均工资低于企业月平均工资的，按企业月平均工资的标准支付。

用人单位解除劳动合同后，未按规定给予劳动者经济补偿的，除足额发给经济补偿金外，还必须按该经济补偿金数额的50%支付额外的经济补偿。

7. 劳动合同终止

劳动合同的终止是指劳动合同的法律效力依法被消灭，即劳动合同所确立的劳动关系由于一定的法律事实的出现而终结，劳动者于用人单位之间原有的权利和义务不复存在。根据《劳动合同法》第44条的规定，有下列情形之一的，劳动合同终止。

（1）劳动合同期满的。

（2）劳动者开始依法享受基本养老保险待遇的。

（3）劳动者死亡，或者被人民法院宣告死亡或者宣告失踪的。

（4）用人单位被依法宣告破产的。

（5）用人单位被吊销营业执照、责令关闭、撤销或者用人单位决定提前解散的。

（6）法律、行政法规规定的其他情形。

13.2.2 集体合同

集体合同又称团体协议，集体协议。它是经全体职工或职工代表大会讨论同意后，由工会或工会委托的其他代表与用人单位签订的，以全体劳动者劳动条件和生活条件为内容的书面协议。它是调整企业劳动关系的一项重要法律制度。

1. 集体合同内容

集体合同的内容是指集体合同中双方当事人具体权利义务的规定。它是职工集体劳动权益的体现。《劳动法》第33条和《集体合同规定》第6条规定，集体合同的主要内容应当包括劳动报酬、工作时间、休息休假、保险福利、劳动安全与卫生、合同期限、双方履行集体合同的权利和义务、履行集体合同发生争议时协商处理的约定、违反集体合同的责任以及变更、解除、终止集体合同的协商程序等内容。集体合同中劳动报酬和劳动条件等标准不得低于当地人民政府规定的最低标准；用人单位与劳动者订立的劳动合同中劳动报酬和劳动条件等标准不得低于集体合同规定的标准。

2. 集体合同订立

（1）集体协商，拟定集体合同草案。企业职工一方与用人单位通过平等协商，可以就劳动报酬、工作时间、休息休假、劳动安全卫生、保险福利等事项订立集体合同。集体合同由工会代表企业职工一方与用人单位订立；尚未建立工会的用人单位，由上级工会指导劳动者推举的代表与用人单位订立。在县级以下区域内，建筑业、采矿业、餐饮服务业等行业可以由工会与企业方面代表订立行业性集体合同，或者订立区域性集体合同。

（2）讨论并通过集体合同草案。集体合同草案应当提交职工代表大会或者全体职工讨论通过。

（3）签署集体合同与审查备案。集体合同订立后，应当报送劳动行政部门；劳动行政部门自收到集体合同文本之日起15日内未提出异议的，集体合同即行生效。依法订立的集体合同对用人单位和劳动者具有约束力。行业性、区域性集体合同对当地本行业、本区域的用人单位和劳动者具有约束力。用人单位违反集体合同，侵犯职工劳动权益的，工会可以依法要求用人单位承担责任；因履行集体合同发生争议，经协商解决不成的，工会可以依法申请仲裁、提起诉讼。

3. 集体合同履行

集体合同的履行是指集体合同依法生效后，双方当事人全面按照合同约定履行合同义务的行为。《劳动法》35条规定，依法签订的集体合同对企业和企业的全体职工具有约束力。职工个人与企业订立的劳动合同中劳动条件和劳动报酬等标准不得低于集体合同的规定。

13.3 工作时间、休息时间制度和工资制度

13.3.1 工作时间制度

工作时间又称劳动时间，是指法律规定劳动者在一昼夜之内或一周内必须用来完成其所负担工作的时间。其表现形式有工作小时、工作日和工作周。工作日是指法律规定的一昼夜内的工作时间的时数。工作周是指劳动者在每周内的工作时间。法律规定的一昼夜内的工作时数的总和构成标准工作日制度。

1. 标准工时

工作时间制度是指国家法律、行政法规等对职工在一定时间内的劳动时间或工作时间所作的有关规定的总称。《劳动法》第36条明确规定："国家实行劳动者每日工作时间不超过8小时，平均每周工作时间不超过40小时的工作制度。"这是《劳动法》对我国现行工时制度的概括规定，它为工时的单项立法提供了标准。

工时通常可以分为标准工作日、特殊条件下的缩短工作日、延长工作日和无固定时间工作日、综合计算工作日。

标准工作日是指由法律规定的，在正常情况下，一般职工实行的工作日。目前我国实行的标准工作日是每日不超过8小时，每周工作5天。标准工作日是我国工时制度立法的基础。

2. 缩短工时制

特殊条件下的缩短工时制是指在严重有害健康和劳动条件恶劣以及对女工和未成年工实行特殊保护的条件下，少于标准工作日时数的工作日。我国的缩短工作日有以下几种情形。

（1）从事矿山、井下、高山、严重有害有毒、特别繁重和过度紧张的体力劳动等工作的职工，其工作日的时数少于8小时。

（2）夜班工作时间减少1小时。夜班工作一般指实行三班制的企业、单位，在当天晚上10点至次日早晨6点的工作。国家规定对于未成年工、怀孕满7个月和哺乳未满12个月婴儿的女工禁止安排夜班。

（3）女职工哺乳时间减少1小时。哺乳未满12个月婴儿的女工，每天在工作时间内可以哺乳两次，每次不超过半小时，计算在工作时间内。

（4）对未满18岁的未成年人也实行少于8小时工作日。

凡是已经由国务院或国务院劳动人事行政部门确定为实施缩短工时制的行业、企业或岗位，必须依法办理审批手续后强制推行缩短工时制。

3. 无固定时间工作日与综合计算工作日

无固定时间工作日是指每天没有固定工作时数的工作日，如某些领导人员及助手、管理人员、技术人员、森林巡查人员等。

综合计算工作日是以一定时间为周期，集中安排工作和休息，平均工作时间与标准工作时数相同的工作日。计算可分别以周、月、季、年为周期。

13.3.2 休息休假与加班加点制度

1. 休息休假制度

休息时间是指企业、事业、机关、团体等单位的劳动者按规定不必进行生产和工作、而自行支配的时间。它既包括工时制度规定时间之外的时间，也包括节假日和年休假时间。休息时间的种类具体内容如下。

（1）工作日内的休息时间是指在工作过程中给予劳动者必要的休息和用餐时间。一般为1至2小时，最少不得少于半小时。

（2）工作日之间的间隔时间是指两个邻近工作日之间的间隔时间。按规定此间隔不应少于15~16小时，平均每周享有128小时的休息时间的权利。

（3）每周休假日是职工根据国家规定在每周内法定休息的时间，一般为星期六和星期日。

（4）法定节假日。法定节假日休息时间是指法律规定用以开展纪念、庆祝等活动的休息时间。《劳动法》第40条规定，用人单位在下列节日期间，应当依法安排劳动者休假：元旦，春节，国际劳动节，国庆节，法律法规规定的其他休假节日。

（5）探亲假。探亲假是指职工享有探望与自己分居两地的父母或配偶的假期，职工探亲假主要规定：职工探望配偶的，每年给予一方30天探亲假一次；未婚职工探望父母，每年给假一次20天；已婚职工探望父母的，每四年给一次20天假。

（6）带薪年休假。带薪年休假是指职工每年享受的连续休假期间，在年休假期间工资照付。

2. 加班加点制度

延长工作日是指根据国家法律、法规和行政命令的要求，在法定节假日和公休假日进行额外工作即加班，以及超过标准工作日的时数进行工作即加点。延长工作日适用于从事受自然条件和技术条件限制的突击性或季节性工作，以及完成其他紧急任务的职工。其忙季可长于标准时间，闲季可适当缩短工作时间，如地质、石油、糖业、制盐等。

（1）对延长工作时间的规定

《劳动法》严格限制延长工作时间，其目的在于保障职工实现休息权和健康安全，提高工作效率和劳动生产率；使职工有充分的时间学习、教育子女和料理家务，从而调动其生产建设的积极性。

（2）加班加点的一般原则

加班加点实行三方协商的原则。《劳动法》第41条规定，用人单位由于生产经营需要，经工会和劳动者协商后可以延长工作时间，一般每日不得超过1小时；因特殊原因需要延长工作时间的，在保障劳动者身体健康的条件下延长工作时间，每日不得超过3小时，但是每月不得超过36小时。用人单位不得违反法律规定延长劳动者的工作时间。

（3）延长工作时间的工资标准

《劳动法》第44条规定，有下列情形之一的，用人单位应当按照下列标准支付高于劳动者正常工作时间工资的工资报酬。

① 安排劳动者延长工作时间的，支付不低于工资的150%的工资报酬。

② 休息日安排劳动者工作又不可能安排补休的，支付不低于工资的200%的工资报酬。

③ 法定休假日安排劳动者工作的，支付不低于工资的300%的工作报酬。

（4）加班加点的特别规定

《劳动法》允许在法定条件下延长工作时间。《劳动法》第42条规定，有下列情形之一的，延长工作时间不受限制。

① 发生自然灾害、事故或者因其他原因，威胁劳动者生命健康和财产安全，需要紧急处理的；

② 生产设备、交通运输线路、公共设施发生故障，影响生产和公共利益，必须及时抢修的；

③ 法律、行政法规规定的其他情形。

13.3.3　工资制度

工资是指用人单位依照劳动法规定或劳动合同的约定支付给本单位劳动者的劳动报酬。工资通常分为计时工资、计件工资、奖金、津贴和补贴等。计时工资是指按工资标准和工作时间支付给个人的劳动报酬。计件工资是指对已做工作按照计件单价支付的劳动报酬。奖金，指付给职工的超额劳动的报酬和增收节支的劳动报酬。津贴和补贴，指为补偿职工的特殊或额外的劳动消耗和因其他特殊原因，支付给职工的津贴，以及为了保证职工工资水平不受物价影响支付给职工的物价补贴。

1. 工资分配原则

（1）按劳分配原则。《劳动法》第46条规定，工资分配应当遵循按劳分配原则，实

行同工同酬。按劳分配是社会主义条件下分配制度的根本原则，它要求用人单根据劳动者劳动的数量和质量来决定其工资报酬。按劳分配本身意味着等量劳动获得等量的报酬。同工同酬是按劳分配原则的必然表现。按劳分配原则允许作出不同贡献的劳动者得到不同的报酬，合理拉开收入差距。反对任何针对性别、民族、出身等自然因素决定报酬数量的情况。

（2）工资水平随经济发展逐步提高原则。《劳动法》规定，工资水平在经济发展的基础上逐步提高。即工资水平的发展必须建立在生产力水平提高的基础上。如果整个社会生产力水平上不去，可供分配的产品很少，工资水平就不能上升，甚至会下降。

（3）国家的宏观调控原则。《劳动法》规定，国家对工资实行宏观调控，在社会主义市场经济条件下，工资总量宏观调控的目的在于控制用工成本上升，保持经济总量平衡，为社会发展留出足够的资金，以保证国民经济持续、稳定、协调地发展。目前国家对工资宏观调控的重点放在国有企业。

（4）用人单位的自主分配原则。《劳动法》第47条规定，用人单位根据本单位的生产经营特点和经济效益，依法自主确定本单位的工资分配方式和工资水平。法律规定了企业的工资分配权，这是企业经营自主权的一部分。

2. 工资的支付

工资在很大程度上决定着职工及其家属的生活状况，工资水平也直接影响到社会积累与消费的比例关系，所以国家对工资的给付予以法律保障。《劳动法》第50~51条规定，工资应当以货币形式按月支付给劳动者本人，不得克扣或者无故拖欠劳动者的工资。劳动者在法定休假日和婚、丧假期间以及依法参加社会活动期间，用人单位应当依法支付工资。

3. 最低工资制度

最低工资是指劳动者在法定工作时间提供了正常劳动的条件下，由用人单位支付的保障劳动者个人及其家庭成员基本生活需要的最低劳动报酬。《劳动法》第48条规定："国家实行最低工资保障制度。最低工资的具体标准由省、自治区、直辖市人民政府规定，报国务院备案。用人单位支付劳动者的工资不得低于当地最低工资标准。"

在最低工资的组成部分中，不应包括以下三项：加班加点工资；中班，夜班，高温，低温，井下，有毒有害等特殊工作环境、条件下的津贴；国家法律、法规和政策规定的劳动保险、福利待遇。

确定和调整最低工资标准应当综合参考下列因素：劳动者本人及平均赡养人口的最低生活费；社会平均工资水平；劳动生产率；就业状况；地区之间经济发展水平的差异。最低工资应以法定货币按时支付。

13.4 劳动争议处理制度

13.4.1 劳动争议处理的原则

劳动争议是指劳动关系的双方当事人因劳动权利或权益而产生的纠纷。劳动争议有以下几个特点。

（1）劳动争议的产生是建立在劳动关系的基础上，若无劳动关系就不存在劳动争议。

（2）劳动争议的双方当事人在通常的情况下，一方是劳动者，另一方是用人单位。

（3）劳动争议的内容通常是相互之间的劳动权利和义务。

（4）劳动争议的实质是劳动领域中的经济利益的冲突。

《中华人民共和国劳动争议调解仲裁法》（以下简称《劳动争议调解仲裁法》）由中华人民共和国第十届全国人民代表大会常务委员会第三十一次会议于2007年12月29日通过，2008年5月1日起施行。该法规定，我国境内的用人单位与劳动者发生的下列劳动争议，适用于该法。

（1）因确认劳动关系发生的争议。

（2）因订立、履行、变更、解除和终止劳动合同发生的争议。

（3）因除名、辞退和辞职、离职发生的争议。

（4）因工作时间、休息休假、社会保险、福利、培训以及劳动保护发生的争议。

（5）因劳动报酬、工伤医疗费、经济补偿或者赔偿金等发生的争议。

（6）法律、法规规定的其他劳动争议。

《劳动争议调解仲裁法》第3条规定，解决劳动争议，应当根据事实，遵循合法、公正、及时、着重调解的原则，依法保护当事人的合法权益。

13.4.2 劳动争议处理机构

1. 用人单位劳动争议调解委员会

根据《劳动法》第80条规定，在用人单位内，可以设立劳动争议调解委员会。企业劳动争议调解委员会由职工代表和企业代表组成。职工代表由工会成员担任或者由全体职工推举产生，企业代表由企业负责人指定。企业劳动争议调解委员会主任由工会成员或者双方推举的人员担任。劳动争议调解委员会是设在企业内部的，由职工代表大会领导的，依法独立解决劳动争议的群众性组织。

2. 劳动争议仲裁委员会

劳动争议仲裁委员会是依法成立的通过仲裁方式处理劳动争议的机构，它独立行使劳动争议仲裁权，是解决劳动争议的专门机构。劳动争议仲裁委员会组成人员应当是单数。《劳动争议调解仲裁法》第17条规定，劳动争议仲裁委员会按照统筹规划、合理布局和适应实际需要的原则设立。省、自治区人民政府可以决定在市、县设立；直辖市人民政府可以决定在区、县设立。直辖市、设区的市也可以设立一个或者若干个劳动争议仲裁委员会。劳动争议仲裁委员会不按行政区划层层设立。省、自治区、直辖市人民政府劳动行政部门对本行政区域的劳动争议仲裁工作进行指导。

劳动争议仲裁委员会负责管辖本区域内发生的劳动争议。劳动争议仲裁委员会应当设仲裁员名册。仲裁委员会下设办事机构，负责办理劳动争议仲裁委员会的日常工作。《劳动争议调解仲裁法》第19条规定，劳动争议仲裁委员会依法履行下列职责。

（1）聘任、解聘专职或者兼职仲裁员。

（2）受理劳动争议案件。

（3）讨论重大或者疑难的劳动争议案件。

（4）对仲裁活动进行监督。

3. 人民法院

劳动争议的法院审理是指人民法院对不服仲裁裁决而提起诉讼的劳动争议，依法进行审理并判决的劳动争议处理方式。《劳动法》第83条规定，劳动争议当事人对仲裁裁决不服的，可以自收到仲裁裁决之日起15日内向人民法院提起诉讼。一方当事人在法定期限内不起诉又不履行仲裁裁决的另一方当事人可以申请人民法院强制执行。

13.4.3 劳动争议的解决途径

1. 协商

根据《劳动法》及有关法规规定，国家提倡劳动争议当事人在发生劳动争议后，主动就争议事项进行协商，协调双方的关系，消除矛盾，解决争议。劳动争议为人民内部矛盾，应当先协商解决，但当事人协商不是处理劳动争议的必经程序。当事人自愿可以协商，不愿协商或者协商不成的，应向本企业劳动争议调解委员会申请调解。

2. 调解

调解是指企业劳动争议调解委员会对劳动争议进行的调解，而不是劳动争议仲裁或诉讼程序上的调解。调解在劳动争议处理过程中也不是必经程序，当事人在协商不成或不愿协商时，可以而不是必须向本企业劳动争议调解委员会申请调解，即可以申请也可以不申请调解，当事人有权自主选择。

《劳动争议调解仲裁法》第10条规定，发生劳动争议，当事人可以到下列调解组织申请调解：企业劳动争议调解委员会；依法设立的基层人民调解组织；在乡镇、街道设立的具有劳动争议调解职能的组织。

当事人申请劳动争议调解可以书面申请，也可以口头申请。口头申请的，调解组织应当当场记录申请人基本情况、申请调解的争议事项、理由和时间。调解劳动争议，应当充分听取双方当事人对事实和理由的陈述，耐心疏导，帮助其达成协议。经调解达成协议的，应当制作调解协议书。调解协议书由双方当事人签名或者盖章，经调解员签名并加盖调解组织印章后生效，对双方当事人具有约束力，当事人应当履行。

自劳动争议调解组织收到调解申请之日起15日内未达成调解协议的，当事人可以依法申请仲裁。达成调解协议后，一方当事人在协议约定期限内不履行调解协议的，另一方当事人可以依法申请仲裁。

3. 仲裁

劳动争议由劳动合同履行地或者用人单位所在地的劳动争议仲裁委员会管辖。双方当事人分别向劳动合同履行地和用人单位所在地的劳动争议仲裁委员会申请仲裁的，由劳动合同履行地的劳动争议仲裁委员会管辖。与劳动争议案件的处理结果有利害关系的第三人，可以申请参加仲裁活动或者由劳动争议仲裁委员会通知其参加仲裁活动。劳动争议仲裁公开进行，但当事人协议不公开进行或者涉及国家秘密、商业秘密和个人隐私的除外。

劳动争议申请仲裁的时效期间为1年。仲裁时效期间从当事人知道或者应当知道其权利被侵害之日起计算。因不可抗力或者有其他正当理由，当事人不能在规定的仲裁时效期间申请仲裁的，仲裁时效中止。从中止时效的原因消除之日起，仲裁时效期间继续计算。劳动关系存续期间因拖欠劳动报酬发生争议的，劳动者申请仲裁不受仲裁时效期间的限制；但是劳动关系终止的，应当自劳动关系终止之日起1年内提出。

劳动争议仲裁委员会收到仲裁申请之日起5日内，认为符合受理条件的，应当受理，并通知申请人；认为不符合受理条件的，应当书面通知申请人不予受理，并说明理由。对劳动争议仲裁委员会不予受理或者逾期未作出决定的，申请人可以就该劳动争议事项向人民法院提起诉讼。劳动争议仲裁委员会受理仲裁申请后，应当在5日内将仲裁申请书副本送达被申请人。被申请人收到仲裁申请书副本后，应当在10日内向劳动争议仲裁委员会提交答辩书。劳动争议仲裁委员会收到答辩书后，应当在5日内将答辩书副本送达申请人。被申请人未提交答辩书的，不影响仲裁程序的进行。

劳动争议仲裁委员会裁决劳动争议案件实行仲裁庭制。仲裁庭由3名仲裁员组成，设首席仲裁员。简单劳动争议案件可以由1名仲裁员独任仲裁。劳动争议仲裁委员会应当在受理仲裁申请之日起5日内将仲裁庭的组成情况书面通知当事人。仲裁员有下列情形之一，应当回避，当事人也有权以口头或者书面方式提出回避申请。

（1）是本案当事人或者当事人、代理人的近亲属的。

（2）与本案有利害关系的。

（3）与本案当事人、代理人有其他关系，可能影响公正裁决的。

（4）私自会见当事人、代理人，或者接受当事人、代理人的请客送礼的。

劳动争议仲裁委员会对回避申请应当及时作出决定，并以口头或者书面方式通知当事人。仲裁员私自会见当事人、代理人，或者接受当事人、代理人的请客送礼的，或者有索贿受贿、徇私舞弊、枉法裁决行为的，应当依法承担法律责任。劳动争议仲裁委员会应当将其解聘。

仲裁庭应当在开庭5日前，将开庭日期、地点书面通知双方当事人。当事人有正当理由的，可以在开庭3日前请求延期开庭。是否延期，由劳动争议仲裁委员会决定。申请人收到书面通知，无正当理由拒不到庭或者未经仲裁庭同意中途退庭的，可以视为撤回仲裁申请。被申请人收到书面通知，无正当理由拒不到庭或者未经仲裁庭同意中途退庭的，可以缺席裁决。

当事人在仲裁过程中有权进行质证和辩论。质证和辩论终结时，首席仲裁员或者独任仲裁员应当征询当事人的最后意见。当事人提供的证据经查证属实的，仲裁庭应当将其作为认定事实的根据。劳动者无法提供由用人单位掌握管理的与仲裁请求有关的证据，仲裁庭可以要求用人单位在指定期限内提供。用人单位在指定期限内不提供的，应当承担不利后果。仲裁庭应当将开庭情况记入笔录。当事人和其他仲裁参加人认为对自己陈述的记录有遗漏或者差错的，有权申请补正。如果不予补正，应当记录该申请。笔录由仲裁员、记录人员、当事人和其他仲裁参加人签名或者盖章。

当事人申请劳动争议仲裁后，可以自行和解。达成和解协议的，可以撤回仲裁申请。

仲裁庭在作出裁决前，应当先行调解。调解达成协议的，仲裁庭应当制作调解书。调解书应当写明仲裁请求和当事人协议的结果。调解书由仲裁员签名，加盖劳动争议仲裁委员会印章，送达双方当事人。调解书经双方当事人签收后，发生法律效力。调解不成或者调解书送达前，一方当事人反悔的，仲裁庭应当及时作出裁决。

仲裁庭裁决劳动争议案件，应当自劳动争议仲裁委员会受理仲裁申请之日起45日内结束。案情复杂需要延期的，经劳动争议仲裁委员会主任批准，可以延期并书面通知当事人，但是延长期限不得超过15日。逾期未作出仲裁裁决的，当事人可以就该劳动争议事项向人民法院提起诉讼。裁决应当按照多数仲裁员的意见作出，少数仲裁员的不同意见应当记入笔录。仲裁庭不能形成多数意见时，裁决应当按照首席仲裁员的意见作出。裁决书应当载明仲裁请求、争议事实、裁决理由、裁决结果和裁决日期。裁决书由仲裁员签名，加盖劳动争议仲裁委员会印章。对裁决持不同意见的仲裁员，可以签名，也可以不签名。

《劳动争议调解仲裁法》第47条规定，下列劳动争议的仲裁裁决为终局裁决，裁决书自作出之日起发生法律效力。

（1）追索劳动报酬、工伤医疗费、经济补偿或者赔偿金，不超过当地月最低工资标准12个月金额的争议。

（2）因执行国家的劳动标准在工作时间、休息休假、社会保险等方面发生的争议。

劳动者对上述规定的仲裁裁决不服的，可以自收到仲裁裁决书之日起15日内向人民法院提起诉讼。用人单位有证据证明仲裁裁决有下列情形之一，可以自收到仲裁裁决书之日起30日内向劳动争议仲裁委员会所在地的中级人民法院申请撤销裁决。

（1）适用法律、法规确有错误的。

（2）劳动争议仲裁委员会无管辖权的。

（3）违反法定程序的。

（4）裁决所根据的证据是伪造的。

（5）对方当事人隐瞒了足以影响公正裁决的证据的。

（6）仲裁员在仲裁该案时有索贿受贿、徇私舞弊、枉法裁决行为的。

人民法院经组成合议庭审查核实裁决有前款规定情形之一的，应当裁定撤销。仲裁裁决被人民法院裁定撤销的，当事人可以自收到裁定书之日起15日内就该劳动争议事项向人民法院提起诉讼。

当事人对发生法律效力的调解书、裁决书，应当依照规定的期限履行。一方当事人逾期不履行的，另一方当事人可以依照民事诉讼法的有关规定向人民法院申请执行。受理申请的人民法院应当依法执行。

4. 诉讼

《劳动法》规定，劳动争议当事人对仲裁裁决不服的，可以自收到仲裁裁决书之日起15日内向人民法院提起诉讼。一方当事人在法定期限内不起诉又不履行仲裁裁决的，另一方当事人可以申请人民法院强制执行。当事人只能对仲裁裁决不服而起诉，不能起诉仲裁委员会，也不能直接就劳动争议向法院起诉。人民法院审理劳动争议案件适用于民事诉讼

程序，采取两审终审制，即劳动争议当事人向人民法院起诉后，对第一审判决不服的，还可以在法定期间内向上一级人民法院提起上诉，经第二审人民法院审理作出判决的，当事人必须执行，二审判决为终审判决，至此劳动争议处理程序终结。

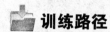 训练路径

1. 背景资料

（1）《中华人民共和国劳动法》（第八届全国人民代表大会常务委员会第八次会议于1994年7月5日通过，1995年1月1日起施行）

（2）《中华人民共和国劳动合同法》（2007年6月第十届全国人民代表大会常务委员会第二十八次会议通过，2008年1月1日起施行）

（3）《中华人民共和国劳动争议调解仲裁法》（第十届全国人民代表大会常务委员会第三十一次会议于2007年12月29日通过，2008年5月1日起施行）

（4）《中华人民共和国就业促进法》（第十届全国人民代表大会常务委员会第二十九次会议于2007年8月30日通过，2008年1月1日起施行）

（5）《集体合同规定》（2003年12月30日经劳动和社会保障部第七次部务会议通过，2004年5月1日起施行）

2. 实训目标

通过本章的学习和演练，让学生掌握《劳动法》、《劳动合同法》、《促进就业法》、《劳动争议调解仲裁法》的基本内容，能够在实际工作中依法处理各种劳动关系，维护自身的合法权益。

3. 组织实施

（1）分小组搜集、讨论《劳动法》典型案例，让学生深入理解劳动关系，以便将来能够正确处理劳动法律关系。

（2）安排学生模拟训练劳动合同订立的流程，模拟训练招聘、应聘。

（3）安排学生训练集体合同、劳动合同的拟写，以便进一步让学生熟悉劳动合同条款。

4. 操作提示

本章重点是劳动合同，要求学生熟悉劳动合同订立的程序，掌握劳动合同的基本条款，理解劳动合同的效力，能够正确处理劳动合同关系。

5. 成果检测

可以通过劳动争议案件分析、劳动合同内容设计、模拟劳动合同订立等多种实训形式，检验学生们掌握《劳动法》知识的程度，查漏补缺，真正让学生学习好《劳动法》知识。

教学建议

（1）随着我国改革的深入，劳动关系性质也发生了根本的变化。为此，国家先后出台

了《促进就业法》、《劳动合同法》、《劳动争议调解仲裁法》等法规，以更有效地规制劳动法律关系，这就要求我们在教学中要紧密结合当前我国实际，动态讲解相关内容。

（2）《劳动法》实用性、操作性强，学生容易产生学习兴趣。要因势利导，注重案例教学与理论讲解相结合，用实例来丰富、活跃理论，易于取得良好的教育、教学效果。

复习思考题

1. 简述劳动合同法定条款的内容。
2. 结合实际阐述劳动合同的效力问题。
3.《劳动法》对于工作日与休息休假有哪些规定？
4. 阐述《劳动法》关于女职工和未成年工劳动保护的规定。
5. 简述劳动争议的解决途径有哪些方面？

第14章　城市房地产管理法律制度

能力目标

（1）通过对房地产管理法的学习，能够处理土地使用权出让关系，熟悉房地产开发用地的规则。

（2）能够完成房屋转让、房屋抵押、房屋租赁、权属登记等基本工作。

任务分析

（1）理解土地使用权划拨和土地使用权出让两种方式的不同性质及其法律效力。

（2）掌握商品房预售、房屋转让、房地产抵押、房屋租赁、房地产权属登记等基本制度的内容。

引导案例

2007年2月28日，原告朴某作为买受人与被告×开发公司签订了《商品房买卖合同》。签订合同时，×开发公司声称该项目"五证"俱全、是某市大产权。双方在合同中约定：朴某购买×开发公司开发的位于某市某家园6幢1单元501号房屋一套；建筑面积100.41平方米；单价为每平方米1274元，总价款为127922元；付款方式为一次性付款，朴某于2008年3月15日向×开发公司交纳房款127922元；×开发公司应当在2007年10月31日前将经验收合格的商品房交付朴某；如×开发公司未按合同规定的期限将商品房交付朴某使用，逾期不超过60日，自合同规定的最后交付期限的第二天起至实际交付之日止，×开发公司按日向朴某支付已交付房价款万分之三的违约金，合同继续履行，逾期超过60日后，朴某有权解除合同，朴某解除合同的，×开发公司应当自朴某解除合同通知到达之日起60天内退还全部已付款，并按朴某累计已付款的3%向朴某支付违约金，朴某要求继续履行合同的，合同继续履行，自合同规定的最后交付期限的第二天起至实际交付之日止，×开发公司按日向朴某支付已交付房价款万分之三的违约金；该合同还对双方其他权利义务作了约定。合同签订后，朴某将购房总价款127922元一次性全额支付给×开发公司。但×开发公司一直未能将某家园6幢1单元501号房屋交付朴某。2008年3月，×开发公司称至今因房屋销售许可证不能办理下来，请求解除合同。双方遂产生纠纷，朴某于2008年12月份以×开发公司曾声称"五证"俱全、因而存在欺诈为由诉至人民法院，要求判令×开发公司支付2007年2月29日至2008年3月贷款利息损失6396.10元，赔偿房屋差价损失47795.16元，双倍返还已付房款255844元。

请你思考：朴某的主张应否得到支持？

14.1 房地产开发用地制度

14.1.1 土地使用权出让

1. 土地使用权出让的特点

土地使用权出让是指国家将国有土地使用权（以下简称土地使用权）在一定年限内出让给土地使用者，由土地使用者向国家支付土地使用权出让金的行为。土地使用权出让具有以下的法律特征。

（1）土地使用权出让法律关系的主体身份具有特定性。土地使用权出让的主体，一方为出让方，一方为受让方。由于国家是国有土地的所有权人，因此出让一方只能是国家。根据《中华人民共和国城市房地产管理法》（以下简称《城市房地产管理法》）第15条第2款的规定，土地使用权出让合同由市、县人民政府土地管理部门与土地使用者签订。这意味着市、县人民政府有权作为国有土地所有者的代表出让土地使用权。

土地使用权出让中的受让方是指土地使用者。《城市房地产管理法》没有对受让方的范围作出限制。《中华人民共和国城镇国有土地使用权出让和转让暂行条例》第3条规定："中华人民共和国境内外的公司、企业、其他组织和个人，除法律另有规定者外，均可依照本条例的规定取得土地使用权，进行土地开发、利用、经营。"由此规定可见，受让方一般不受限制，除非法律另有规定。

（2）土地使用权出让双方的基本权利与义务。《城市房地产管理法》第16条规定，土地使用者必须按照出让合同约定，支付土地使用权出让金；未按照出让合同约定支付土地使用权出让金的，土地管理部门有权解除合同，并可以请求违约赔偿。《城市房地产管理法》第17条规定，土地使用者按照出让合同约定支付土地使用权出让金的，市、县人民政府土地管理部门必须按照出让合同约定，提供出让的土地；未按照出让合同约定提供出让的土地的，土地使用者有权解除合同，由土地管理部门返还土地使用权出让金，土地使用者并可以请求违约赔偿。

（3）土地使用权出让的客体是一定年限的国有土地使用权，而不是国有土地所有权。根据《宪法》第10条的规定，我国实行土地公有制，只有两种土地所有权形式：国有土地所有权、农村集体土地所有权。任何组织和个人不得侵占、买卖或者以其他形式非法转让土地。但土地使用权可以依照法律的规定转让。需要说明的是，出让土地使用权的范围不包括该幅出让土地的地下资源、埋藏物和市政公用设施。此外，规定出让土地使用权的期限，是土地使用权出让的重要内容。

（4）土地使用权出让是要式法律行为。土地使用权出让应当签订书面出让合同，同时向县级以上地方人民政府土地管理部门申请登记。如果不签订书面出让合同并办理土地使

用权登记，则土地使用权出让行为无效。

2. 土地使用权出让的年限

出让土地使用权的最高使用年限，就是法律规定的一次签约出让土地使用权的最高年限。土地使用权年限届满时，土地使用者可以申请续期，具体由出让方和受让方在签订合同时确定，但不能高于法律规定的最高年限。考虑到我国国民经济和社会发展过程中的一系列变化的因素，《城市房地产管理法》对土地使用权出让最高年限仅作了授权性的规定："土地使用权出让最高年限由国务院规定。"据此，《中华人民共和国国有土地使用权出让和转让暂行条例》第12条按照出让土地的用途不同规定了各类用地使用权出让的最高年限：居住用地70年；工业用地50年；教育、科技、文化、卫生、体育用地50年；商业、旅游、娱乐用地40年；综合或者其他用地50年。

3. 土地使用权的出让方式

土地使用权的出让方式是指国有土地的代表（地方人民政府）将国有土地使用权出让给土地使用者时所采取的方式或程序，它表明以什么形式取得土地使用权。关于土地使用权的出让方式，《城市房地产管理法》第13条规定："土地使用权出让，可以采取拍卖、招标或者双方协议的方式。""商业、旅游、娱乐和豪华住宅用地，有条件的，必须采取拍卖、招标方式；没有条件，不能采取拍卖、招标方式的，可以采取双方协议的方式。""采取双方协议方式出让土地使用权的出让金不得低于按国家规定所确定的最低价。"因此，我国土地使用权的出让方式有三种，即拍卖、招标和协议。

（1）拍卖出让。拍卖出让是指在指定的时间、地点利用公开场合，由政府的代表者主持拍卖土地使用权，土地公开叫价竞报，按"价高者得"的原则确定土地使用权受让人的一种方式。拍卖出让方式引进了竞争机制，排除了人为干扰，政府也可获得最高收益，较大幅度地增加财政收入。这种方式主要适用于投资环境好、赢利大、竞争性强的商业、金融业、旅游业和娱乐业用地，特别是大中城市的黄金地段。

（2）招标出让。招标出让是指在规定的期限内由符合受让条件的单位或者个人（受让方）根据出让方提出的条件，以密封书面投标形式竞报某地块的使用权，由招标小组经过开标、评标，最后择优确定中标者。投标内容由招标小组确定，可仅规定出标价，也可既规定出标价，又提出一个规划设计方案，开标、评标、决标须经公证机关公证。招标出让的方式主要适用于一些大型或关键性的发展计划与投资项目。

（3）协议出让。协议出让是指土地使用权的有意受让人直接向国有土地的代表提出有偿使用土地的愿望，由国有土地的代表与有意受让人进行谈判和磋商，协商出让土地使用的有关事宜的一种出让方式。它主要适用于工业项目、市政公益事业项目、非赢利项目及政府为调整经济结构、实施产业政策而需要给予扶持、优惠的项目，采取此方式出让土地使用权的出让金不得低于国家规定所确定的最低价。以协议方式出让土地使用权，没有引入竞争机制，不具有公开性，人为因素较多，因此对这种方式要加以必要限制，以免造成不公平竞争、以权谋私及国有资产流失。

协议、招标、拍卖是法定的三种使用权的出让方式。在具体实施土地使用权出让时，由国有土地代表根据法律规定，并根据实际情况决定采用哪种方式，一般对地理位置优

越、投资环境好、预计投资回报率高的地块，应当采用招标或拍卖方式；反之，可适当采用协议方式。

4. 土地使用权出让合同

国有土地使用权出让合同是指市、县人民政府土地管理部门代表国家（出让人）与土地使用者（受让人）之间就土地使用权出让事宜所达成的、明确相互间权利义务关系的书面协议。国有土地使用权出让，必须通过合同形式予以明确。《城市房地产管理法》第15条规定，土地使用权出让，应当签订书面出让合同。土地使用权出让合同由市、县人民政府土地管理部门与土地使用者签订。土地使用权出让合同包括以下几方面的内容。

（1）出让方的权利义务。出让方享有的权利主要有：一是受让方在签订土地使用权出让合同后，未在规定期限内支付全部土地使用权出让金的，出让方有权解除合同，并可请求违约赔偿；二是受让方未按土地使用权出让合同规定的期限和条件开发、利用土地的，土地管理部门有权予以纠正，并根据情节轻重给予警告、罚款，直至无偿收回土地使用权的处罚。出让方应履行的义务主要有：按照土地使用权出让合同的规定提供出让的土地使用权；向受让方提供有关资料和使用该土地的规定。

（2）受让方应履行的义务。受让方应履行的义务主要有以下三项。第一，在签订土地使用权出让合同后的规定期限内支付全部土地使用权出让金；在支付全部土地使用权出让金后，依规定办理登记手续，领取土地使用证。第二，依土地使用权出让合同的规定和城市规划的要求开发、利用、经营土地。第三，需要改变土地使用权出让合同规定的土地用途的，应该征得出让方同意并经土地管理部门和城市规划部门批准，依照规定重新签订土地使用权出让合同，调整土地使用权出让金并办理登记。

5. 土地使用权的终止和续期

（1）土地使用权终止

土地使用权终止是指因法律规定的原因致使受让人丧失土地使用权。《城市房地产管理法》规定了导致受让人土地使用权终止的四种原因。

① 使用年限届满。《城市房地产管理法》第22条第2款规定，土地使用权出让合同约定的使用年限届满，土地使用者未申请续期或者虽申请续期但依照前款规定未获批准的，土地使用权由国家无偿收回。《物权法》第150条规定，建设用地使用权消灭的，出让人应当及时办理注销登记。登记机构应当收回建设用地使用权证书。

② 根据社会公共利益的需要而提前收回。《城市房地产管理法》第20条规定，国家对土地使用者依法取得的土地使用权，在出让合同约定的使用年限届满前不收回；在特殊情况下，根据社会公共利益的需要，可以依照法律程序提前收回，并根据土地使用者使用土地的实际年限和开发土地的实际情况给予相应的补偿。《物权法》第148条规定，建设用地使用权期间届满前，因公共利益需要提前收回该土地的，应当依照规定对该土地上的房屋及其他不动产给予补偿，并退还相应的出让金。

③ 因逾期开发而被无偿收回。根据《城市房地产管理法》第26条的规定，以出让方式取得土地使用权进行房地产开发的，必须按照土地使用权出让合同约定的土地用途、动工开发期限开发土地。超过出让合同约定的动工开发期限满2年未动工开发的，可以无偿收回

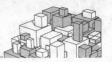

土地使用权。但是因不可抗力或者政府、政府有关部门的行为或者动工开发必须的前期工作造成动工开发迟延的除外。

④ 土地灭失。《城市房地产管理法》第21条规定，土地使用权因土地灭失而终止。土地灭失是指由于自然力量造成原土地性质的彻底改变或原土地面貌的彻底改变。如因地震而使原有土地变成湖泊或河流等。土地灭失导致土地使用权客体丧失，受让人因此而终止其土地使用权。

（2）土地使用权期满后的续期

土地使用权出让合同约定的使用年限届满，土地使用者需要继续使用土地的，应当至迟于届满前1年申请续期。对于土地使用者的续期申请，除根据社会公共利益需要收回该幅土地的，应当予以批准。经批准准予续期的，应当重新签订土地使用权出让合同，依照规定支付土地使用权出让金。《物权法》第149条规定，住宅建设用地使用权期间届满的，自动续期。非住宅建设用地使用权期间届满后的续期，依照法律规定办理。该土地上的房屋及其他不动产的归属，有约定的，按照约定；没有约定或者约定不明确的，依照法律、行政法规的规定办理。

14.1.2　土地使用权划拨

土地使用权划拨是指县级以上人民政府依法批准，在土地使用者缴纳补偿、安置等费用后将该幅土地交付其使用，或者将国有土地使用权无偿交付土地使用者使用的行为。以划拨方式取得土地使用权的，除法律、行政法规另有规定外，没有使用期限的限制。划拨国有土地使用权是国有土地无偿、有限期使用制度的一种例外和补充。

根据《城市房地产管理法》第24条的规定，下列建设用地的土地使用权，确属必需的，可以由县级以上人民政府依法批准划拨。

（1）国家机关用地和军事用地。

（2）城市基础设施用地和公益事业用地。

（3）国家重点扶持的能源、交通、水利等项目用地。

（4）法律、行政法规规定的其他用地。

14.2　房地产交易与权属登记制度

14.2.1　房地产转让

房地产转让是房地产交易最重要的内容。根据《城市房地产管理法》第37条的规定，房地产转让是指房地产权利人通过买卖、赠与或者其他合法方式将其房地产转移给他人的行为。

1. 房地产价格管理制度

房地产价格是房地产交易的核心问题之一，《城市房地产管理法》为此规定了房地产交易中的价格管理制度，规定基准地价、标定地价和各类房屋的重置价格应当定期确定并公布，并实行房地产价格评估制度和房地产成交价格申报制度。

（1）房地产价格的种类

根据《城市房地产管理法》的规定，需要实行价格管理的房地产价格主要有三种，即基准地价、标定地价和各类房屋的重置价格。

基准地价是指按照不同的土地级别、区域分别评估和测算的商业、工业、住宅等各类用地的使用权的平均价格。

标定地价是指对需要进行土地使用权出让、转让、抵押的地块评定的具体价格，它是以基准地价为依据，根据市场行情、地块大小、形状、容积率、微观区位和土地使用年限等条件评定的具体某一地块在某一时间的价格。

房屋的重置价格是指按照当前的建筑技术、工艺水平、建筑材料价格、人工和运输费用等条件，重新建造同类结构、式样、质量标准的房屋价格。

（2）房地产价格评估制度

国家实行房地产价格评估制度。房地产价格评估指的是房地产专业估价人员，根据估价目的，遵循估价原则，采用科学的估计方法，结合估价经验和对影响房地产价格因素的分析，对房地产最可能实现的合理价格所作出的推测和判断。简而言之，房地产价格评估就是对房地产的合理价格进行科学估算的活动。

房地产价格评估应当遵循公正、公平、公开的原则，按照国家规定的技术标准和评估程序，以基准地价、标定地价和各类房屋的重置价格为基础，参照当地的市场价格进行评估。

（3）房地产成交价格申报制度

房地产成交价格申报是指房地产权利人转让房地产时，必须将买卖价格向国家申报。这一方面有利于国家加强税收征收管理，保障国家税收收入；另一方面有利于国家了解和掌握房地产市场的行情，实施必要的宏观调控。《城市房地产管理法》第35条规定,国家实行房地产成交价格申报制度。房地产权利人转让房地产，应当向县级以上地方人民政府规定的部门如实申报成交价，不得瞒报或者作不实的申报。

2. 房地产转让的禁止条件

房地产转让的禁止条件是指法律规定不允许进行房地产转让的情形。《城市房地产管理法》第38条规定了不得转让房地产的七种情形。

（1）以出让方式取得土地使用权，不符合房地产法第39条规定的条件的。

（2）司法机关和行政机关依法裁定、决定查封或者以其他形式限制房地产权利的。

（3）依法收回土地使用权的。

（4）共有房地产，未经其他共有人书面同意的。

（5）权属有争议的。

（6）未依法登记领取权属证书的。

（7）法律、行政法规规定禁止转让的其他情形。

3. 房地产转让的必备条件

房地产转让的必备条件是指法律规定的、在房地产转让中必须具备的条件。以出让方式取得土地使用权的房地产转让与以划拨方式取得土地使用权的房地产转让具有不同的必备条件。

（1）以出让方式取得土地使用权的房地产转让的必备条件

《城市房地产管理法》第39条规定，以出让方式取得土地使用权的，转让房地产时，

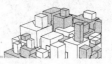

应当符合下列条件。

① 按照出让合同约定已经支付全部土地使用权出让金，并取得土地使用权证书。

② 按照出让合同约定进行投资开发，属于房屋建设工程的，完成开发投资总额的25%以上，属于成片开发土地的，形成工业用地或者其他建设用地条件。

③ 转让房地产时房屋已经建成的，还应当持有房屋所有权证书。

（2）以划拨方式取得土地使用权的房地产转让的必备条件

《城市房地产管理法》对以划拨方式取得土地使用权的房地产转让的条件未作具体规定，但根据《城镇国有土地使用权出让和转让暂行条例》和《划拨土地使用权管理暂行办法》的规定，符合下列条件的，经市、县人民政府土地管理部门和房地产管理部门批准，其划拨土地使用权和地上建筑物、其他附着物可以转让、出租、抵押。

① 土地使用者为企业、公司、其他经济组织和个人。

② 领有国有土地使用证。

③ 具有地上建筑物、其他附着物的合法产权证明。

④ 依照规定签订土地使用权出让合同，并向当地市、县人民政府补交土地使用权出让金或者以转让、出租、抵押所获收益抵交土地使用权出让金。

根据《城市房地产管理法》第40条的规定，以划拨方式取得土地使用权的，房地产转让应当按照国务院规定，报有批准权的人民政府审批。经审批准予转让的，分为以下两种情况。

① 办理土地使用权出让手续，并缴纳土地使用权出让金。

② 不办理土地使用权出让手续的，应当将转让房地产所获的收益中的土地收益上缴国家或者作其他处理。

4. 房地产转让合同

《城市房地产管理法》第41条规定，房地产转让应当签订书面转让合同，合同中应当载明土地使用权取得的方式。因此，采取书面合同的形式是房地产转让合同的形式要件。由于房地产转让以土地使用权出让为前提，因而房地产转让合同必将涉及国家与原受让人之间的关系，以及让与人与受让人之间的关系。转让房地产时，土地使用权出让合同载明的权利、义务将随之转移，土地使用者通过签订转让合同取得该幅土地的使用权而对国家承担原土地使用权出让合同约定的义务。

房地产转让合同约定的土地使用权的使用年限通常要受到原土地使用权出让合同约定的制约。《城市房地产管理法》第43条规定，以出让方式取得土地使用权的，转让房地产后，其土地使用权的使用年限为原土地使用权出让合同约定的使用年限减去原土地使用者已经使用年限后的剩余年限。

以出让方式取得土地使用权的，转让房地产后，受让人改变原土地使用权出让合同约定的土地用途的，必须取得原出让方和市、县人民政府城市规划行政主管部门的同意，签订土地使用权出让合同变更协议或者重新签订土地使用权出让合同，相应调整土地使用权出让金。

5. 商品房预售

商品房预售是指房地产开发企业在建设房屋的工程尚未竣工之前，将正在施工的房屋

预先出售给购买者的行为。商品房预售应当符合下列条件。

（1）已交付全部土地使用权出让金，取得土地使用权证书。

（2）持有建设工程规划许可证。

（3）按提供预售的商品房计算，投入开发建设的资金达到工程建设总投资的25%以上，并已经确定施工进度和竣工交付日期。

（4）向县级以上人民政府房产管理部门办理预售登记，取得商品房预售许可证明。

商品房预售人应当按照国家有关规定将预售合同报县级以上人民政府房产管理部门和土地管理部门登记备案。商品房预售所得款项，必须用于有关的工程建设。

14.2.2　房地产抵押

房地产抵押是指抵押人以其合法的房地产以不转移占有的方式向抵押权人提供债务履行担保的行为。债务人不履行债务时，抵押权人有权依法以抵押的房地产拍卖所得的价款优先受偿。房地产抵押，抵押人和抵押权人应当签订书面抵押合同，凭土地使用权证书、房屋所有权证书办理抵押登记。

1. 房地产抵押的主体和客体

房地产抵押的主体是抵押人和抵押权人。抵押人，是指将依法取得的房地产提供给抵押权人，作为本人或者第三人履行债务担保的公民、法人或者其他组织。抵押权人，是指接受房地产抵押作为债务人履行债务担保的公民、法人或者其他组织。房地产抵押的客体是房地产，以依法取得的房屋所有权抵押的，该房屋占用范围内的土地使用权必须同时抵押。

2. 房地产抵押权的设定

（1）根据房地产管理的相关规定，下列房地产不得设定抵押：权属有争议的房地产；用于教育、医疗、市政等公共福利事业的房地产；列入文物保护的建筑物和有重要纪念意义的其他建筑物；已依法公告列入拆迁范围的房地产；被依法查封、扣押、监管或者以其他形式限制的房地产；依法不得抵押的其他房地产。

（2）同一房地产设定两个以上抵押权的，抵押人应当将已经设定过的抵押情况告知抵押权人。抵押人所担保的债权不得超出其抵押物的价值。房地产抵押后，该抵押房地产的价值大于所担保债权的余额部分，可以再次抵押，但不得超出余额部分。以两宗以上房地产设定同一抵押权的，视为同一抵押房地产。但抵押当事人另有约定的除外。

（3）以在建工程已完工部分抵押的，其土地使用权随之抵押。以享受国家优惠政策购买的房地产抵押的，其抵押额以房地产权利人可以处分和收益的份额比例为限。

（4）国有企业、事业单位法人以国家授予其经营管理的房地产抵押的，应当符合国有资产管理的有关规定。以集体所有制企业的房地产抵押的，必须经集体所有制企业职工（代表）大会通过，并报其上级主管机关备案。以中外合资企业、合作经营企业和外商独资企业的房地产抵押的，必须经董事会通过，但企业章程另有规定的除外。以有限责任公司、股份有限公司的房地产抵押的，必须经董事会或者股东大会通过，但企业章程另有规定的除外。

（5）有经营期限的企业以其所有的房地产设定抵押的，所担保债务的履行期限不应当超过该企业的经营期限。以具有土地使用年限的房地产设定抵押的，所担保债务的履行期限不得超过土地使用权出让合同规定的使用年限减去已经使用年限后的剩余年限。

（6）以共有的房地产设定抵押的，抵押人应当事先征得其他共有人的书面同意。预购商品房贷款抵押的，商品房开发项目必须符合房地产转让条件并取得商品房预售许可证。以已出租的房地产抵押的，抵押人应当将租赁情况告知抵押权人，并将抵押情况告知承租人。原租赁合同继续有效。

（7）设定房地产抵押时，抵押房地产的价值可以由抵押当事人协商议定，也可以由房地产价格评估机构评估确定。法律、法规另有规定的除外。

（8）抵押当事人约定对抵押房地产投保的，由抵押人为抵押的房地产投保，保险费由抵押人负担。抵押房地产投保的，抵押人应当将保险单移送抵押权人保管。在抵押期间，抵押权人为保险赔偿的第一受益人。

（9）企业、事业单位法人分立或者合并后，原抵押合同继续有效，其权利和义务由变更后的法人享有和承担。抵押人死亡、依法被宣告死亡或者被宣告失踪时，其房地产合法继承人或者代管人应当继续履行原抵押合同。

3. 房地产抵押合同的订立

房地产抵押，抵押当事人应当签订书面抵押合同。以预购商品房贷款抵押的，须提交生效的预购房屋合同。以在建工程抵押的，抵押合同还应当载明以下内容。

（1）《国有土地使用权证》、《建设用地规划许可证》和《建设工程规划许可证》编号。

（2）已交纳的土地使用权出让金或需交纳的相当于土地使用权出让金的款额。

（3）已投入在建工程的工程款。

（4）施工进度及工程竣工日期。

（5）已完成的工作量和工程量。

4. 房地产抵押登记

房地产抵押合同自签订之日起30日内，抵押当事人应当到房地产所在地的房地产管理部门办理房地产抵押登记。房地产抵押合同自抵押登记之日起生效。

5. 抵押房地产的占用与管理

已作抵押的房地产，由抵押人占用与管理。抵押人在抵押房地产占用与管理期间应当维护抵押房地产的安全与完好。抵押权人有权按照抵押合同的规定监督、检查抵押房地产的管理情况。

抵押权可以随债权转让。抵押权转让时，应当签订抵押权转让合同，并办理抵押权变更登记。抵押权转让后，原抵押权人应当告知抵押人。

经抵押权人同意，抵押房地产可以转让或者出租。抵押房地产转让或者出租所得价款，应当向抵押权人提前清偿所担保的债权。超过债权数额的部分，归抵押人所有，不足部分由债务人清偿。

6. 抵押房地产的处分

根据《担保法》和《城市房地产管理法》的有关规定，有下列情况之一的，抵押权人

有权要求处分抵押的房地产。

（1）债务履行期满，抵押权人未受清偿的，债务人又未能与抵押权人达成延期履行协议的。

（2）抵押人死亡，或者被宣告死亡而无人代为履行到期债务的；或者抵押人的合法继承人、受遗赠人拒绝履行到期债务的。

（3）抵押人被依法宣告解散或者破产的。

（4）抵押人违反本办法的有关规定，擅自处分抵押房地产的。

（5）抵押合同约定的其他情况。

抵押权人处分抵押房地产时，应当事先书面通知抵押人；抵押房地产为共有或者出租的，还应当同时书面通知共有人或承租人；在同等条件下，共有人或承租人依法享有优先购买权。

14.2.3　房屋租赁

房屋租赁是指房屋所有人作为出租人将其房屋出租给承租人使用，由承租人向出租人支付租金的行为。根据房屋所有权属性的不同，房屋租赁可分为公有房屋租赁和私有房屋租赁；根据房屋租赁使用性质不同，可将其分为居住用房租赁和非居住用房租赁。

1. 房屋租赁的范围

公民、法人或其他组织对享有所有权的房屋和国家授权管理和经营的房屋可以依法出租。但是有下列情形之一的房屋不得出租：未依法取得房屋所有权证的；司法机关和行政机关依法裁定、决定查封或者以其他形式限制房地权利的；共有房屋未取得共有人同意的；权属有争议的；属于违法建筑的；不符合安全标准的；已抵押，未经抵押权人同意的；不符合公安、环保、卫生等主管部门有关规定的；有关法律、法规规定禁止出租的其他情形。

2. 租赁合同

房屋租赁，当事人应当签订书面租赁合同，租赁合同应当具备以下条款：当事人姓名或者名称及住所；房屋的坐落、面积、装修及设施状况；租赁用途；租赁期限；租金及交付方式；房屋修缮责任；转租的约定；变更和解除合同的条件；违约责任；当事人约定的其他条款。

房屋租赁期限届满，租赁合同终止。承租人需要继续租用的，应当在租赁期限届满前3个月提出，并经出租人同意，重新签订租赁合同；租赁期限内，房屋出租人转让房屋所有权的，房屋受让人应当继续履行原租赁合同的规定。

3. 当事人的权利和义务

（1）出租人的权利和义务

出租人在租赁期限内，确需提前收回房屋时，应当事先商得承租人同意，给承租人造成损失的，应当予以赔偿。出租人应当依照租赁合同约定的期限将房屋交付承租人，不能按期交付的，应当支付违约金，给承租人造成损失的，应当承担赔偿责任。出租住宅用房

的自然损坏或合同约定由出租人修缮的，由出租人负责修复。不及时修复，致使房屋发生破坏性事故，造成承租人财产损失或者人身伤害的，应当承担赔偿责任。

（2）承租人的权利和义务

承租人必须按期缴纳租金，违约的应当支付违约金。承租人应当爱护并合理使用所承租的房屋及附属设施，不得擅自拆改、扩建或增添。确需变动的，必须征得出租人的同意，并签订书面合同。因承租人过错造成房屋损坏的，由承租人负责修复或者赔偿。

承租人有下列行为之一的，出租人有权终止合同，收回房屋，因此而造成损失的，由承租人赔偿：将承租的房屋擅自转租的；将承租的房屋擅自转让、转借他人或擅自调换使用的；将承租的房屋擅自拆改结构或改变用途的；拖欠租金累计6个月以上的；公用住宅用房无正当理由闲置6个月以上的；租用承租房屋进行违法活动的；故意损坏承租房屋的；法律、法规规定其他可以收回的行为。

4. 转租

房屋转租是指房屋承租人将承租的房屋再出租的行为。承租人在租赁期限内，征得出租人同意，可以将承租房屋的部分或全部转租给他人。出租人可以从转租中获得收益。房屋转租，应当订立转租合同。转租合同必须经原出租人书面同意，并按照规定办理登记备案手续。转租合同的终止日期不得超过原租赁合同规定的终止日期，但出租人与转租双方协商约定的除外。转租合同生效后，转租人享有并承担转租合同规定的出租人的权利和义务，并且应当履行原租赁合同规定的承租人的义务，但出租人与转租双方另有约定的除外。转租期间，原租赁合同变更、解除或者终止，转租合同也随之相应的变更、解除或者终止。

14.2.4 房地产权属登记

房地产权属登记是指房地产行政主管部门代表政府对房屋所有权以及由上述权利产生的抵押权、典权等房屋他项权利进行登记，并依法确认房屋产权归属关系的行为。

房屋权属登记应当遵循房屋的所有权和该房屋占用范围内的土地使用权权利主体一致的原则。国家实行房屋所有权登记发证制度。申请人应当按照国家规定到房屋所在地的人民政府房地产行政主管部门申请房屋权属登记，领取房屋权属证书。房屋权属证书是权利人依法拥有房屋所有权并对房屋行使占有、使用、收益和处分权利的唯一合法凭证。依法登记的房屋受国家法律保护。

1. 房地产权属登记的类型

房地产权属登记的类型，是指房地产权属登记中的各种具体方式。房地产权属登记可以分为总登记、初始登记、转移登记、变更登记、他项权利登记和注销登记六种。

（1）总登记。总登记是指县级以上地方人民政府根据需要，在一定期限内对本行政区域内的房屋进行统一的权属登记。

（2）初始登记。新建的房屋，申请人应当在房屋竣工后的3个月内向登记机关申请房屋所有权初始登记，并应当提交用地证明文件或者土地使用权证、建设用地规划许可证、建设工程规划许可证、施工许可证、房屋竣工验收资料以及其他有关的证明文件。

（3）转移登记。因房屋买卖、交换、赠与、继承、划拨、转让、分割、合并、裁决等

原因致使其权属发生转移的，当事人应当自事实发生之日起90日内申请转移登记。申请转移登记，权利人应当提交房屋权属证书以及相关的合同、协议、证明等文件。

（4）变更登记。权利人名称变更和房屋现状发生下列情形之一的，权利人应当自事实发生之日起30日内申请变更登记：房屋坐落的街道、门牌号或者房屋名称发生变更的；房屋面积增加或者减少的；房屋翻建的；法律、法规规定的其他情形。申请变更登记，权利人应当提交房屋权属证书以及相关的证明文件。

（5）他项权利登记。设定房屋抵押权、典权等他项权利的，权利人应当自事实发生之日起30日内申请他项权利登记。申请房屋他项权利登记，权利人应当提交房屋权属证书，设定房屋抵押权、典权等他项权利的合同书以及相关的证明文件。

（6）注销登记。因房屋灭失、土地使用年限届满、他项权利终止等，权利人应当自事实发生之日起30日内申请注销登记。申请注销登记，权利人应当提交原房屋权属证书、他项权利证书，相关的合同、协议、证明等文件。

2. 房屋权属登记的程序

房屋权属登记由权利人（申请人）申请。登记机关应当对权利人（申请人）的申请进行审查。凡权属清楚、产权来源资料齐全的，初始登记、转移登记、变更登记、他项权利登记应当在受理登记后的30日内核准登记，并颁发房屋权属证书；注销登记应当在受理登记后的15日内核准注销，并注销房屋权属证书。

（1）有下列情形之一的，由登记机关依法直接代为登记，不颁发房屋权属证书：依法由房地产行政主管部门代管的房屋；无人主张权利的房屋；法律、法规规定的其他情形。

（2）有下列情形之一的，经权利人（申请人）申请可以准予暂缓登记：因正当理由不能按期提交证明材料的；按照规定需要补办手续的；法律、法规规定可以准予暂缓登记的。

（3）有下列情形之一的，登记机关应当作出不予登记的决定：属于违章建筑的；属于临时建筑的；法律、法规规定的其他情形。

（4）有下列情形之一的，登记机关有权注销房屋权属证书：申报不实的；涂改房屋权属证书的；房屋权利灭失，而权利人未在规定期限内办理房屋权属注销登记的；因登记机关的工作人员工作失误造成房屋权属登记不实的。注销房屋权属证书，登记机关应当作出书面决定，送达当事人，并收回原发放的房屋权属证书或者公告原房屋权属证书作废。

3. 房屋权属证书

房屋权属证书包括《房屋所有权证》、《房屋共有权证》、《房屋他项权证》或者《房地产权证》、《房地产共有权证》、《房地产他项权证》。房屋权属证书破损，经登记机关查验需换领的，予以换证。房屋权属证书遗失的，权利人应当及时登报声明作废，并向登记机关申请补发，由登记机关作出补发公告，经6个月无异议的，予以补发。

训练路径

1. 背景资料

（1）《中华人民共和国城市房地产管理法》（1994年7月5日第八届全国人民代表大会

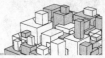

常务委员会第八次会议通过，2007年8月30日第十届全国人民代表大会常务委员会第二十九次会议修正）

（2）《中华人民共和国土地管理法》（1986年6月25日第六届全国人民代表大会常务委员会第十六次会议通过，2004年8月28日第十届全国人民代表大会常务委员会第十一次会议修正）

（3）《中华人民共和国物权法》（第十届全国人民代表大会第五次会议于2007年3月16日通过，2007年10月1日起施行）

（4）《中华人民共和国城乡规划法》（第十届全国人民代表大会常务委员会第三十次会议于2007年10月28日通过，2008年1月1日起施行）

2. 实训目标

通过对本章内容的学习，掌握国家房地产管理的基本制度，能够正确实施和处理房地产用地关系、房地产开发关系、房屋交易关系、权属登记关系等具体工作。

3. 组织实施

（1）分小组搜集、讨论典型房地产案例，深入理解房地产法律关系。

（2）安排学生模拟演练房地产转让、抵押的流程。

（3）搜集土地使用权出让合同、房屋销售合同样本，模拟训练土地使用权招、投标书、房产交易合同的拟写。

4. 操作提示

本章重点是房屋交易关系，要让学生深入理解房产转让、房产抵押、房屋租赁关系处理的规则，为在实践中处理相关工作打下基础。

5. 成果检测

可以通过案例分析、方案设计、测验等多种方法，评测学生对本章的掌握程度。

教学建议

（1）房地产是社会关注度较高的领域。《城市房地产管理法》体现了国家对房地产业发展的基本立场，是规制房地产关系的基本规范。要结合其他配套、相关的制度，完整深入地理解。同时也要关注国家政策的变化，及时更新教学内容。

（2）房地产业与人们生活息息相关，学生也有较多接触。可以多安排案例式教学，发挥学生的积极性，从而取得更理想的学习效果。

复习思考题

1. 土地使用权划拨的内涵与范围是什么？
2. 简述土地使用权出让方式的类别。
3. 简述房地产转让的条件。
4. 商品房预售的条件是什么？
5. 简述房屋权属登记的类型与程序。

参 考 文 献

一、参考书目

[1] 王利明. 合同法教程. 北京：首都经济贸易大学出版社，2002

[2] 范建，王建文. 破产法. 北京：法律出版社，2009

[3] 杨紫烜，徐杰. 经济法学. 北京：北京大学出版社，2001

[4] 关怀. 劳动法教程. 北京：法律出版社，2007

[5] 顾功耕. 公司法. 北京：北京大学出版社，2004

[6] 覃有土. 保险法. 北京：北京大学出版社，2000

[7] 黄河. 土地法教程. 北京：中国政法大学出版社，2005

[8] 刘文华. 经济法概论. 北京：中国人民大学出版社，2004

[9] 陈耀东. 房地产法. 上海：复旦大学出版社，2007

[10] 杨继. 票据法. 北京：清华大学出版社，2007

[11] 史际春，邓峰. 经济法总论. 北京：法律出版社，1998

[12] 强力. 金融法. 北京：高等教育出版社，2005

[13] 张守文. 经济法学. 北京：北京大学出版社，2005

[14] 李国光. 企业改制及运行的法律控制. 北京：人民法院出版社，2002

[15] 甘培忠. 企业与公司法学. 北京：北京大学出版社，2001

[16] 冯果. 现代公司资本制度比较研究. 武汉：武汉大学出版社，2000

[17] 吴汉东. 知识产权法. 北京：北京大学出版社，2005

[18] 盛杰民，刘剑文. 经济法原理和实务. 北京：北京大学出版社，2002

[19] 王晓晔. 竞争法研究. 北京：中国法制出版社，1999

[20] 韩良. 银行法前沿问题案例研究. 北京：中国经济出版社，2001

二、参考法律法规目录

[1] 《中华人民共和国反垄断法》

[2] 《中华人民共和国反不正当竞争法》

[3] 《中华人民共和国产品质量法》

[4] 《中华人民共和国产品质量认证管理条例》

[5] 《中华人民共和国消费者权益保护法》

[6] 《中华人民共和国合同法》

[7] 《中华人民共和国价格法》

[8] 《中华人民共和国会计法》

[9] 《中华人民共和国劳动法》

[10] 《中华人民共和国劳动合同法》

[11] 《中华人民共和国审计法》

[12] 《中华人民共和国企业国有资产监督管理条例》

[13] 《中华人民共和国公司法》

[14] 《中华人民共和国合伙企业法》

[15] 《中华人民共和国个人独资企业法》

[16] 《中华人民共和国中外合资经营企业法》

[17] 《中华人民共和国中外合作经营企业法》

[18] 《中华人民共和国外资企业法》

[19] 《中华人民共和国专利法》

[20] 《中华人民共和国商标法》

[21] 《中华人民共和国预算法》

[22] 《中华人民共和国个人所得税法》

[23] 《中华人民共和国企业所得税法》

[24] 《中华人民共和国增值税条例》

[25] 《中华人民共和国营业税条例》

[26] 《中华人民共和国消费税条例》

[27] 《中华人民共和国税收征收管理法》

[28] 《中华人民共和国证券法》

[29] 《中华人民共和国政府采购法》

[30] 《中华人民共和国国库券条例》

[31] 《中华人民共和国保险法》

[32] 《中华人民共和国税收征收管理法》实施细则

[33] 《中华人民共和国票据法》

[34] 《中华人民共和国物权法》

[35] 《中华人民共和国发票管理办法》

[36] 《中华人民共和国中国人民银行法》

[37] 《中华人民共和国商业银行法》

[38] 《中华人民共和国外汇管理条例》

[39] 《银行外汇业务管理规定》

[40] 《中华人民共和国对外贸易法》

[41] 《中华人民共和国进出口商品检验法》

[42] 《中华人民共和国海关法》

[43] 《中华人民共和国反倾销条例》

[44] 《中华人民共和国反补贴条例》

[45] 《中华人民共和国进出境动植物检疫法》